KB210642

킹덤 빌더 라이프스타일

킹덤 빌더
라이프스타일

손기철

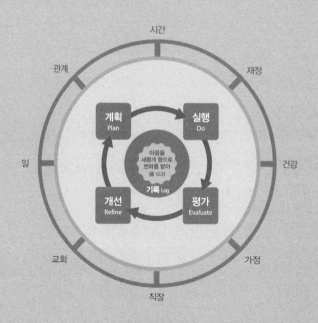

규장

하나님나라의 삶과 습관을
훈련하는 법

세상에는 시간 관리와 습관 바꾸기에 대한 책들이 많이 나와 있습니다. 하지만 대부분의 책들은 인간 중심적인 사고방식으로 남보다 더 많은 업적을 이루는 삶을 사는 데 초점이 맞추어져 있습니다. 그 정보와 방법들은 해결책을 주기는커녕 오히려 더 많은 문제점을 주고 우리를 세상의 노예로 더 예속시키고 있습니다. 왜냐하면 인간의 궁극적인 자아존중과 자아실현에는 끝이 없고, 현재의 희생을 기반으로 한 미래의 목적 달성으로 지금 여기서의 삶의 의미와 가치 그리고 만족감은 얻을 수 없기 때문입니다.

새로운 라이프스타일의 삶

하나님께서는 주의 자녀들이 이 땅에서 새로운 사고방식으로 주(主)의 뜻을 이루도록 하기 위해서 예수 그리스도를 통해 하나님나라의 복음을 주셨습니다. 새로운 삶을 위해 성령을 통하여 진리의 말씀을 조명해주시지만, 안타깝게도 오늘날 그 복음적 가치와 능력을 우리의 평범한 실제 삶에서 어떻게 나타내야 하는지에 대한 가르침이나 책들은 거의 없다 해도 과언이 아닙니다. 결국 우리는 이원론적으로 교회에서 열심히 신앙생활 하지만 실제 삶에서는 불신자들과 동일한 삶을 살 수밖에 없으며, 그들의 세상적 가치관과 사고방식을 그대로 답습하고 있는 실정입니다.

단지 열심히 기도하고 믿음생활을 잘하면 모든 것이 잘될 것이라고 생각하거나 세상적인 삶의 방식을 따라 남보다 더 열심히 살면 성공할 것이라고 생각합니다. 그러나 결코 그렇지 않습니다. 이제 하나님의 자녀들은 죽은 자 가운데서 깨어나 하나님나라의 삶을 살아야 합니다. 그것은 말씀을 묵상하고, 기도하고, 봉사하는 것뿐만 아니라 평범한 일상에서도 하나님과의 생명적 교제 가운데 주의 뜻이 나타나는 새로운 사고방식의 삶을 사는 것입니다(엡 5:14-17).

그렇지만 이러한 삶은 우리의 힘이나 능력으로 되지 않고 오직 성령님에 의해서 이루어집니다(슥 4:6). 혹시 성령께 인도함을 받는 삶을 체험하지 못하신 분은 제가 쓴《고맙습니다 성령님》(규장)을 꼭 읽어보기를 권합니다.

말씀과 성령과 삶의 일치를 위하여

이 책은《킹덤 빌더》(규장)의 후속작으로 쓰여진 책입니다. 킹덤 빌더란 예수 그리스도 안에서 하나님의 자녀성을 회복한 자가 성령님을 통하여 자신 안에 하나님나라를 이룸으로써 예수 그리스도의 대위임령을 이 땅에 나타내고자 제자적 삶을 사는 그리스도인을 말합니다. 다른 말로 킹덤 빌더란 '말씀과 성령과 삶'이 일치되는 하나님나라의 복음적인 삶을 살아감으로써 일상에서 예수 그리스도를 나타내는 자를 말합니다.

하나님나라의 삶을 일상의 관점으로 표현하면 하나님께서 우리 각자에게 의도하신 목적과 계획을 매일 발견하고 하나하나씩 복원해나가는 것이라고 말할 수 있습니다. 그리스도인은 구원받은 하나님의 자녀이지만, 일상의 많은 일들에 대한 우리의 태도나 행동은 타락한 본성과 경험에 기초하여 뇌 기억과 잠재의식에 따라 만들어진 운영 시스템과 수많은 프로그램들에 기초하고 있습니다. 이제 성령과 말씀에 의해서 우리의 '육체'(뇌 기억)와 '마음'(특별히 잠재의식)을 새롭게 함으로 새로운 시스템과 프로그램을 만들고, 그것에 따라 새로운 습관이 자연스럽게 나타나도록 해야 합니다. 한마디로 하나님나라의 새로운 라이프스타일(lifestyle)을 갖는 것입니다.

이것은 하루아침에 이루어지지 않습니다. 우리의 삶은 잘못된 운영시스템과 수많은 프로그램들로 만들어진 습관 덩어리이기 때문입니다. 이들은 마치 태피스트리(tapestry, 선염색사로 그림을 짜넣은 직물)의 뒷면과 같이 눈에 보이지 않지만 실들이 수없이 유기적으로 연결되어 있는 것처럼 서로에게 영향을 주고 있습니다. 따라서 우리는 예수 그리스도 안에서 매일 성령님의 인도함을 받아 진리의 말씀으로 뇌 기억과 잠재의식 내 세상적 경험에 기초한 지식, 생각, 이론, 감정 등을 바꿔나가는 것을 배워야 합니다. 이것이 바로 구원을 이루어가는 삶이자 성화되어가는 삶입니다.

킹덤 라이프를 경험하자!

이 책에서 전하고자 하는 내용의 핵심은 세 가지입니다.

첫째, 세상에서 가르치는 인간 중심적 자기계발이 아니라 말씀과 성령을 통하여 실제적이고 구체적인 하나님나라의 삶을 경험하도록 하고자 하였습니다. 가능하고 할 수 있는 일을 다 할 수 있는 방법을 제시하는 것이 아니라 하지 말아야 할 일 또는 하지 않아도 될 일을 하지 않고 하나님의 때에 하나님이 시키시는 일을 어떻게 잘할 수 있을지에 대해서 알려주고자 했습니다.

둘째, 자신의 욕구를 채우기 위한 성공하는 삶이 아니라 하나님의 통치 아래 킹덤 빌더가 되어 삶의 요소인 일, 관계(만남), 시간, 재정, 건강이 모든 삶터에서 새롭게 혁신되고, 다른 사람에게 영향력을 미치고, 예수 그리스도 안에서 통합되도록 하나님나라의 사고방식으로 마음 관리와 일상 관리를 하는 방법들을 알리고자 하였습니다.

셋째, 지금까지 해오던 일들을 좀 더 잘할 수 있는 방법들을 제시한 것이 아니라 '잠을 중심으로 하는 하나님의 하루', '목적이 수단이 되는 삶', '선제적 믿음생활', '하나하루 기록하는 삶', '선행동 후몰입 방식', '카이로스 시간과 에너지 관리' 등을 통하여 킹덤 빌더의 새로운 라이프스타일을 훈련하도록 하였습니다.

저는 그동안 킹덤 패스파인더(kingdom pathfinder)로 새로운 삶을 살기 위해서 신앙 서적뿐만 아니라 마음과 시간 관리에 대한 수많은 책들을 하나님나라의 관점으로 읽었고, 성경적 관점에서 새롭게 깨달은 것들을 내 삶에 적용해왔습니다. 해 아래 새 것이 없기 때문에 동일한 내용이라도 세상적인 사고방식 대신에 하나님나라의 사고방식(kingdom mentality)으로 보고 적용할 때 새로운 라이프스타일을 경험함으로 인해 말할 수 없는 희열을 느꼈습니다. 그런 의미에서 이 책에는 수많은 사람들이 발견하고 경험한 많은 내용들이 직간접적으로 인용 또는 차용되었지만, 모든 것이 하나님으로부터 주어진 것입니다.

이 책을 통해서 하나님의 자녀들이 ① 글의 맥락(context) 속에서 하나님나라의 사고방식을 깨닫고 ② 시간의 축 상에서 자신의 노력으로 최선을 다하는 삶에서 벗어나 영원히 현존하시는 하나님과의 생명적 관계를 통해서 지금 이 순간 여기에 주님을 나타내는 매일의 삶을 경험함으로 ③ 자신의 삶터(가정, 직장, 교회, 문화)에서 하나님의 성품과 지혜와 능력을 나타내는 구별된 삶을 살기를 간절히 소망합니다.

손기철
박사 | HTM 대표

CONTENTS

KINGDOM BUILDER LIFESTYLE

PART 1

왜 새로운 삶이
필요한가?

01

끝이 보이지 않는 매일의 삶을 생각해보라

이 세상에서 자신이 하고 싶은 대로 할 수 있는 것은 속박일 뿐이며
하나님께서 원하시는 것을 할 수 있는 것이 진정한 자유이다.

과거에 우리는 과학과 첨단 기술의 급속한 발달이 과도한 일로부터 우리
를 해방시키고 더 많은 자유 시간과 즐거움을 줄 것으로 예측한 적이 있
었습니다. 그러나 그 결과는 절반은 맞고 절반은 틀린 것으로 나타났습
니다. 예측대로 과거에 비해 생산성은 엄청나게 높아졌지만, 우리는 일로
부터 해방된 것이 아니라 오히려 시간에 더 쫓기게 되고 첨단 기술에 중
독되어버렸습니다. 처음에는 이 첨단 기술의 발달이 주는 엄청난 유익을
누렸지만 그것에 점점 더 의지하면서 결국에는 그 첨단 기술의 종노릇을
하게 된 것입니다.

더 많은 기술과 정보 vs 더 많은 일

지금 첨단 기술이 우리의 삶에 미치는 영향은 모름지기 마약보다 훨씬 강력하고 심각합니다. PC와 인터넷, 스마트폰과 SNS가 없는 삶을 한번 생각해보십시오. 시공간을 단축시키는 새로운 기술은 어떤 것이든 우리 활동의 흐름을 가속화시킵니다. 따라서 새로운 기술이 우리에게 더 많은 시간을 선물하는 것이 아니라 일거리를 더욱 쌓이게 하였습니다. 결국 우리는 지금 가속적 활동 시대에 적응하기 위하여 가속적 시간의 삶을 살게 되었습니다.

더욱이 이런 첨단 기술은 즉각적인 반응에 중독되게 하여 우리는 갈수록 기다리는 것을 점점 더 참지 못하게 되었습니다. 처음 컴퓨터가 나와서 부팅될 때를 생각해보십시오. 만약 누군가에게 지금 그 컴퓨터를 사용하라고 한다면 마치 아무 일도 하지 말라는 것처럼 느껴질 것입니다. 이제는 무엇이든지 빨리 이해하고 반응해야 하는 강박증과 더불어 즉각적이고 순간적인 반응이 있어야 만족을 누릴 수 있게 되었습니다.

더욱이 첨단 기술은 우리를 생명적이고 인격적인 교류 없이 가상공간 상에서 자기중심적이고 익명적인 관계로 몰아넣었습니다. 가상세계에서는 서로 이해하고 공감대를 갖기 위해 시간을 함께 보내거나 노력하거나 인내할 필요가 없습니다. 실제 당신이 들른 식당을 생각해보십시오. 주위를 둘러보면 대화하는 사람보다는 각자 휴대전화를 들여다보는 사람이 훨씬 많았다는 것을 떠올리게 될 것입니다. 다시 말해 현실세계보다는 갈수록 자기중심적이고 폐쇄적인 가상세계에서 더 많은 시간을 보내고 있습니다.

또한 정보와 지식의 발달은 상상을 초월할 정도로 급진하고 있는 반면에 지식을 숙지하고 응용할 수 있는 시간적 여유는 상대적으로 퇴보하고 있습니다. 결과적으로 지식정보가 넘쳐날수록 아는 것보다 모르고 지나치는 것이 훨씬 더 많아지게 되었습니다. 결국 인간은 자신의 분야가 아닌 다른 분야에서는 상대적 무지 속에 살아갈 수밖에 없습니다. 따라서 동시대에 살고 있지만 이러한 정보와 기술(예를 들면, 정보수집, 전략수립, 기술이용, 실행능력 등)에 따라 각자가 누리는 생산성이나 삶의 질에는 엄청난 차이가 나게 되었습니다.

시간을 보내는 데 있어서도 대부분의 사람들은 자신의 상태와 앞으로 계획보다는 오늘의 마감 시간(deadline)과 과다한 일에 매여 허둥지둥 살아가고 있습니다. 열심히 최선을 다하지만 일은 계속 밀려오고, 수고했지만 짐은 더 무거워지는 것이 일상이 되었습니다. 이런 삶을 사는 사람들은 대부분 실제로 찾아보고 행동하지는 않지만(왜냐하면 시간이 없기 때문에) 매일 쫓기지 않는 삶을 사는 방법이 없을지 또는 지금보다 효율성과 효과성을 더 높일 수 있는 방법이 없을지 막연하게 동경합니다.

휴대전화, 이메일, SNS와 같은 다중 연결망은 시간의 매듭과 공간의 분리가 존재하지 않는 근무 환경을 만들어냈습니다. 더 많은 정보, 더 많은 일, 새로운 일, 새로운 관계 등 끝이 없어 보입니다. 사람들은 매일 자신이 원하는 성취도(만족도)에 도달하지 못하면 어떡하나 하는 내면적인 두려움을 가지며 또 실제로 그렇게 되었을 때는 정죄감이나 죄책감 속에서 보냅니다.

망하면 망한다!

이런 우리의 삶을 바라보면 참으로 어처구니가 없습니다. 엄청난 과학의 발전으로 생산성이 과거에 비할 바가 아니고, 지식과 정보 폭발 시대를 살고 있지만 끝없는 경쟁 속에서 살아갑니다. 물질적인 축복도 받았지만 남과 비교할 때 늘 상대적 박탈감을 느낍니다. 더 많이 휴식해야 하는데도 도리어 시간적인 여유가 없는 삶을 살고 있습니다. 일을 하면 할수록 점점 더 늘어나고, 수많은 자극 때문에 몸은 더 피곤해지곤 합니다. 심지어는 쉬어도 피곤이 사라지지 않습니다. 갈수록 더 조급해하며, 채워지지 않는 욕구 때문에 각종 스트레스를 받으며, 심신의 질병으로 고통받고 있습니다.

이런 삶의 가장 근원적인 문제는 무엇일까요? 그것은 사회나 문화, 첨단 기술 그 자체가 아니라 그것을 통제하고 있는 마귀의 영향력 때문이며, 세상의 형상, 지위, 신분, 소유 등을 자신의 존재와 동일시하는 잘못된 사고체계에 대해서 우리가 영적으로 깨어 있지 못하기 때문입니다.

> 너희 자신을 종으로 내주어 누구에게 순종하든지 그 순종함을 받는 자의 종이 되는 줄을 너희가 알지 못하느냐 혹은 죄의 종으로 사망에 이르고 혹은 순종의 종으로 의에 이르느니라 롬 6:16

> 우리의 씨름은 혈과 육을 상대하는 것이 아니요 통치자들과 권세들과 이 어둠의 세상 주관자들과 하늘에 있는 악의 영들을 상대함이라 엡 6:12

흔히 사람들은 마귀는 우리에게 질병이나 고통을 주는 자라고만 생각합니다. 그렇지 않습니다. 마귀와 악한 영들은 우리가 육체와 마음이 원하는 대로 살게 하고, 사회 시스템과 문화와 같은 세상 풍조를 따르게 하고, 공중 권세 잡은 자로서 눈에 보이지 않는 세상을 통제함으로써 우리를 도둑질하고 죽이고 멸망시키려고 합니다.

> 그 때에 너희는 그 가운데서 행하여 이 세상 풍조를 따르고 공중의 권세 잡은 자를 따랐으니 곧 지금 불순종의 아들들 가운데서 역사하는 영이라 전에는 우리도 다 그 가운데서 우리 육체의 욕심을 따라 지내며 육체와 마음의 원하는 것을 하여 다른 이들과 같이 본질상 진노의 자녀이었더니 엡 2:2,3

마귀는 BBFM(the bigger, the better, the faster, the more) 방송을 통해 우리의 마음이 현실과 상황에 더 묶이도록 하고 있습니다. 우리는 대부분 이 BBFM에 사로잡혀 브레이크 없는 열차처럼 달려가고 있습니다. 왜 열심히 사는데도 이렇게 힘이 들까요? 이유는 간단합니다. 할 일을 줄이지 않고 하지 말아야 할 일을 하기 때문입니다. 이것은 시간 대비 생산성의 문제가 아닙니다. 모든 것을 더 알아야 하고, 할 수만 있다면 할 수 있는 일을 더해야 성공할 수 있고 지금보다 더 나은 사람이 될 수 있다는 거짓 믿음 속에 살고 있기 때문입니다.

늘 못다 한 일들을 다하고 싶은데 여전히 시간이 부족하고 바쁘다는 생각이 듭니다. "바쁘다"는 뜻의 한자는 '망'(忙)이며 이는 '마음'(心)이 "망하다" 또는 "죽는다"(亡)는 뜻입니다. 즉 지혜 없이 보낸다는 뜻입니다. 스스로 자문해보십시오. 이제는 삶을 지탱한다는 명분으로 자신을 죽이는 어리석음에서 벗어나야 합니다. 정말 중요한 것은 살아온 날이 아니라 살아가는 나날의 'Life'(생명, 삶, 생활)의 질입니다.

지난 일주일 동안 어떤 일에 당신의 시간을 가장 많이 할애했습니까?

당신의 조급증은 어떤 부분에서 가장 심각합니까?

당신이 대부분의 시간을 보낸 장소는 어디입니까?

당신은 어디에 가장 많은 돈을 지출하고 있습니까?

당신은 하루에 몇 번이나 이메일을 확인하고 SNS에 접속하십니까?

당신이 매일 얻는 마음의 열매는 무엇입니까?

당신이 애써 얻은 만족은 얼마나 지속됩니까?

02

자신의 삶을 정직하게 바라보라

줄곧 그래왔던 자신의 사고체계를 포기하지 않고 계속 같은 방식을 고집하면서
다른 결과를 기대하는 것은 참으로 어리석은 일이다.

우리는 흔히 성공과 행복을 추구하기 위해 산다고 생각합니다. 성공(成
功)의 사전적 의미는 "자신이 목적하는 바를 이루는 것"입니다. 따라서
성공하기 위해서는 먼저 그 목적하는 바가 무엇인지 알아야 하고, 그다
음 그 목적한 바를 이루어가야 합니다. 목적하는 바가 무엇인지 모르면
자신의 온 인생을 바쳐서 열심히 보낸 노력과 시간이 헛되게 됩니다. 반
대로 목적하는 바를 안다면 어떤 어려움이 와도 그 목적을 달성하기 위
해서 고난과 역경도 기쁘게 견디어 나갈 수 있을 것입니다.

　많은 경우 우리는 인생(life)에서 삶(living)을 배제한 채 생존만 추구하
고 있습니다. 경쟁 지향적, 목적 지향적, 승리 지향적, 효율 지향적, 속도

지향적으로 일하고 있을 뿐입니다. 삶은 존재 자체를 누리는 것이지 행위를 통해 자신의 존재를 입증하는 것이 아닌데도, 지금 이 순간 여기에서 존재 가치와 아름다움을 누릴 만한 여유가 전혀 없는 것처럼 보입니다. 설령 있더라도 그것은 과도한 행위에 대한 반작용으로 스트레스를 풀기 위한 쉼일 뿐, 존재 자체를 누리는 안식은 아닙니다.

우리 안에 혼재되어 있는 세상적 사고방식

모든 일의 시작은 "내가 무엇을 어떻게 하면 될까?"가 아니라 먼저 "내가 누구인가?"를 생각하는 방식이 되어야 합니다. 즉, 내가 정한 목표를 추구하는 삶이 아니라 하나님이 주신 소명을 따라 주님이 의도하신 본래 내 모습을 나타내는 삶을 살아야 합니다. 이러한 삶은 내가 추구할 수 있는 것이 아니라 우리가 예수 그리스도 안에 있을 때 하나님께서 이루시는 것입니다. 이 사고방식을 하나님나라의 사고방식이라고 부릅니다.

하나님나라의 사고방식에 대해 생각해보기 전에 우선 우리가 경험한 세상적인 사고방식에 대해서 생각해봅시다.

① 진정 가치 있는 것을 모른다

흔히 바쁘게 사는 것과 최선을 다하는 것이 가치 있는 일이라고 생각합니다. 그 결과, 할 수만 있으면 최선을 다해 모든 일을 다 하고자 하기 때문에 몸과 마음이 같은 시간 같은 장소에 함께 있기 어려운 삶을 삽니다. 어떤 일을 하면서도 마음으로는 늘 다음 일을 어떻게 할지 생각하기 때문입니다. 하나님의 때에 하나님이 말씀하신 것을 하는 것이 가장 가치 있고 거룩한 일이라는 것을 제대로 알지 못하고 있습니다.

② 우선순위를 모른다

여러 가지 일들이 한꺼번에 닥쳤을 때 무엇부터 먼저 해야 할지 모를 때가 많습니다. 급한 대로 닥친 일을 하면서도 과연 내가 이 시점에서 이것을 하는 것이 옳은지에 대한 확신이 없을 때가 많습니다. 돌이켜 생각해볼 때면 정말 해야 되는 일을 하기보다는 자신이 하고 싶고 더 즐거움을 주는 일을 행했을 때가 많습니다. 자신의 소명과 비전에 기초하여 중요한 일부터 우선순위에 따라 어떻게 해야 하는지 제대로 알지 못하기 때문입니다.

③ 안식을 모른다

쉬는 시간이 주어져도 무엇을 해야 할지 모를 때가 많습니다. 쉰다는 명목 아래 시간을 그냥 보낼 때가 많습니다. 아무 일도 하지 않고 그냥 보내는 것이 나쁜 것은 아니지만, 그랬을 때 마음에 만족이나 평강이 없다는 것입니다. 쉬는 것도 스트레스라면 우리는 이미 스트레스 중독(stress addiction)[1]에 시달리고 있는 것입니다. 일을 했기 때문에 쉬는 것이 아니라 주(主)의 일을 행하기 위해서 필요한 것이 안식이라는 것을 올

---

1) 가벼운 스트레스는 활력과 생산성을 높인다는 점에서 긍정적이지만, 지속적인 스트레스 상태가 되면 코티졸이나 아드레날린과 같은 호르몬이 계속 분비되어 체내 시스템을 파괴하게 된다. 만약 당신이 아무 일도 하지 않을 때 스트레스를 받는다면 당신은 스트레스 중독에 시달리고 있는 것이다.

바로 체험하지 못하고 있습니다.

④ 원칙과 가치관이 없다

매일의 삶에 있어 원칙과 가치관이 확립되어 있지 않아 상황에 따라 자기합리화와 타협을 할 때가 많습니다. 그 결과, 일을 열심히 해서 가족을 부양하고 선한 일을 한다는 명목은 있지만 관계, 의미, 가치 등 평범해 보이지만 가장 소중한 것을 하찮게 여길 때가 많습니다. 늘 목적이 수단을 정당화시켜버립니다. 욕구를 채우기 위한 세상적 가치관이 아닌 자신의 소명에 기초한 가치관에 따라 행함으로 어떻게 세상과 구별된 삶을 살아가야 하는지 모르기 때문입니다.

나는 내가 하는 생각 그 이상의 존재다

당신의 삶을 정직하게 바라보십시오. 열심히 살고 있고, 부족한 것이 없는 것 같아도 지금 자신의 인생이 다가 아니라는 생각이 듭니까? 또는 정확히 무엇인지는 잘 모르지만 삶의 변화가 필요하다고 생각합니까? 상황적으로 볼 때 삶이 어그러져 있다면 지금 당장 변화를 시도해야 합니다. 그러나 외적으로 볼 때 모든 것이 잘 돌아간다고 생각하지만, 매일 당신의 삶에 가치와 의미와 만족이 없다면 그 역시 당신이 변해야 할 때임을 알아야 합니다.

당신이 삶을 변화시키기 위해서는 무언가를 시작해야 합니다. 그러나 변화되어야 한다고 생각하는 것과 정말 변화되는 것은 완전히 다른 이야기입니다. 막상 당신 자신이 변해야겠다고 생각해보십시오. 아마 당신은 그 생각만으로도 내면의 저항에 시달리게 될 것입니다.

첫째, 왜냐하면 지금 당신의 삶은 누가 만들어준 것이 아니라 매 순간 당신의 기분을 좋게 하기 위해 애써 노력해서 당신 자신이 그렇게 만들었기 때문입니다. 따라서 당신은 변화되기를 두려워합니다. 변화되지 않았을 때의 고통이 변화되고자 하는 고통보다 클 때 진정한 변화가 시작됩니다. 그래서 대부분의 사람들이 마음으로는 변화되기를 원하지만 실제로 계속 똑같은 삶을 사는 것입니다.

어디에서 보았는지 기억은 안 나지만, 세상에서 가장 높은 번지 점프대 옆에 다음과 같은 문구가 적혀 있다고 합니다.

New life begins at the end of your comfort zone.
새로운 인생은 안전지대의 끄트머리에서 시작된다.

둘째, 최선을 다해 노력했는데 변화되지 않으면 어떻게 하나, 즉 실패에 대한 두려움 때문입니다. 우리는 무수히 노력했지만 다시 원위치로 돌아가는 일들을 빈번히 경험했고, 그것에 대해 지독한 정죄감과 두려움을 가지고 있습니다. 그런데 다시 생각해보면 당신은 지금까지 계속 같은 방식으로 행하면서 다른 결과를 기대하지는 않았나요? 만약 그렇다면 실패는 당연한 일입니다.

일반적으로 사람들은 하루에 6만 개 정도의 생각을 한다고 합니다. 그 생각들은 대부분 돈과 물질, 성적 환상, 해야 할 일, 입을 옷과 먹을 음식, 사람들과의 관계, 자유를 누리고자 하는 계획 등 그야말로 일상의 자질구레한 것들로 멈추지 않는 회전목마처럼 돌아갑니다. 결국 심은 대로 자신을 만들어가는 것입니다.

대저 그 마음의 생각이 어떠하면 그 위인도 그러한즉… 잠 23:7

우리는 생각하지 않는 것을 두려워합니다. 왜냐하면 생각의 단절은 자기를 인식할 수 없게 만든다고 생각하고 그것을 곧 죽음이라고 느끼기 때문입니다. 그래서 어떤 상황에서도 외부적인 환경과 관계함으로 자신의 생각이 끊어지지 않도록 합니다. 예를 들어 잡담을 하거나 책을 읽거나 음악을 듣는 등 끊임없이 외부를 바라봄으로 생각의 단절을 없애려고 애쓰는 것입니다. 아이러니하게도 대부분 자신의 생각 대신 다른 사람의 생각을 원칙이나 기준 없이 받아들이고 있습니다.

우리는 오랫동안 "나는 생각한다. 고로 나는 존재한다"라고 믿어왔습니다. 그러나 당신이 하나님의 자녀라면 그 말이 더 이상 사실이 아니라는 것을 알아야 합니다. 그 반대로 당신이 존재하기 때문에 생각하는 것입니다. 당신이 하나님의 자녀라면 당신의 존재는 생각 그 이전에 존재한다는 것을 알아야 합니다. 즉 생각은 혼적인 수준이지만 존재는 영적인 수준입니다. 이 사실을 깨달으면 당신은 지금의 당신 생각보다 훨씬 괜찮은 사람이라는 것을 알게 될 것입니다. 다시 생각해보십시오. 당신 마음의 생각 이전에 당신은 하나님의 자녀입니다. 할렐루야!

자기 생각을 부인하라!

당신의 삶을 변화시키기 위해서는 지금까지와는 다른 방법을 시도해야 합니다. 그것은 외면적인 변화가 아닌 내면적인 변화로부터 시작해야 한다는 뜻입니다. 이 말을 이해하기 위해서 지금까지 자신이 어떻게 기도해왔는지를 한번 생각해보십시오. 예를 들어 우리는 "주님! 지금의 제 삶을 변화시키기 원합니다. 더 이상 이렇게 살지 않기를 원합니다. 이 잘못된 습관에서 벗어나기를 원합니다. 도와주옵소서!" 이렇게 수없이 기도해왔습니다. 그래서 기도한 대로 당신의 삶이 변화되었습니까?

많은 사람들이 간절히 끈질기게 오랫동안 기도해왔지만, 자신도 자신의 삶도 변화시키지 못하고 있습니다. 이제는 다른 방식으로 살아야 합니다. 똑같은 방식으로 계속하면서 다른 결과를 기대하는 것만큼 어리석은 삶은 없기 때문입니다. 진정한 변화는 자기 생각이나 느낌에 정면으로 도전하는 것입니다. 자신의 마음이 진정한 자기가 아니라는 것을 깨닫는 순간부터 자연스러운 변화가 일어나게 됩니다. 예수님께서는 이것을 자기부인이라고 말씀하셨습니다. 자기를 부인하는 그곳에서 영이요 생명이신 하나님의 말씀을 깨달을 수 있기 때문입니다. 자기 생각과 감정으로 자신을 인식하지 않을 때 비로소 우리는 주님을 만나고 하나님의 말씀으로 우리의 마음이 새로워지는 것을 체험하게 됩니다.

너희는 이 세대를 본받지 말고 오직 마음을 새롭게 함으로 변화를 받아 하나님의 선하시고 기뻐하시고 온전하신 뜻이 무엇인지 분별하도록 하라 롬 12:2

이 내면적 변화의 유일한 길은 당신이 누구인지를 아는 것입니다. 자신이 누구인지 알기 위해서는 자신의 생각에서 벗어나야 합니다. 그리고 주님의 말씀을 들어야 합니다. 기록된 주님의 말씀이 아니라 우리의 생각이 끊어진 곳에서 들리는 주님의 말씀을 들어야 합니다. 성령님은 우리를 위해 그 일을 도와주십니다. 그런데 안타깝게도 대부분의 사람들은 자기 생각의 문제를 해결하기 위해서 자신의 생각대로 하는 기도의 시간을 더 많이 가집니다. 그러나 새로운 삶을 위한 진정한 기도는 자기 생각을 멈추는 것입니다. 저는 그것을 거룩한 낭비의 시간이라고 부릅니다.

> 이에 예수께서 제자들에게 이르시되 누구든지 나를 따라오려거든 자기를 부인하고 자기 십자가를 지고 나를 따를 것이니라 마 16:24

흔히들 우리가 아름다운 음악을 들을 수 있는 것은 음표와 음표 사이에 침묵이 존재하기 때문이라고 합니다. 만약 그 침묵이 없다면 그것은 단지 소음이 될 것입니다. 이와 마찬가지로 우리 마음의 생각에도 멈춤이 있어야 합니다. 끊어진 그 시공간을 통해 주님을 만나고 그분의 말씀으로 마음을 새롭게 하는 것을 배워야 합니다. 생각이 끊어졌다는 것은 '나'라는 자기의식이 사라졌다는 것과 동일한 의미입니다. 그 지점은 영원히 현존하시는 주님을 만나는 황홀한 곳이기도 합니다. 그때가 바로 카이로스 때이며 뜻이 하늘에서 이루어진 것같이 땅에서 이루어지도록 하나님의 영광의 통로가 되는 때입니다.

킹덤 빌더의 정체성과 사고방식을 가져라

〜

(예수 그리스도) 안으로 들어가지 않으면
결코 (마음) 밖으로 나올 수 없다.

어떻게 해야 자신 안에 하나님나라가 이루어지는 삶을 살 수 있을까요?
그것을 위해서는 새로운 정체성과 사고방식을 가져야 합니다.

내면에 새로운 토대를 세워야 한다

하나님의 자녀로서 하나님나라의 삶을 살기 위해서는 무엇보다 킹덤 빌더(kingdom builder)로서 자신의 정체성과 세계관을 재정립해야 합니다. 다음 다섯 가지 토대는 나의 신앙생활 중 주님이 가르쳐주신 가장 귀중한 것이며, 내 의식의 기초를 이루도록 매일 적용하고 있습니다. 그림에서 보는 바와 같이 "킹덤 빌더의 의식성장 다섯 단계"는 아래 단계의 의식이 체험되고 나면 그다음 단계의 의식에 대한 갈망이 생겨납니다. 마지막 단계인 영성 의식 단계란 눈에 보이는 삶으로 나타나는 것이며, 그 아래 네 가지 의식 단계의 결과입니다. 그리고 매 단계는 성령님의 인도하심으로 이루어집니다.

영성

하나님의 의

하나님의 나라

자기부인과 자기 십자가

새로운 피조물

① 새로운 피조물

피조물에 대한 의식이란 "지금 당신은 누구입니까?"에 대한 것입니다. 우리는 흔히 믿음으로 자신이 하나님의 자녀이며 하나님의 의라는 사실을 받아들이지만, 실제 삶은 여전히 현실에 기초한 '나'로 살아가고 있습니다. 나를 나라고 인식하는 그 나는 제한된 동일시[2]와 심리적 시간과 상상[3]으로 만든 거짓자아일 뿐입니다. 하나님나라의 삶은 거짓자아의

---

2) 자신의 오감을 통해서 경험되는 생각, 감정 그리고 육체를 자신과 동일하게 여기는 것을 말한다. 성경에서는 이 제한된 동일시로 만들어진 자아를 겉사람이라고 부르며, 심리학에서는 에고 또는 거짓자아라고 부른다.

3) 거짓자아의 속성으로 과거의 경험이나 미래의 추측을 가지고 자기방식대로 상상하는 것을 말한다.

죽음 너머에 있습니다. 따라서 우리가 자신을 의식하는 기초는 과거의 경험이나 지식이 아닙니다. 우리는 항상 지금 예수 그리스도의 생명 안에 있는 새로운 피조물로서 자신을 의식해야 합니다.

> 그런즉 누구든지 그리스도 안에 있으면 새로운 피조물이라 이전 것은 지나갔으니 보라 새 것이 되었도다 고후 5:17

② 자기부인과 자기 십자가

자기부인과 자기 십자가에 대한 의식이란 "당신은 자신의 생각과 느낌을 어떻게 생각하고 있습니까?"에 대한 것입니다. 우리는 항상 자신의 생각이 옳다고 생각하고, 그것에 기초해서 외부 환경과 다른 사람을 판단합니다. 그러나 우리의 생각과 느낌은 우리의 경험, 우리가 배운 지식에 기초한 것이지 결코 진리에 기초한 것이 아님을 알아야 합니다. 우리가 새로운 피조물이 되었다면 내 마음은 나의 마음일 뿐이지 내가 아님을 알아야 합니다. 따라서 거짓자아를 부인하고 자기 십자가를 짐으로써 그리스도 안에서 주의 마음으로 자신과 세상을 보는 훈련을 해야 합니다. 새로운 삶은 자기부인으로부터 시작되어 매일 자기 십자가를 지는 것을 경험하는 것입니다.

③ 하나님의 나라

하나님나라에 대한 의식이란 "당신은 매 순간 누구의 통치를 받고 있습니까?"에 대한 것입니다. 이것은 "당신은 어떻게 마음을 새롭게 합니까?"라는 말과 동일합니다. 우리가 하나님의 자녀라면 더 이상 육적 존재가 아니라 영적 존재입니다. 우리는 더 이상 육의 생각이 아니라 하나님의 통치로 인한 영의 생각으로 살아야 합니다(롬 8:5-7). 그것은 우리 영혼이 현실에 묶여 있는 마음의 통치함을 받는 것이 아니라 하나님의 생명 안에서 그리스도를 나타내고자 하는 의식으로 사는 것을 말합니다. 우리의 혼과 육이 성령님의 인도함을 받을 때(롬 8:14) 비로소 거짓자아가 주체가 된 삶이 아니라 영으로써 몸의 행실을 죽여 가는 자녀의 삶이 가능하게 됩니다(롬 8:13). 하나님의 자녀는 자신 안에 하나님의 나라가 임하게 함으로써(눅 16:16, 17:20,21), 세상과 현실과 다른 사람에 영향받지 않고, 주의 뜻이 하늘에서 이루어진 것같이 땅에서도 이루어지게 하는 삶을 살아야 합니다(마 6:10).

> 오직 너희의 심령이 새롭게 되어 엡 4:23
>
> Instead, let the Spirit renew your thoughts and attitudes, NLT

> 그러나 진리의 성령이 오시면 그가 너희를 모든 진리 가운데로 인도하시리니 그가 스스로 말하지 않고 오직 들은 것을 말하며 장래 일을 너희에게 알리시리라 그가 내 영광을 나타내리니 내 것을 가지고 너희에게 알리시겠음이라
>
> 요 16:13,14

④ 하나님의 의

하나님의 나라와 의는 동전의 양면과 같아서 분리될 수 있는 것은 아

니지만(마 6:33), 하나님의 의에 대한 의식을 설명하자면 "당신은 말씀을 어떻게 믿고 적용하고 있습니까?"에 대한 것으로 볼 수 있습니다. 하나님의 의를 이루는 것은 하나님의 말씀을 우리 머리에 기억하는 것이 아니라 성령의 도우심으로 우리 마음에 심어 하나님의 마음과 우리의 마음이 일치되도록 하는 것입니다. 그럴 때 하나님의 나라가 우리 안에 이루어지게 됩니다. 그런데 수많은 그리스도인들이 자신의 머리로 말씀을 기억하는 것을 믿음이라고 착각합니다. "그렇게 될 것을 믿습니다"라는 기대와 소망은 결코 믿음이 될 수 없습니다. 믿으면 되는 것이 아니라 믿은 대로 되는 것이기 때문입니다. 그 말은 모든 것이 내 책임이라는 뜻입니다.

흔히 자신에게 문제가 닥치면 말씀을 가지고 기도하기 시작합니다. 다른 말로, 말씀을 자신의 현실을 변화시키기 위한 도구로 삼는 것입니다. 그러나 말씀은 영이요 생명이며 하나님이십니다. 하나님께서 우리에게 주신 말씀은 우리가 거짓자아로 보는 현실이 하나님께서 보시는 것과 얼마나 동떨어져 있는지, 하나님께서 보시는 것은 무엇인지를 알려주는 기준입니다.

따라서 말씀은 우리의 현실을 변화시키기 위해서 주신 것이 아니라 현실을 자신의 방식대로 보는 마음을 변화시키기 위해서 주신 것입니다. 말씀으로 우리 마음을 새롭게 할 때(하나님의 뜻에 우리의 마음을 일치시킬 때 의롭다 함을 받음) 심겨진 그 말씀대로 현실에서 그 말씀의 실체를 경험하게 되는 것입니다.

또 이르시되 하나님의 나라는 사람이 씨를 땅에 뿌림과 같으니 그가 밤낮 자

고 깨고 하는 중에 씨가 나서 자라되 어떻게 그리 되는지를 알지 못하느니라 막 4:26,27

그러므로 모든 더러운 것과 넘치는 악을 내버리고 너희 영혼을 능히 구원할 바 마음에 심어진 말씀을 온유함으로 받으라 약 1:21

스스로 속이지 말라 하나님은 업신여김을 받지 아니하시나니 사람이 무엇으로 심든지 그대로 거두리라 갈 6:7

⑤ 영성

영성(spirituality, 靈性)에 대한 의식이란 "당신은 오늘 어떻게 살아가고 있습니까?"라는 삶의 방식에 대한 것입니다. 기독교 영성은 초월적 개념을 가진 기타 종교의 영성과는 다릅니다. 하나님나라의 복음적 영성은 '예수 그리스도 안에서 성령님을 통하여 임마누엘 하나님과의 생명적/영적/현재적 관계 안에서 개인 또는 공동체가 살아가는 기독교적인 삶의 라이프스타일'을 말합니다. 즉 자신의 능력과 지혜와 노력으로 최선을 다해 사는 삶인지, 하나님의 지혜와 성품이 자신을 통해 나타나도록 하는지에 대한 것입니다. 우리는 흔히 최선을 다해 자신의 성품을 바꾸고 하나님을 섬겨야 한다고 생각합니다. 그러나 하나님은 우리의 섬김을 받기 원하시는 것이 아니라 우리를 통하여 그분의 영광을 드러내시기 원하십니다. 그것은 우리의 성품과 삶의 모든 요소에서도 마찬가지입니다. 영성은 골방에서 나타나는 것이 아니라 삶의 현장에서 하나님의 모든 것이 우리의 혼과 육을 통해 드러나는 것입니다. 영성은 바로 새로운 습관의 합으로, '하나님나라의 라이프스타일'입니다.

> 우리가 다 수건을 벗은 얼굴로 거울을 보는 것같이 주의 영광을 보매 그와 같은 형상으로 변화하여 영광에서 영광에 이르니 곧 주의 영으로 말미암음이니라 고후 3:18

> 이로써 사랑이 우리에게 온전히 이루어진 것은 우리로 심판 날에 담대함을 가지게 하려 함이니 주께서 그러하심과 같이 우리도 이 세상에서 그러하니라 요일 4:17

> 만일 우리가 성령으로 살면 또한 성령으로 행할지니 갈 5:25
> Since we are living by the Spirit, let us follow the Spirit's leading in every part of our lives, NLT

우리가 자기인식에 대한 하나님나라의 사고방식을 가지지 않는 한 자신의 삶을 변화시킬 수 없다는 것을 알아야 합니다. 안타깝게도 이런 내적 변화 없이 단지 자기 삶의 요소와 삶터만 바꾸면 변화된 삶을 살 수 있다고 생각하는데 그런 일은 결코 일어나지 않습니다.

우리의 삶터에서 삶의 요소를 변화시켜야 한다

삶을 나눌 수는 없습니다. 하지만 우리의 생활과 태도를 변화시키기 위해서는 삶의 요소를 분리해서 생각할 필요가 있습니다. 매일의 삶은 주로 일-관계-시간이 어우러져서 만들어집니다. 일-관계-시간으로 만들어진 삶을 가장 가치 있게 하기 위해 건강이 유지되고 재정이 뒷받침되어야 하며, 그 반대 역시 사실입니다. 우리는 각자의 삶터(가정, 직장, 교회, 문화생활)에서 이런 삶의 요소(일, 관계, 시간, 재정, 건강)를 하나님의 뜻에 일치시켜 감으로써 세상에 하나님의 뜻을 이루어갈 수 있습니다. 킹덤 빌더는 이 삶을 통해서 매일 탁월성, 도덕성, 신뢰성을 훈련해나가야 합니다.

우리가 매일 하나님의 자녀의 삶을 살기 위해서는 먼저 삶의 요소 다섯 가지에 대한 우리의 세상적 생각을 하나님나라의 사고방식으로 바꾸어야 합니다.

① 일

일은 돈을 벌고 자유를 누리기 위한 수단이 아니라 하나님의 뜻과 사랑을 나타내는 수단이 되어야 합니다. 우리가 일을 한다는 것은 하나님께서 각자에게 의도한 계획을 이 땅에 나타내는 거룩한 행위이며, 하나님 안에서 시간의 속삭임을 음악으로 바꾸는 것과 같습니다. 실제로 일은 삶의 근간이자 기쁨의 원천입니다.

문제는 안타깝게도 많은 사람들이 다른 사람의 비전을 이루어주기 위해 자신의 시간과 노력을 팔아 그 대가로 돈을 버는 삶을 산다는 것입니다. 다른 말로 일을 통해 돈을 벌어서 그 돈으로 자신의 자유와 행복을

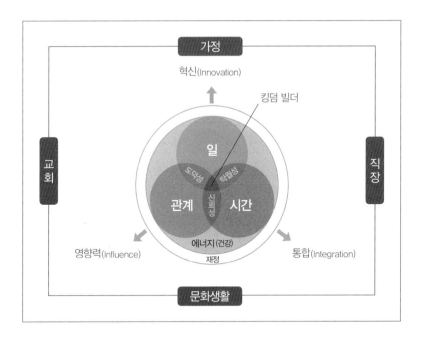

사고자 한다는 것입니다. 일에 대한 잘못된 개념과 개인주의적 사고방식
은 오늘날 많은 사람들로 하여금 워라밸(일과 개인의 삶의 균형, work and
life balance)을 추구하게 만들었습니다. 그러나 우리가 정말 깨달아야
할 사실은 일을 덜하더라도 더 많은 시간 동안 자신의 행복을 누리고자
하면서 정작 행복을 주는 일은 하지 않는다는 것입니다. 만약 당신이 기
쁨과 자유 없이 일하고 있다면 당신은 지금 하나님의 뜻과 사랑을 훼손
하고 있는 것입니다. 거기서 벗어나기 위해서는 다른 일을 찾든지 아니면
일에 대한 당신의 생각을 바꾸어야 합니다.

나를 보내신 이가 나와 함께하시도다 나는 항상 그가 기뻐하시는 일을 행하므로 나를 혼자 두지 아니하셨느니라 요 8:29

② 관계

우리가 사람들을 만나는 것은, 다른 사람들을 나의 목적을 이루기 위한 대상이나 수단으로 삼는 것이 아닌, 그들과 함께함으로써 하나님의 영광과 온전하심을 더 나타내기 위한 것이 목적이 되어야 합니다. 그것을 위해서 우리는 "being together", "sharing together", "working together" 해야 합니다. 그 과정을 통해 하나님께서 우리를 사랑하신 것 같이 우리도 서로 사랑하고 서로 변해가는 삶을 체험하는 것입니다. 더 구체적인 것은 4부 6장을 참고하십시오.

모든 것이 하나님께로서 났으며 그가 그리스도로 말미암아 우리를 자기와 화목하게 하시고 또 우리에게 화목하게 하는 직분을 주셨으니 고후 5:18

③ 시간

또한 세상적으로 볼 때 삶이란 절대 불변하는 공간 속에 주어진 시간(크로노스)[4]을 축으로 자신을 나타내는 것입니다. 그러나 하나님의 자녀라면 이 크로노스의 시간을 뚫고 나타나는 하나님의 시간(카이로스)

---

4) 크로노스(kronos)는 비가역적 수평적이고 직선적인 시간의 개념을 나타내는 말이고, 카이로스(kairos)는 하나님과의 관계성 속에서 하나님께서 개입하시는 어떤 사건이나 일의 때(기회나 성취의 때)를 나타내는 수직적 시간 개념이다.

을 보아야 하며, 자신이 아닌 하나님을 나타내야 합니다. 그것이 하나님의 인도하심을 받는 자만이 나타낼 수 있는 하나님의 현현(顯現, incarnation)입니다. 즉, 나의 하루로 하나님을 위해 사는 삶이 아니라 하나님의 하루로 하나님을 나타내는 삶(자기를 부인하는 삶)을 사는 것입니다.

범사에 기한이 있고 천하 만사가 다 때가 있나니 전 3:1

예수께서 이르시되 여자여 나와 무슨 상관이 있나이까 내 때가 아직 이르지 아니하였나이다 요 2:4

④ 재정

우리는 재정에 대해서도 새로운 사고방식을 가져야 합니다. 일반적으로 그리스도인들은 물질(돈)이 중요하지 않다고 여기거나 물질이 많은 것을 죄처럼 생각하는 경향이 있습니다. 그러나 물질은 우리 삶의 가치를 나타내는 수단이자 우리가 하는 모든 일에 직간접적으로 관련된 매우 소중한 것입니다. 문제는 우리가 하나님을 의지하지 않고 물질을 의지할 때 그 물질은 악한 권세와 능력을 갖게 됩니다. 따라서 우리는 물질을 경시하거나 포기하는 것이 아니라 우리 마음의 탐욕과 욕심을 버려야 합니다. 이 땅에서 자녀의 삶을 살기 위해서는 자신의 시간과 노력으로 돈을 번다는 세상적 사고방식에서 벗어나 하나님의 뜻을 행할 때 돈이 우리를 위해 일하도록 하는 방식을 배워야 합니다.

돈을 사랑함이 일만 악의 뿌리가 되나니 이것을 탐내는 자들은 미혹을 받아
믿음에서 떠나 많은 근심으로써 자기를 찔렀도다 딤전 6:10

⑤ 건강

하나님나라의 관점에서 볼 때 건강을 돌본다는 것은 자신의 육신을 잘
유지한다는 것이 아니라 하나님의 온전함을 지속적으로 누리는 법을 배
운다는 것입니다. 흔히 세상 사람들과 동일한 방식으로 살다가 병이 나면
하나님께 나아와 치유받기를 구하며 그것을 믿음이라고 생각하지만, 하
나님께서 정말 원하시는 것은 우리의 혼과 육이 늘 하나님의 영의 통치함
을 받아 질병 없이 온전히 주를 나타내는 그릇으로 사용되는 것입니다.

사랑하는 자여 네 영혼이 잘됨 같이 네가 범사에 잘되고 강건하기를 내가 간
구하노라 요삼 1:2

	일	관계	시간	재정	건강
킹덤 빌더의 직분	주의 뜻을 이루는 자	섬기는 자	시와 때를 아는 자	청지기	상처받은 치유자
킹덤 빌더의 훈련	믿음	인격	끊임없는 임재	드림과 나눔	돌봄과 양육
킹덤 빌더를 통한 하나님의 역사	권능	사랑	하나님의 때 (카이로스)	풍성함	생명
다른 사람에게 미치는 영향	자신의 능력 이상의 삶	화목케 함	하나님과의 교제	추수의 법칙	주의 성전 관리

우리가 킹덤 빌더로 살아간다는 것은 이 다섯 가지의 삶의 요소를 하나님나라의 사고방식으로 매일 훈련하여 하나님의 성품과 능력과 지혜를 나타내는 것을 의미합니다. 또한 그 삶을 통하여 다른 사람에게도 하나님의 살아 계심과 역사하심을 증거해야 합니다. 그것이 킹덤 빌더의 삶이자 전도방식입니다.

킹덤 빌더의 덕목

그리고 그러한 삶을 통해 우리에게 나타나야 할 덕목은 탁월성, 신뢰성 그리고 도덕성입니다.

① 탁월성

세상에서는 일과 시간의 관계에서 생산성(효율성과 효과성) 관리에 초점을 맞추고 있습니다. 효율성이란 어떤 일을 빠르고 경제적인 '올바른 방식'으로 행하는 것이고, 효과성이란 올바른 과제(중요한 과제)를 먼저 해결하는 것입니다. 세상 사람들은 생산성을 높이기 위해서 자신의 경험과 지식 그리고 집중력을 동원하여 최선을 다하는 삶을 살지만, 그리스도인의 삶에서는 그보다 먼저 하나님의 지혜와 능력이 나타나야 합니다. 우리는 그것을 탁월성이라고 부릅니다. 탁월성은 자신의 능력 이상의 것들이 나타나는 것을 의미하며, 성령 하나님의 역사하심으로(기름부음을 받음으로) 주어집니다.

② 신뢰성

살아가며 사람들과의 관계 속에서 갖는 신뢰성은 무엇과도 비교할 수 없을 만큼 중요합니다. 신뢰성은 하나님에 대한 믿음을 기초로 하며, 어떤 경우에도 상황 논리에 빠지지 않는 굳건한 마음의 태도로 다른 사람과 관계할 때 주어집니다. 신뢰성은 자기방식대로 믿는 하나님을 앞세우는 것이 아닙니다. 늘 하나님 안에서 자신을 변화시킬 수 있는 겸손과 지혜, 다른 사람을 향한 사랑과 긍휼 그리고 세상과 타협하지 않는 불굴의 의지로 다른 사람에게 끼치는 영향력입니다.

이미 언급한 바와 같이 신뢰성을 갖기 위해서는 다른 사람을 자신의 목적을 이루기 위한 수단이나 대상으로 보는 것이 아니라 서로를 하나님의 온전함을 드러내는 존귀한 대상으로 보아야 합니다. 신뢰성을 바탕으로 우리는 리더십과 섬김, 지도력과 책임감을 배울 수 있습니다.

③ 도덕성

도덕성 관리는 가장 소홀히 되는 부분이기도 하고, 아예 생각조차 하지 않는 부분이기도 합니다. 이 요소를 제대로 관리하지 못해 결국 스스로를 무너뜨리는 경우를 흔히 보게 됩니다. 그러나 하나님의 자녀라면 이 세상에서 남보다 뛰어나고 잘 사는 것이 목적이 아니라 주의 법 안에서 주를 나타내는 삶을 살아야 합니다. 따라서 남과 다른 거룩한 삶을 살아야 하고 그것이 우리의 윤리 도덕성을 통해 나타나야 합니다. 손해를 보거나 피해를 입더라도 하나님의 법 밖에 있는 일이라면 하지 말아야 하고, 반대로 하나님의 법 안에 있는 것이라면 해야 합니다. 이 도덕성 관리가 언제나 누구든지 할 수 있는 것은 아닙니다. 이것은 성령님을 통하여 우리가 진리 위에 설 때 가능한 것입니다(요 8:32). 도덕성을 관리하기 위해서 늘 깨어서 기도하는 삶을 살아야 합니다.

3I 라이프스타일

결론적으로 삶의 요소에 대한 새로운 사고방식과 그에 따른 탁월성, 도덕성, 신뢰성의 회복을 통해 새로운 라이프스타일이 형성됩니다. 그것은 3I(Innovation, Influence, Integration)로 부를 수 있는데, 새로운 사고방식으로 인한 '혁신', 새로운 삶을 통한 '영향력', 그리고 모든 것을 예수 그리스도 안에서 '통합'시키는 삶의 방식입니다. 이 라이프스타일은 나 자신을 변화시키는 것뿐만 아니라 가정, 직장, 교회 그리고 문화생활을 변화시키는 리더십의 핵심이기도 합니다.

① 혁신 (Innovation)

신념체계와 가치관의 변화와 이를 통한 새로운 삶의 시스템을 실현함으로써 항상 창조의 능력, 효과성(중요한 일을 이루는 것)과 효율성(주어진 시간 내에 능률을 올리는 것)을 확대시키는 삶의 방식입니다.

> 너희가 서로 거짓말을 하지 말라 옛 사람과 그 행위를 벗어 버리고 새 사람을 입었으니 이는 자기를 창조하신 이의 형상을 따라 지식에까지 새롭게 하심을 입은 자니라 골 3:9,10

② 영향력 (Influence)

하나님과의 친밀한 관계와 소명과 비전에 따른 삶을 통해서 기쁨으로 일하고, 각종 은사가 나타나고, 자신의 능력 이상의 결과들을 보여줌으로써 하나님나라의 복음을 전하는 삶의 방식입니다.

> 그러나 너희는 택하신 족속이요 왕 같은 제사장들이요 거룩한 나라요 그의 소유가 된 백성이니 이는 너희를 어두운 데서 불러내어 그의 기이한 빛에 들어가게 하신 이의 아름다운 덕을 선포하게 하려 하심이라 벧전 2:9

③ 통합 (Integration)

이원론적으로 분리된 삶과 신앙, 일과 예배, 직장과 가정, 교회와 세상을 예수 그리스도 안에 통합시킴으로써 모든 영역에서 동일한 가치관으로 살아가는 삶의 방식입니다.

> 우리는 그리스도 안에서 그의 은혜의 풍성함을 따라 그의 피로 말미암아 속량 곧 죄 사함을 받았느니라 이는 그가 모든 지혜와 총명을 우리에게 넘치게 하사 그 뜻의 비밀을 우리에게 알리신 것이요 그의 기뻐하심을 따라 그리스도 안에서 때가 찬 경륜을 위하여 예정하신 것이니 하늘에 있는 것이나 땅에 있는 것이 다 그리스도 안에서 통일되게 하려 하심이라 엡 1:7-10

우리는 흔히 우리의 삶을 하나님과의 관계, 다른 사람과의 관계, 세상과의 관계, 자신과의 관계 등으로 나누어서 생각합니다. 그리고 각각의 관계를 어떻게 대처해야 하는지를 배웁니다. 그러나 삶은 각각의 관계로 나누어서 생각할 수 있는 것이 아닙니다. 왜냐하면 삶은 자신의 정체성과 각 삶의 요소에 대한 사고방식과 그에 따른 가치관이 총합적으로 나타나는 것이기 때문입니다.

또 세상 사람들은 영적인 것과 세속적인 것을 나누어서 생각하기를 좋아하지만, 하나님의 자녀에게 자연적인 일과 초자연적인 일, 크로노스의 시간과 카이로스의 시간, 사람들과의 만남(교제)과 하나님과의 만남(예배)은 분리될 수 없고, 우리 안에 하나님의 나라가 임했기 때문에 뜻이 하늘에서 이루어진 것같이 땅에서도 이루어지도록 하는 삶을 살아야 합니다.

결과적으로 삶의 요소와 삶터는 분리하여 관리할 수 없고, 하나님나라의 실체는 이 세상의 삶을 통해 나타나야 합니다. 기독교 영성이란 우리가 기도하고, 말씀을 보고, 교회에서 헌신하는 이외의 시간(흔히 내 시간이라고 착각하는)에 일상에서 하나님나라의 실체를 나타내는 것입니다.

04

하나님의 자녀의 새로운 라이프스타일을 이해하라

킹덤 패스파인더(kingdom pathfinder)로서 이 땅에 도래한
하나님나라를 탐구하는 것은 인생에서 가장 가치 있고 스릴 있는 모험이다.

새로운 삶을 살기 위해서 우리는 어떻게 해야 합니까? 먼저 자신의 소명
을 발견해야 합니다. 그렇다면 소명을 발견하기 위한 전제 조건은 무엇
일까요?

소명을 발견하라

1) 예수 안에서 자신을 새롭게 인식하라

무엇보다도 자신이 누구인지를 알아야 합니다. 모든 변화는 자신에

대한 새로운 인식에서부터 시작되기 때문입니다. 이 말은 내가 나 자신을 다르게 생각한다는 것이 아닙니다. 예수 그리스도의 죽으심과 부활하심에 연합함으로써 자신이 새로운 피조물이 되었음을 체험해야 한다는 것입니다. 이 체험이 모든 사고의 출발점이 되어야 합니다.

2) 현실이 아니라 현실 인식을 새롭게 하라

당신이 지금 온전한 삶을 살지 못하는 것은 당신의 존재가 별 볼 일 없다거나 환경이나 상황이 좋지 못해서가 아니라는 것을 깨달아야 합니다. 문제는 환경과 자신에 대한 당신 자신의 사고방식과 신념체계에 있습니다. 그것을 변화시키면 당신의 인생도 변화될 수 있습니다. 이것은 수많은 신앙의 선배들을 통해서 입증된 사실입니다.

예를 들어 우리는 흔히 "누구 때문에…", "무엇 때문에…", "…가 없어서", "…가 부족해서" 등 다른 사람과 주위 환경 때문에 자신이 지금 이렇게 되었다는 말들을 듣게 되는데, 그것은 영적 법칙을 잘 모르기 때문입니다. 불변의 영적 법칙은 우리 각자는 자신의 믿음(잠재의식 안에 있는 믿음)으로 현실을 만들어내고, 그 만들어낸 현실을 경험하며 살고 있다는 것입니다. 따라서 문제는 현실이 아니라 그 현실을 자신이 어떻게 인식하고 받아들이느냐에 있습니다. 우리는 외부 환경으로부터 들어온 정보에 대한 자신의 생각(판단, 상상, 이론, 느낌 등)에 스스로 동의함으로써 그 믿은 대로 된 자신을 만들고 그 현실을 경험하고 있는 것입니다. 이 점을 깨닫는 것이 삶의 변화를 가져올 수 있는 핵심입니다.

또한 현대 과학이 발견한 놀라운 사실은 우리의 뇌 기억과 잠재의식은 현실과 상상을 구분하지 않는다는 것입니다. 우리가 정말로 믿고 상상할 때 뇌의 신경 네트워크가 바뀌고 잠재의식에 새로운 프로그램이 깔리게 됩니다. 우리 주위를 둘러보면 무엇을 해도 자꾸만 실패하고 잘 안 되는 사람이 있는 반면, 애쓰지 않아도 모든 것이 술술 잘 풀리는 사람도 있습니다. 왜 그런가요? 믿은 대로 된 것이고 심은 대로 거두는 것뿐입니다. 그것은 환경이나 처지의 문제가 아니라 그 문제에 대한 그 사람의 내적 반응, 즉 시스템과 프로그램에 따라 그 사람의 건강이나 삶도 달라진다는 것입니다.

과거 연구자들은 스트레스란 외부로부터 주어지는 중압감이며, 그 스트레스가 심신에 심각한 병리적 현상을 초래한다고 밝혔습니다. 그러나 그 후 연구가 거듭될수록 외부로부터 주어지는 중압감이 아니라 그것에 대한 자신의 심리적 반응이 자신의 감정과 신체에 미치는 생리적 영향의 주된 원인이라는 것이 밝혀졌습니다. 그래서 외부로부터 주어지는 중압감을 스트레스가 아니라 스트레서(stressor)라고 부르며, 내적 반응을 스트레스(stress)라고 정의하게 되었습니다. 결국 우리의 삶은 외부로부터 오는 자극이나 주위 환경과 처지에 달린 것이 아니라 우리 마음의 태도에 달려 있다는 것이며, 그것은 바로 우리의 의식(영혼)이 뇌 기억과 마음의 신념체계에 어떻게 반응하느냐에 달려 있다는 것을 뜻합니다.

예수께서 가장 많이 하신 말씀을 생각해보십시오. 그것은 바로 "네 믿음이 너를 구원하였느니라", "네 믿음대로 될지어다"라는 말씀입니다. 그 말씀은 한마디로 모든 것이 네 자신의 책임이라는 말과 동일합니다. 예수께서는 눈에 보이는 대로, 귀에 들리는 대로, 자신의 감각으로 느끼는 대로, 그리고 자신의 마음에 생각되는 대로 믿지 말고, 영이요 생명이신 하나님의 말씀을 믿으라고 하셨습니다. 그 진리의 말씀을 믿을 때 그 믿은 것의 실체를 창조할 것이고, 그 창조한 것을 경험하게 될 것이라고 말씀하신 것입니다.

3) 남과 다른 자신의 특성을 파악하라

자신의 강점, 약점, 남들과의 차이점, 열정, 은사, 그리고 다른 이들의 평가를 통하여 자신에게 주어진 소명이 무엇인지를 알아야 합니다. 자신의 강점은 최대한 활용하고, 약점은 있는 그대로 인정하고 받아들일 줄 알아야 합니다. 우리가 스스로 약점이라고 말하는 것도 사실은 상대적일 뿐입니다. 안타깝게도 현재 우리의 교육 시스템은 각자의 장점을 최대한 활용하는 데 주안점을 두기보다는 단점을 최대한 보완하는 데 모든 시간과 방법을 동원하는 방식으로 이루어지고 있습니다. 남들과의 차이는 잘못된 것이 아니라 서로 다를 뿐임을 이해하고, 그 점을 통해 남들이 보지 못하는 것을 보게 되고 다른 사람이 할 수 없는 것들을 하게 된다는 것을 알아야 합니다.

그리고 어떤 대가와 상관없이 자신이 즐겁게 열정적으로 하는 것이 무엇인지를 찾아보아야 합니다. 그럴 때 우리는 생활 가운데 자신의 은사를 발견할 수 있습니다. 은사를 발견한다는 것은 자신의 평소 생각, 받은 훈련, 노력 그 이상의 것이 어디서 나타나는지를 아는 것입니다. 그리고 그 점에 대해서 주위 사람들이 어떻게 평가하는지 살펴볼 필요가 있습니다. 이러한 것들은 간단하지만 자신의 소명을 발견할 수 있는 귀중한 방법입니다. 자신의 강점, 약점, 남들과의 차이점, 열정, 은사, 다른 사람들의 평가의 교차점이 자신의 존재 가치와 삶의 이유 그리고 주님을 나타낼 수 있는 내적인 통로임을 기억하십시오.

소명은 한순간에 알게 되는 것이 아니라 여러 가지 일이나 직업을 통해 (자라 가면서) 자연스럽게 깨달아지는 것입니다. 어떤 일이 ① 아무런 대

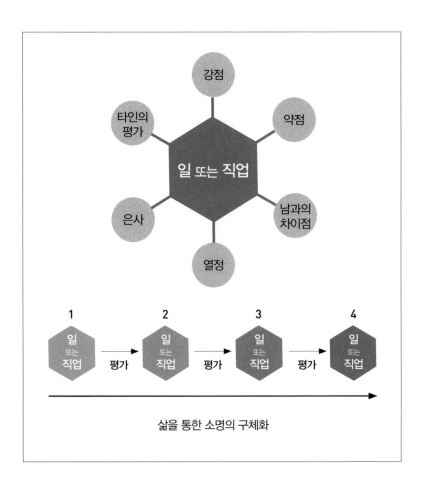

삶을 통한 소명의 구체화

가 없이도 계속 하고 싶고 ② 그 일을 할 때 최고의 기쁨과 탁월함이 나타나고 ③ 그 일을 하지 않을 때 삶의 의미를 찾을 수 없다면 그것이 바로 하나님이 주신 소명일 것입니다.

한편 자신의 행동으로 자신의 존재를 평가하기 이전에, 과거 옛 본성 또는 옛 자아(구원받은 지금은 없지만)에 기초하여 만들어진 뇌 기억과 마음의 신념체계가 지금의 가치관과 행동을 만들어낸다는 것을 알아야 합니다. 다른 말로 하면, 나의 본질은 변했지만 나의 뇌 기억과 마음의 시스템(신념체계)은 여전히 옛 방식으로 작동한다는 것입니다.

따라서 나의 태도와 행동이 변화되지 않았다고 해서 내 존재가 변화되지 않았다고 생각해서는 안 됩니다. 진실은 나의 본질이 아닌, 아직까지 남아 있는 과거 뇌 기억과 마음의 신념체계가 지금 나의 행동에 여전히 영향을 끼치고 있는 것입니다. 그러므로 나의 가치관이나 행동으로 내 존재를 판단하는 것이 아니라 새로운 존재(예수 그리스도 안에 있는 새로운 피조물인 나)인 내 본질이 나의 뇌 기억과 마음 안에 있는 신념체계를 변화시킴으로써 나의 가치관과 행동을 변화시키는 것을 배워나가야 합니다.

> 너희가 육신대로 살면 반드시 죽을 것이로되 영으로써 몸의 행실을 죽이면 살리니 롬 8:13

소명에 기초한 비전을 이루는 삶을 살자

유사 이래로 '나'와 같은 자가 없었고 앞으로도 없을 것이며, 70억 인구 중에 나처럼 살아야 하는 사람은 '나' 한 사람밖에 없습니다. 왜냐하면 하나님께서 우리를 지으셨을 때 우리 한 사람 한 사람을 그렇게 창조하셨기 때문입니다. 클론 로봇을 만들듯이, 붕어빵을 찍어내듯이 그렇게 만드신 것이 아닙니다. 따라서 하나님이 의도하신 그 모습대로 살지 않을 때 우리는 우리가 겪지 않아도 될 많은 고난과 역경에 처하게 됩니다. 내 삶은 왜 이렇게 고난의 연속인가를 생각하기 이전에 그것을 통하여 하나님의 뜻이 무엇인지, 그리고 어떻게 변화되어야 하는지에 초점을 맞추어야 합니다. 내 삶의 문제에 가장 효과적이고 근원적으로 대처하는 방법은 소명대로 사는 것입니다. 우리는 예수 그리스도 안에서 새로운 피조물로서 아버지께서 나에게 주신 소명에 따라 비전을 이루어가는 킹덤 빌더입니다. 하나님의 나라를 건축하는 자는 주인이 준 설계도에 따라 건축을 해야 합니다.

하나님나라의 관점에서 보면 우리는 모두 에덴동산에서 시작하여 새 하늘과 새 땅의 창조로 끝나게 될 하나님의 이야기에 일부가 될 기회와 특권을 가지고 있습니다. 하나님께서 우리를 구원하신 것은 단순히 우리의 죄만 사해주시기 위한 것이 아닙니다. 우리를 예수 그리스도 안에서 하나님의 자녀가 되게 하신 것은 궁극적으로 우리가 다시 하나님의 형상을 회복하고, 하나님께서 각 사람에게 의도한 계획대로 살기를 원하시기 때문입니다. 그 일을 위해서 하나님께서는 성령님을 통하여 끊임없이 우리에게 말씀하시며 우리가 그 놀라운 비밀을 발견하기를 원하십니다.

너희 안에서 행하시는 이는 하나님이시니 자기의 기쁘신 뜻을 위하여 너희로 우리가 이런 하나님의 자녀의 삶을 살기 위해서는 먼저 소명, 핵심 가치관, 비전, 목적과 목표, 계획 등을 이해해야 합니다. 소명이란 하나님이 주신 은사와 달란트 그리고 지식에 따라 각자 이 땅에서 해야 할 일이 무엇인지를 아는 것입니다. 예를 들어 정부와 정치, 교육, 경제와 금융, 종교, 예술과 문화 등과 사회 각 영역을 생각해보면 쉽게 이해할 수 있을 것입니다.

소명에 따라 하나님을 나타내는 일(작업)을 할 때 하나님께서는 우리에게 그 일을 통해서 무언가를 이루고자 하는 소원을 주십니다. 그것이 바로 비전(vision)입니다. 예를 들어 어떤 사람이 교육계에서 일한다면 그 사람을 통해서 교육 시스템을 개혁하는 비전이 주어질 수 있을 것입니다. 그가 믿음으로 그 비전을 품으면 그 일을 실현시키기 위해 목적을 설정하고 구체적으로 장단기 목표를 만들게 될 것입니다. 당신이 지금 어떤 직업에 종사한다면 하나님께서는 그의 기쁘신 뜻을 이루기 위해서 먼저 비전을 주시고, 그 일을 이루도록 지혜와 성품과 능력을 주시기를 원하십니다.

우리가 시간을 보낸다는 것은 삶을 살아간다는 것입니다. 원론적으로 우리는 살아가면서 자신이 원하는 것이면 무엇이든지 할 수 있습니다. 그러나 모든 일을 다 할 수는 없습니다. 왜냐하면 시간이 제한되어 있고 각자의 능력에 한계가 있기 때문입니다. 따라서 할 수 있다고 다 하는 것이 아니라 소명에 기초하여 비전을 따르는, 목적이 수단이 되는 삶을 살

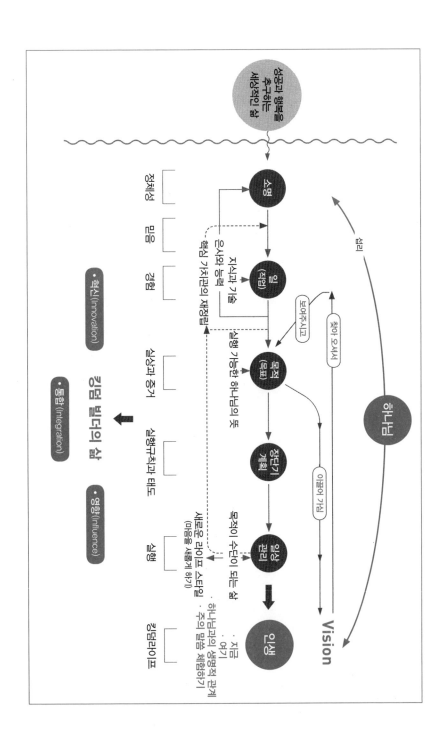

아야 합니다. 자신의 비전과 목적을 알지 못하면 자신도 모르는 사이에 다른 사람의 비전과 목적을 위해 시간을 보내고 그 대가로 신분을 얻거나(유지하거나) 돈을 벌어서 자유를 누리는 사람이 됩니다. 하지만 그것은 자신의 인생을 팔아먹으면서 사는 것이나 다름이 없습니다.

목적을 이루는 일이 쉽지는 않습니다. 만약 쉽게 끝낼 수 있거나 익숙한 일이라면 그것은 중요한 일이 아닐 것입니다. 중요한 일은 우리에게 일종의 두려움을 주고 하고 싶지 않거나 미루고 싶은 마음을 줍니다. 따라서 우리는 급하지만 중요하지 않은 일 또는 쉽고 빠르게 처리할 수 있는 일을 하며 대부분의 시간을 허비합니다.

비전을 이루는 삶은 우리 인생의 가장 흥분되는 모험입니다. 그것은 바로 자신의 미래를 하나님께 의탁하는 것이기 때문입니다. 수많은 간증을 통해 우리는 소명에 기초한 비전을 좇아 사는 삶을 하나님께서 어떻게 축복하시는지 보아왔습니다. 하나님께서는 주신 비전을 우리가 성취하는 데 필요한 모든 것을 제공하십니다.

우리는 하나님이 의도하신 계획, 즉 소명을 발견하고 그 소명을 나타

우리는 자라가면서 여러 가지 일을 배우고 경험하고 다른 사람과 관계를 맺습니다. 그 과정 중에 하나님께서 나에게 계획하신 소명을 발견하고, 마침내 그 소명을 이루기 위한 일 혹은 직업에 종사하게 됩니다. 매일의 삶을 온전히 살기 위해서는 일과 만남을 통하여 자신의 잘못된 가치관을 발견하고, 소명과 목적에 기초한 핵심 가치관을 새롭게 만들어야 합니다. 그것이 준비되면 하나님께서는 우리에게 비전을 주시고, 그 비전을 통하여 우리의 삶을 이끌어 가십니다. 우리는 이 비전을 실현하기 위해서 목적을 세우고, 그 목적을 이루기 위한 목표를 정하고 계획하여 매일 하나님의 하루를 살아가는 것입니다.

이 삶의 핵심은 우리가 우리의 목적을 달성하는 것이 아니라 목적이 수단이 되는 삶을 사는 것입니다. 이것은 나의 하루로 하나님을 위해서 사는 것이 아니라 하나님의 하루에 주님을 더 나타내는 삶을 사는 새로운 라이프스타일입니다. 궁극적으로 인생이란 시간의 축에서 내 능력을 쏟아 나의 목적을 달성하는 삶이 아닌, 매일 자신의 옛 라이프스타일을 변화시킴(마음을 새롭게 함)으로써 우리 안에 계신 주님이 지금 이 순간 여기에 나타나심으로 그분의 뜻을 이루어가는 삶을 말합니다.

내기 위한 일 혹은 직업을 가져야 합니다. 그리고 매일의 삶을 온전하게 살기 위해서는 자신의 핵심 가치관을 소명과 매일의 삶에 기초하여 새롭게 만들어야 합니다. 그것이 준비되었다면 하나님께서 우리에게 비전을 주실 것입니다. 그때 우리는 비전을 이루기 위해 목적을 세우고, 그 목적을 이룰 목표를 정하고 매일 하나님의 계획 안에서 살아야 합니다.

가장 중요한 핵심은 우리의 목적을 달성하는 삶이 아닌 목적이 수단이 되는 삶을 사는 것입니다. 그것은 바로 매일 자신의 라이프스타일을 변화시킴(마음을 새롭게 함)으로써 우리 안에 계신 주님께서 그의 일에 나타나시도록 하는 삶을 의미합니다.

KINGDOM BUILDER LIFESTYLE

PART 2

마음을 새롭게,
하루를 새롭게

01

시간을 새롭게 정의하라

⌒

이미 지나간 어제는 역사다. 아직 오지 않은 내일은 신비다.
그러나 오늘은 주님의 무한한 가능성을 나타낼 수 있는 은혜의 선물이다.

공기 없이는 단 몇 분도 살지 못하는데도 사람들이 공기를 소중히 여기지 않는 것처럼 우리는 제한된 시간 속에 살아가는데도 불구하고 시간의 소중함을 모르고 영원히 존재할 것처럼 살아가고 있습니다. 안타깝게도 자신의 시간을 함부로 낭비하거나 반대로 다른 사람이 자신의 시간을 훔쳐가거나 함부로 써버리는데도 이를 알지 못하고 또 개의치도 않습니다. 세상에서는 다시 기회가 주어지는 일들이 많지만 한 번 지나가면 다시는 되돌이킬 수 없는 것들이 있습니다. 그것은 바로 내뱉은 말, 한 번 주어진 기회 그리고 시간입니다.

시간의 속성을 이해하라

세상 사람들은 대부분 주어진 시간 내에 생산성을 높일 수 있는 기술이나 기법을 원합니다. 하지만 하나님의 자녀인 우리는 시간을 다르게 경험해야 합니다. 즉 내가 시간을 보내는 것이 아니라 시간이 나를 위해 일하도록 해야 합니다. 그런 삶을 위해서는 시간에 쫓기는 삶이 아니라 시간을 통제하는 삶을 배워야 합니다.

하루의 시간은 모두에게 공평하게 24시간이 주어집니다. 그리고 우리의 삶은 매일 시간 속에서 일과 만남으로 이루어집니다. 좀 더 정확히 말하자면 우리는 일과 만남을 시간으로 측정하고 있는 것입니다. 그런 관점에서 볼 때 동일한 시간이 주어졌지만 사람에 따라서 시간을 보내는 방식은 서로 다를 수 있습니다. 시간을 사용하는 방법의 핵심은 시간 그 자체에 달린 것이 아니라 우리 마음에 달려 있다는 것입니다. 결국 시간 관리는 사건 관리이며 사건 관리는 마음 관리입니다. 우리가 태어날 때 하나님께서는 우리에게 일정한 시간을 주시고 수많은 일들과 가능성을 주셨습니다. 그리고 그 시간을 어떻게 사용하며 살아가야 하는지를 주님과 교제하며 알기 원하십니다.

하나님께서 모든 사람에게 시간을 평등하게 주셨다고 생각하겠지만, 그러나 그것은 시간을 단지 흘러가는 길이(혹은 양)로만 생각한 것입니다. 모든 사람에게 지금 이 순간의 시간이 똑같은 것일까요? 결코 그렇지 않습니다. 사실 시간을 어떻게 보내느냐 하는 것은 개인에 따라 질, 밀도, 폭에 있어서 천양지차(天壤之差)가 있습니다. 시간의 길이는 모두에게 똑같이 주어졌지만 그 질과 밀도와 폭을 결정하는 것은 각 개인의 몫이라는 것입니다.

시간의 질이란 무엇을 하느냐에 달려 있습니다. 즉 의미 있고 가치 있는 일에 따라 시간의 질이 결정됩니다. 시간의 밀도는 어떻게 하느냐에 달려 있습니다. 동일한 길이의 시간이라도 집중력에 따라 그 성과가 달라집니다. 그리고 시간의 폭은 어떤 영향력을 미치느냐에 달려 있습니다. 같은 시간을 쓰더라도 어떤 곳에서 강의를 하는 것과 블로그에 적는 글은 그 영향력에 있어서 엄청난 차이가 있을 것입니다.

더욱이 시간은 사고팔 수도 있습니다. 예를 들어 돈이 많은 사람들이 운전사, 비서, 요리사를 고용하는 이유가 무엇일까요? 언뜻 편리함과 효율 때문일 거라고 생각하겠지만 궁극적으로는 자신의 시간을 다른 곳에 쓰기 위해서 돈을 주고 시간을 사는 것입니다. 반대로 많은 경우에 사람들은 자신이 원치 않는 일을 하면서 돈을 버는데, 그것은 돈을 벌기 위해서 자신의 시간을 파는 셈입니다. 그리고 그렇게 번 돈으로 남는 시간에 행복을 누리기 원하는 것입니다. 모든 사람들이 행복을 추구하기 위해 시간을 팔아 돈을 벌지만, 정작 행복을 주는 일에 시간을 보내지는 않습니다.

한편, 하나님의 자녀인 우리는 하루를 24시간으로 정한 시계 시간(크로노스) 속에서 살고 있지만, 항상 하나님의 시간(카이로스) 속에서 살아야 합니다. 즉, 하루라는 시간의 길이를 중요시하는 것이 아니라 오늘(지금 지나가고 있는 이날) 지금 이 순간 하나님과의 관계를 통해서 시간의 질과 밀도와 폭이 다른 삶을 살아야 한다는 것입니다. 왜냐하면 우리는 더이상 '자신의 나라와 의'를 구하는 자가 아니라 '하나님의 나라와 의'를 구하는 자이며, '나의 하루'가 아니라 '하나님의 하루'를 사는 존재이기 때문입니다.

하루는 그리스도 안에서 새 생명으로 맞이하는 오늘을 통해 그 의미와 가치가 부여됩니다. 따라서 우리는 시계 시간의 하루를 관리하는 것이 아니라 하나님과 관계하는 (영원한 현존을 나타내는) 시간인 오늘(this day 혹은 today)을 관리하는 삶을 살아가야 합니다.

지금 이 순간을 소중히 여겨라

우리 마음이 세상을 향하는 순간, 우리는 자신의 진정한 정체성을 잊어버리고 맙니다. 그리고 지금 이 순간 여기 이곳의 소중함과 만족이 무엇인지 모릅니다. 왜냐하면 우리의 영혼이 하나님의 영 안에 거하며 하나님의 의식을 갖기보다 거짓자아에 묶여 환경과 일 그리고 다른 사람을 통한 자기의식을 갖기 때문입니다.

우리는 매 순간 수많은 상황을 맞이하게 되고 그 상황 때문에 고통받는다고 생각합니다. 더욱이 마귀는 우리가 항상 "지금은 아니고 언젠가 나중에"라는 사고방식으로 살아가게 만듭니다. 즉, 현재 자신에 만족하지 못하게 하고 늘 언젠가 나중에 기대를 갖게 하는 것입니다. 우리는 늘 무엇을 좀 더 하면, 좀 더 노력하면, 좀 더 참으면 더 좋은 날이 올 거라고 믿고 있습니다. 그러니까 자신의 현재는 별 볼 일이 없기 때문에 늘 현재를 팔아 미래를 사는 삶을 살고자 합니다.

하나님의 자녀는 자신이 누구인지를 알아야 합니다. 우리는 영적 존재이며 그리스도 안에 거하고 있습니다. 그런데 안타깝게도 우리는 자신의 마음이 자기라고 착각하고, 그 마음을 목숨 걸고 지키고자 합니다. 즉, 마음의 생각과 감정을 통해서 자신의 정체성을 유지하고자 하는 것입니다. 이것이 바로 자신의 마음을 자기라고 믿게 하는 거짓자아(성경에서는 '겉사람'이라고 부르는 반면 심리학에서는 통칭하여 '에고'라고 부른다)의 속성입니다.

1) 거짓자아에서 벗어나라

이 거짓자아는 죄로 인하여 두려움과 죄책감, 결핍과 부족에 대한 욕구로 만들어진 허상이기 때문에 애초부터 만족감이나 성취가 없고 늘 허무와 무가치함에 시달리고 있습니다. 우리가 받는 고통은 대부분 환경 때문이 아니라 자신이 만들어낸 이 허상 때문입니다. 따라서 우리는 이 거짓자아를 만족시키기 위해서 지금 이 순간에 저항해야 하며, 지나간 과거의 경험에 기초한 나 그리고 지금은 아니지만 미래에 성취될 것을 기대하는 나를 붙들어야 합니다. 결국 거짓자아는 현재를 받아들이지 못하며 늘 자신의 마음이 만들어낸 과거와 미래의 허상을 먹고 살게 합니다.

① 거짓자아는 과거의 상처와 쓴 뿌리로 늘 괴로워합니다. 거짓자아는 자신의 뇌 기억과 잠재의식 내 시스템과 조건화된 프로그램으로 만들어진 상상을 지금의 나와 동일시하기 때문에 늘 지나간 상처나 쓴 뿌리로 인해 괴로워하고 고통스러워합니다.

너희는 하나님의 은혜에 이르지 못하는 자가 없도록 하고 또 쓴 뿌리가 나서 괴롭게 하여 많은 사람이 이로 말미암아 더럽게 되지 않게 하며 히 12:15

② 육체와 마음이 원하는 것을 하게 됩니다. 육체의 소욕이 발동하여 음행과 더러운 것과 호색과 분쟁과 시기와 분냄과 당 짓는 것과 분열함과 투기와 술 취함과 방탕한 것들이 마음에서 올라오게 됩니다.

전에는 우리도 다 그 가운데서 우리 육체의 욕심을 따라 지내며 육체와 마음의 원하는 것을 하여 다른 이들과 같이 본질상 진노의 자녀이었더니 엡 2:3

③ 수고하고도 무거운 짐을 진 자가 됩니다. 참 이상한 것은 우리가 수고하는 것은 무거운 짐을 벗어버리기 위함인데, 열심히 수고해도 결국 돌아오는 것은 더 무거운 짐을 지는 것 같다는 것입니다.

수고하고 무거운 짐 진 자들아 다 내게로 오라 내가 너희를 쉬게 하리라
마 11:28

④ 내일 일을 위하여 염려하는 자가 됩니다. 내일 일은 내 일(my duty)이 아니라 내일(tomorrow)이 염려해야 하는데도 스스로 염려하게 됩니다. 아직 오지도 않은 미래를 '지금 내가 책임져야 하는데…'라고 생각하는 것이 바로 염려의 근원입니다.

> 그러므로 내일 일을 위하여 염려하지 말라 내일 일은 내일이 염려할 것이요
> 한 날의 괴로움은 그 날로 족하니라 마 6:34

이런 것들이 잘못되었음을 깨닫는 것이야말로 영적 돌파이며 새로운 하나님나라로 들어가는 비밀입니다. 우리가 예수 그리스도 안에서 하나님의 영의 인도함을 받지 못하면 우리는 항상, '지금 여기', '이 순간'을 부정하거나 저항하게 됩니다. 그래서 예수께서 자기를 부인하고 자기 십자가를 진 자만이 하나님나라의 삶을 살 수 있다고 말씀하신 것이기도 합니다.

> 이에 예수께서 제자들에게 이르시되 누구든지 나를 따라오려거든 자기를 부인하고 자기 십자가를 지고 나를 따를 것이니라 마 16:24

과거는 이미 지나갔고 미래는 아직 오지 않았습니다. 우리는 더 이상 이미 지나간 과거의 경험에 기초한 고통과 후회, 아직 오지 않은 미래에 대한 염려와 걱정으로 지금 현재를 살아서는 안 됩니다. 지금 이 순간에 집중하고 있는 그대로를 볼 때 거짓자아는 신기루처럼 사라지게 됩니다. 다른 말로 지금 이 순간을 벗어나려는 모든 노력을 멈출 때(자신의 마음이 만든 심리적 시간과 상상에서 벗어나면) 비로소 자신의 존재가 영생이신 하나님과 생명적으로 연결되어 있음을 자각하게 됩니다.

그럴 때 자신이 아닌 다른 누군가가 되려는 욕구도 저절로 사라지게 됩니다. 왜냐하면 자신의 마음이 만든 심리적 시간과 상상에서 벗어날

때 비로소 그리스도의 마음으로 자신과 세상을 볼 수 있기 때문입니다. 그때 과거의 경험은 오직 하나님과 자신의 관계 측면에서 무엇이 잘되고 무엇이 잘못되었는지를 아는 지식과 지혜로 남게 되고, 미래는 주님을 전적으로 신뢰하게 됩니다.

> 오늘 있다가 내일 아궁이에 던져지는 들풀도 하나님이 이렇게 입히시거든 하물며 너희일까보냐 믿음이 작은 자들아 마 6:30

우리는 영원히 현존하시는 주 안에서 성령님을 통하여 생명의 말씀이 풀어지는 오늘의 삶을 살아야 합니다. 그것이 바로 예수께서 가르쳐주신 대로 오늘 우리에게 주시는 일용할 양식(생명의 말씀)으로 뜻이 하늘에서 이루어진 것같이 땅에서도 이루어지게 하는 삶입니다.

2) 현존하시는 예수님을 나타내라

믿는 자와 믿지 않는 자는 미래에 대한 태도가 완전히 달라야 합니다. 믿지 않는 자에게 미래의 일이란 불확실할 뿐만 아니라 자신이 책임질 의무가 있습니다. 그렇기 때문에 현재의 마음으로 염려하고 불안해하며, 그 결과로 지금 여기 삶의 의미와 가치를 알지도 못하고 누리지도 못하게 됩니다. 반면에 그리스도인들은 하나님의 뜻에 따라 목적을 정하고 계획하고 나아가기 때문에 현재의 마음으로 미래에 대해서 염려하지 않습니다. 왜냐하면 미래의 일은 주님이 이루실 것을 믿기 때문입니다. 그렇다고 해서 아무것도 하지 않아도 된다는 것은 아닙니다. 시공간을 초월한 주 안에서 선제적 믿음생활을 하며, 주님이 주시는 능력 안에서 오늘 최선을 다하는 삶을 살아야 합니다(골 1:29).

> 내일 일을 너희가 알지 못하는도다 너희 생명이 무엇이냐 너희는 잠깐 보이다가 없어지는 안개니라 약 4:14

> 사람이 마음으로 자기의 길을 계획할지라도 그의 걸음을 인도하시는 이는 여호와시니라 잠 16:9

하나님나라의 삶은 지금 이 순간 여기를 부정하는 거짓자아의 의식상태에서 벗어날 때 비로소 체험될 수 있습니다. 하나님의 생명 안에서 지금 이 순간을 있는 그대로 보고 즐거워하는 것이 바로 하나님의 자녀의 특징입니다. 당신의 진정한 존재를 알지 못하게 하는 거짓자아에서 벗어나 예수 그리스도 안에 있는 당신의 본질을 의식해보십시오. 그 마음의 기능을 타락 이전으로 회복시켜야 합니다. 마음은 하나님의 마음을 나타내는 통로이지, 당신 자신이 아니라는 사실을 정말로 깨닫고 체험하시기 바랍니다.

예수님은 유대인들에게 "진실로 진실로 너희에게 이르노니 아브라함이 나기 전부터 내가 있느니라(I am)"라고 하셨습니다(요 8:58). 본래 논리적으로 따지자면 "있었느니라(I had been)"라야 옳을 것입니다. 그러나 예수님은 영원히 현존하시는 분이십니다. 우리가 하나님의 영으로 거듭난 자라면 지금 나의 삶이 아닌 영원히 현존하시는 그분을 나타내는 삶을 살아야 합니다. 그분 안에서 그분을 나타냄으로 '지금 여기', '이 순간'에 만족하며 그분을 영화롭게 하는 삶을 살아야 할 것입니다. 그럴 때 우리는 이 세상에 묶이지 않는 삶을 살 수 있습니다. 우리는 언젠가 잘 살기 위해서 오늘을 희생시키는 존재가 아니라 오늘(지금 여기, 이 순간) 주님과 함께함으로 영생을 누리는 존재입니다.

> 예수 그리스도는 어제나 오늘이나 영원토록 동일하시니라 히 13:8

지금까지 살아온 나의 마지막 날, 앞으로 내가 살아야 할 내게 주어진 첫날이 바로 '오늘'입니다. 주님의 생명 안에서 지금 여기에서 주님이 주신 기쁨을 누리며 주님을 영화롭게 합시다. 우리의 삶을 시간의 관점에서 차원의 관점으로 변화시키는 새로운 의식을 가지시기 바랍니다. 나의 성취에 초점을 맞추는 삶이 아니라 예수 그리스도 안에서 하나님과의 관계에 초점을 맞춤으로써 그분께서 내 삶에 나타나심으로 그의 일을 행하시는 인생으로 변해갑시다. 그것은 바로 '지금', '여기', '이 순간'에 일어납니다.

02

시간 관리가 아니라 마음 관리이다

∽

어제가 오늘을 낙담시키도록 허락하지 말고,
내일이 오늘을 염려하도록 허락하지 말라.

주어진 시간 안에 더 많은 일을 하고자 하는 진짜 목적은 무엇입니까? 많은 사람들은 생산성을 높이기 위해서라고 생각할지 모릅니다. 궁극적인 목적은 자신과 자신의 인생에서 지금보다 더 큰 기쁨과 만족을 누리기 원해서입니다. 그런데 아이러니하게도 오늘날 수많은 자기계발서는 생산성을 높이는 방법들을 제시하기는 하지만 그러면 그럴수록 만족감보다는 내면에서 올라오는 회의, 좌절, 분노, 저항, 긴장, 불안감 등에 더 시달리게 만듭니다.

인생은 시간이다

시간이란 독립적인 실체가 아니라 인간이 의식할 수 있는 사건(일과 만남)들의 순서이며 그 순서를 통해서 측정됩니다. 사건의 순서를 의식하는 인간의 수단이 바로 시간이며, 따라서 우리 마음을 떠난 시간이란 존재하지 않습니다. 이것을 흔히 시계 시간(크로노스)이라고 합니다. 시계 시간을 측정하는 것은 인간이 하는 일입니다.

앞서 언급한 객관적인 시간과 달리 주관적인 시간도 있습니다. 예를 들면, 동일하고 객관적인 시간을 보내더라도 긴 시간을 보낸 것처럼 생각될 때도 있고, 매우 짧은 시간을 보낸 것 같을 때도 있습니다. 기다리는 사람에게 시간은 너무 느리고, 두려워하는 사람에게 시간은 너무 빠르고, 슬퍼하는 사람에게 시간은 너무 길고, 목적 없이 사는 자에게 시간은 너무 지루합니다. 이렇게 시간의 리듬을 결정하는 것은 바로 우리 자신입니다. 사람들은 대부분 객관적인 시간에 묶여 살지만, 진정한 인생의 묘미는 주관적인 시간을 어떻게 보내느냐에 달려 있다고 해도 과언이 아닙니다.

시간은 멈추지 않고 저장할 수 없으며 결코 되돌아오지 않습니다. 따라서 시간은 시간을 사용할 줄 아는 사람에게만 그 가치가 부여됩니다. 시간을 아낀다는 것은 시간을 소유하거나 저장한다는 뜻이 아니라 시의적절하게 사용한다는 뜻입니다.

대체로 시간(마음) 관리를 잘하지 못하는 사람과 잘하는 사람들은 다음과 같은 특징이 있습니다.

시간(마음) 관리를 잘 못하는 사람	시간(마음) 관리를 잘하는 사람
비시스템적이고 충동적임	시스템적이고 계획적임
현실에 저항하고 미래적 성취를 추구함	현실에 적응하고 지금 이 순간 여기를 즐김
사소한 일에 묶이고 항상 스트레스를 받음	큰 그림 안에서 스트레스를 적절히 조절함
게으름과 바쁨의 연속된 반복	집중-몰입-희열을 느끼고 즐기고 반복함
회피(미루기)로써 행동에 대한 두려움을 피함	행동으로써 자신의 생각을 나타내고자 함
삶의 각 영역들이 분리되고 갈등이 있음	삶의 각 영역들이 통합되고 시너지 효과가 나타남

흔히 시간은 돈이라고 말하지만 시간은 돈 이상의 가치를 지닙니다. 우리의 생명 되신 하나님 아버지께서 우리가 이 땅에서 주와 교제하며 주의 뜻을 이룰 수 있도록 허락하신 것이 바로 시간이기 때문입니다.

그런 면에서 볼 때 인생은 시간과의 춤으로 말할 수 있습니다. 따라서 인생을 잘 살아간다는 것은 시간을 잘 보낸다는 것이며, 시간을 잘 보낸다는 것은 사건들을 잘 처리하며 다른 사람과의 관계 관리를 잘한다는 것이고, 사건 관리와 관계 관리를 잘한다는 것은 결국 마음을 잘 관리한다는 것입니다. 마음을 잘 관리한다는 것은 하나님과 좋은 관계를 가진다는 것이고, 하나님과 좋은 관계를 가진다는 것은 바로 성령 안에서 의와 평강과 희락을 지속적으로 누리는 것이며 인생 관리를 잘한다는 것입니다.

이것은 거꾸로도 생각할 수 있습니다. 즉 인생 관리를 잘 못한다는 것은 마음 관리를 잘 못하는 것이며, 그 사람은 사건 관리나 관계 관리도 잘 못하게 되고, 그 결과 시간 관리도 잘 못해서 결국 인생에서 성공할 수 없게 됩니다. 우리는 시간에 끌려다니며 시간의 종 노릇하는 것이 아니라 시간을 지배할 줄 알아야 합니다. 결국 시간 관리의 핵심 사고방식은 시간에 기초하여 사건을 처리하고 관계를 가지며 가치를 추구하는 것이 아니라, 그 반대로 자신이 정한 가치관에 따라 사건과 관계의 선택과 우선순위를 정하고 그에 따라 적절히 시간을 배분하는 것입니다.

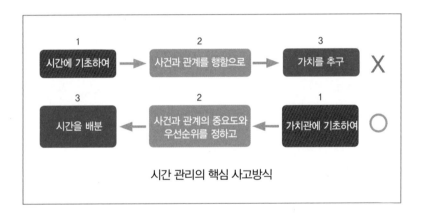

시간 관리의 핵심 사고방식

마음을 관리하면 시간을 지배할 수 있다

우리는 마음을 관리함으로 시간을 지배할 수 있습니다. 우리가 시간을 지배할 때 비로소 시간을 관리할 수 있게 됩니다. 방심하면 사라지고, 잡지 않으면 날아가고, 담지 않으면 흘러가버리는 시간을 잘 관리해야 합니다. 그런데 불행히도 우리는 자신의 마음은 관리하지 않으면서 단지 시간만 잘 보내기 원하고 그렇게 애쓰고 있습니다.

> 그런즉 너희가 어떻게 행할지를 자세히 주의하여 지혜 없는 자 같이 하지 말
> 고 오직 지혜 있는 자 같이 하여 세월을 아끼라 때가 악하니라 그러므로 어리
> 석은 자가 되지 말고 오직 주의 뜻이 무엇인가 이해하라 엡 5:15-17

> 우리에게 우리 날 계수함을 가르치사 지혜로운 마음을 얻게 하소서 시 90:12

우리가 어떻게 행할지(시간을 어떻게 보내야 할지) 알기 위해서 우리는
먼저 주의 뜻이 무엇인지 알아야 합니다. 그럴 때 그 소명에 기초하여 의
도한 계획대로 행할 수 있기 때문입니다. 세월을 아끼라는 것은 나 자신
뿐 아니라 시간도 하나님의 것이기 때문에 청지기로서 하나님의 하루를
살아야 한다는 뜻입니다. 그렇지 않으면 이 악한 시대에 자기 욕심을 채
우기 위해서, 다른 사람의 비전을 이루느라, 혹은 아무 의미나 가치도 없
이 하루하루를 보내게 됩니다. 우리는 자신에게 주어진 시간만 잘 사용
하고 불필요한 시간을 줄이려고 노력하지만 실제는 다른 사람이 내 시
간을 내 허락 없이 허비하거나 반대로 내가 다른 사람의 시간을 무단으
로 사용하는 경우 또한 허다합니다.

> 우리의 모든 날이 주의 분노 중에 지나가며 우리의 평생이 순식간에 다하였나
> 이다 우리의 연수가 칠십이요 강건하면 팔십이라도 그 연수의 자랑은 수고와
> 슬픔뿐이요 신속히 가니 우리가 날아가나이다 시 90:9,10

혼히 시간을 과거, 현재, 미래로 나눌 수 있다고 말합니다. 즉, 우리는 시간을 객관적으로 측정하며 산다고 생각하는데, 사실은 주관적 시간으로 살아갈 뿐입니다. 그러나 주관적 시간의 측면에서 본다면 시간은 그 어디에도 없습니다. 시간은 오직 지금 여기 현재로 존재할 뿐입니다 (Time is nowhere, time is now and here). 왜냐하면 과거는 이미 지나갔으며 단지 지금 우리의 뇌 기억에 남아 있을 뿐이기 때문입니다.

더욱이 우리는 과거를 있는 그대로 보지 못합니다. 늘 자신의 입장에서 받은 상처와 쓴 뿌리 혹은 그 반대로 좋은 것만을 기억합니다. 그런 의미에서 본다면 과거는 자신이 만든 허상일 뿐입니다. 미래도 마찬가지입니다. 미래는 아직 오지 않았으며 경험되지 않은 것입니다. 그런데도 우리는 미래 기억(아직 일어나지 않는 일들을 자신의 현재 기억으로 떠올리는 것)으로 불안해하기도 하고 염려하기도 합니다. 그런 의미에서 미래 또한 허상입니다. 과거와 미래는 실재가 아니며 단지 우리의 의식 안에서만 현재로 의식할 뿐이라는 것입니다.

반면에 현재는 우리의 의식 안에서 의식할 수 있고 그 실재를 직면할 수도 있습니다. 사람들은 대부분 있는 그대로 본다고 말하지만, 사실은 자신의 의식(제한된 동일시와 심리적 시간과 상상)이 만들어낸 세상을 보고 있을 뿐입니다. 따라서 진정한 삶이란 현재라는 시간의 실재를 직면하는 일입니다. 그것은 자기 스스로 자신의 생각과 느낌을 부인하고 실재를 직면하고자 하는 용기를 통해서 얻을 수 있습니다. 다른 말로 자신의 경험이 만든 뇌 기억과 조건화된 프로그램으로 가득 찬 의식, 즉 마음을 부인해야만 하나님의 생명 안에서 하나님께서 보시는 그 실재를 보고 경험할 수 있습니다. 이것은 오직 예수 그리스도 안에서만 가능합니다.

> 예수께서 대답하여 이르시되 진실로 진실로 네게 이르노니 사람이 거듭나지
> 아니하면 하나님의 나라를 볼 수 없느니라 요 3:3

주님이 주신 선물 같은 하루

하나님 자녀의 삶은 이미 지나간 과거에 묶이거나 아직 오지 않은 미래를 붙들고 사는 삶이 아닙니다. 하나님의 영원한 현존 안에서 우리에게 허락된 현재를 보내는 것입니다. 지금 이 순간 하나님의 생명에 연결되어 그분을 나타내는 일을 하는 '현재의 삶'을 사는 것입니다.

시간도 하나님께서 창조하신 것으로 하나님이 없는 시간이란 아무 의미가 없습니다. 흔히 우리는 크로노스 시간 속에서 카이로스 시간을 경험하려고 애쓰는데, 이것은 매우 수동적인 사고방식일 뿐입니다. 우리가 예수 그리스도 안에 있는 새로운 피조물이라면 카이로스 시간 속에서 크로노스를 지배하는 사고방식을 가져야 합니다. 그것은 바로 하나님의 영에 의해 마음을 새롭게 함으로 시간의 청지기로서 '나의 하루'가 아닌 '하나님의 하루'를 살아가는 삶을 말합니다.

주 안에서 하나님의 하루를 살아가는 우리에게 과거는 역사(history)이며 미래는 신비(mystery)이고 현재는 주님이 주신 선물(present)입니다. 우리 인생의 성공 여부는 과거에 있지도 않고 미래에 있지도 않습니다. 오직 하나님의 생명 안에서 지금 여기에서 무엇을 어떻게 하느냐에

달려 있습니다. 하나님이 주신 소명에 기초하여 주어진 목적을 이루기 위해 무엇을 어떻게 해야 할지를 아는 오늘이야말로 주님께서 허락하신 최고의 가치가 있는 하루이며 영광의 날이기도 합니다. 할 일은 많은데 시간이 충분하지 않다고 말하지 마십시오. 우리는 위대한 신앙의 선배들과 매일 동일한 시간을 보내고 있습니다.

03

하루를 새롭게 정의하라

관점(perspective)은 새로운 삶의
처음이자 마지막이고 모든 것이다.

하루 동안 하나님이 원하시는 최고의 삶을 살 수는 없을까요? 지금까지 수많은 사람들이 어떻게 하면 하루를 가장 효과적으로 보낼 수 있을까를 생각하고 연구해왔습니다. 주어진 시간 내에 생산성을 극대화시키는 방법, 잠을 줄이는 방법, 아침에 일찍 일어나는 방법 등등 말입니다.

오늘 관리는 잠자는 시간을 중심으로 이루어져야 한다

하루를 가장 멋지게 보내는 방법은 무엇일까요? 딱 한가지입니다. 그것은 24시간 하나님과 동행하는 것이며, 이것이야말로 최고의 삶입니다.

어떻게 하면 그렇게 할 수 있을까요? 그런 삶을 살기 위해서 우리는 먼저 하루를 다르게 생각해야 합니다. 즉, 하루의 시작이 아침이 아니라 전날 잠자리에 들기 전부터라는 사실을 아는 것과 하루의 계획을 잠자는 시간을 중심으로 세우는 것입니다.

> 하나님이 빛을 낮이라 부르시고 어둠을 밤이라 부르시니라 저녁이 되고 아침이 되니 이는 첫째 날이니라 창 1:5

일반적으로 우리는 잠자기 전 시간을 하루 일과를 마치고 휴식을 취하는 시간이라고 생각합니다. 이것은 대부분의 사람들이 가진 개념이기도 합니다. 그러나 하나님의 자녀는 하루를 다르게 생각해야 합니다. 한 주일의 시작은 언제입니까? 월요일이 아니라 주일입니다. 주일에 하나님과 교제함으로써 한 주일을 주의 뜻대로 보낼 수 있게 됩니다. 하루도 마찬가지입니다.

만약 잠을 마지막 피난처가 아닌 내일을 준비하는 시간과 장소로 바꾼다면 어떻게 될까요? 잠은 일과 후 휴식을 취하는 마지막 코스가 아니라 새 아침을 맞이하는 첫 준비가 됩니다. 할렐루야! 새로운 사고방식을 가져보십시오. 하루의 시작은 아침이 아니라 잠들기 전부터입니다. 따라서 하루의 계획은 잠자는 시간을 중심으로 세워야 합니다. 그럴 때 우리는 잠자는 동안에도 하나님과 교제할 수 있게 됩니다.

> 그 후에 내가 내 영을 만민에게 부어 주리니 너희 자녀들이 장래 일을 말할 것

이며 너희 늙은이는 꿈을 꾸며 너희 젊은이는 이상을 볼 것이며 욜 2:28

하나님이 말씀하시기를 말세에 내가 내 영을 모든 육체에 부어 주리니 너희의
자녀들은 예언할 것이요 너희의 젊은이들은 환상을 보고 너희의 늙은이들은
꿈을 꾸리라 행 2:17

내가 잘지라도 마음은 깨었는데 나의 사랑하는 자의 소리가 들리는구나 문을
두드려 이르기를 나의 누이, 나의 사랑, 나의 비둘기, 나의 완전한 자야 문을
열어 다오 내 머리에는 이슬이, 내 머리털에는 밤이슬이 가득하였다 하는구나
아 5:2

생각해보십시오. 하루에 6시간을 잔다면 자기 인생의 25퍼센트를 허
비한다고 볼 수 있습니다. 그래서 우리는 잠자는 시간을 줄이려고 갖가
지 방법을 생각해냅니다. 그렇지만 잠자는 시간을 줄이는 것은 깨어 있
는 삶의 질을 떨어뜨리는 것과 마찬가지입니다. 하나님의 자녀는 발상의
전환을 해야 합니다. 최근의 과학적 증거들은 우리가 잠자는 동안에 여
전히 뇌가 작동하고, 육체의 모든 기능이 회복되고 리셋된다는 것을 보여
주고 있습니다. 따라서 잠자는 시간을 주님께 온전히 맡길 때 우리는 24
시간 전부를 활용할 수 있게 됩니다.

뇌 과학자들의 연구에 따르면 우리가 잠든 사이에도 우리의 잠재의식
(또는 뇌)은 계속 활동하며, 이런 활동은 우리가 잠에서 깨어난 후의 의식
(또는 뇌)에 막대한 영향을 끼친다고 합니다. 잠잘 때도 뇌가 작동한다

는 것을 어떻게 알 수 있습니까? 꿈을 생각해보십시오. 잠에서 깬 후에는 자신의 의식 내에서 통제된 생각을 하지만, 잠자는 동안에 잠재의식(뇌)은 시공간을 초월한 사고를 합니다. 따라서 잠자는 시간을 버리는 시간이 아니라 가장 효과적인 시간으로 활용하기 위해서는 잠자리에 들기 전에 성령님을 초청하여 하루를 정리하고 잠자는 동안 내일의 일을 그분과 상의하는 것입니다. 피곤해서 그대로 침대에 쓰러져 하루를 끝내는 그런 삶을 반복하지 마십시오. 하루를 정리하지 않고 잠자리에 드는 것은 마치 여성이 화장을 했는데 지우지 않고 자는 것과 동일합니다.

잠은 우리 인생에서 빼거나 줄여야 하는 시간이 아니라 하루의 가장 중요한 시간입니다. 흔히 우리는 잠자는 것을 "all stop"이라고 생각하는데 사실은 반대로 우리 삶에 가장 중요한 일들이 일어납니다. 표면의식의 활동을 멈춤으로써 낮 동안의 긴장과 그에 따른 내적 생리·생화학적 작용(특별히 자율신경계)의 불균형을 맞추게 되고, 모든 세포의 활력을 회복시켜 손상된 세포를 치유하며, 너무 엉켜 있는 단기 기억 저장소의 활동을 쉬게 함으로써 장기 기억 저장소와의 관계를 통해 기억을 재정리하는 시간 또한 갖게 됩니다. 세상에 묶여 있던 수많은 나의 생각과 감정이 작동하지 않는 상태에서 하나님께서 내 기억과 잠재의식에 개입하시어 나를 새롭게 하시는 시간이기도 합니다. 세상에 이보다 더 중요한 시간이 어디 있겠습니까? 언제 이런 일들이 일어나도록 하겠습니까? 우리는 잠자는 동안 하나님의 인도함을 받는 삶을 살아야 합니다.

내일을 준비하지 않은 채 잠자리에 드는 것이 많은 사람들의 일상 패턴입니다. 왜냐하면 잠잔다는 것은 일과 후 휴식을 취하는 마지막 코스라고 생각하기 때문입니다. 그리고 오늘 하루를 어떻게 지냈든지 모든 것을 잊어버리고 푹 자야 내일을 새롭게 보낼 수 있다고 생각하기 때문입니다. 하루는 1,440분입니다. 상징적으로 잠을 중심으로 잠들기 40분 전 그리고 잠에서 깬 다음 14분이 자신의 인생을 바꾸는 핵심 라이프스타일이 되어야 합니다(각자 소요하는 시간은 약간씩 다르더라도 상징적으로 잠들기 전 40분 그리고 깨어난 후 14분이라고 언급했으며, 나의 경험에 비추어 보아도 실제로 이 정도의 시간이 필요했다).

매일 아침 어릴 때 소풍가는 날 잠에서 깨어난 기분으로 만들어주는 시간이 바로 잠자기 전 40분부터 잠들 때까지의 시간입니다. 그리고 하루를 온전히 주 안에서 보낼 수 있도록 하는 것이 바로 아침에 눈뜨고 나서 14분을 어떻게 보내느냐에 달려 있다고 해도 과언이 아닙니다.

잠이 들 때 우리의 뇌파를 보면 베타파가 감소하고 세타파와 델타파가 증가하기 시작하며, 잠에서 깰 때는 그 반대가 됩니다. 또한 잠이 들 때 현재의식은 사라지기 시작하고 잠재의식이 수면 위로 올라오게 되며, 잠에서 깰 때는 그 반대가 됩니다. 하루 중 우리가 잠재의식 내 프로그램을 가장 잘 변화시킬 수 있는 때가 바로 잠이 들기 직전과 잠에서 서서히 깨어날 때입니다. 이 시간은 실제로 영적으로도 가장 민감할 때이기도 합니다. 이때는 성령님의 역사가 가장 강력할 수 있지만 우리의 상태에 따라서 마귀의 역사도 가장 강력할 수 있습니다. 따라서 잠자기 전 40분은 잠자는 시간 동안 뇌와 잠재의식에서 행해지는 일들에, 그리고 잠에서 깬 후 14분은 하루 삶의 질에 절대적인 영향을 끼칩니다.

잠자기 전 시간이 잠에 가장 큰 영향을 끼친다

잠자는 시간 동안 뇌가 올바르게 작동하기 위해서는 잠자기 직전의 생각이 중요합니다. 잠자기 직전의 생각을 제대로 갖기 위해서는 잠들기 전 40분 동안 하루를 정리하고 내일을 계획해야 합니다. 부부나 가족간의 대화도 미리 끝내고 잠자기 전 최소 30분에서 40분간은 가능하면 혼자만의 시간을 가지는 것이 좋습니다. 가장 중요한 시간은 잠자기 직전 5분입니다. 왜냐하면 잠이 들면 우리의 표면의식은 쉬어도 우리의 잠재의식은 계속해서 작동하기 때문에 잠자기 직전, 즉 표면의식이 수면 아래로 들어가기 전에 잠재의식이 올바르게 일할 수 있도록 적절한 지시를 해야 하기 때문입니다.

따라서 잠자기 전 뇌와 잠재의식에 올바른 입력이 얼마나 소중한지를 알아야 합니다. 그날 생활한 그대로 잠이 든다면 그날 있었던 힘들고 어렵고 짜증나고 우울하고 염려하고 걱정한 것들이 그대로 장기 기억에 기록됩니다. 따라서 잠자기 전에는 반드시 하루를 정리해야 합니다. 자신의 마음을 새롭게 정리하고 하나님의 마음과 일치시킬 수 있는 말씀을 입력해야 합니다. 따라서 이 시간에 휴대폰을 보거나 TV를 시청하는 것은 매우 어리석은 일입니다.

아침에 눈뜰 때 마음 상태가 하루의 삶을 결정한다

눈뜨면 가장 먼저 무엇을 하십니까? 아무 생각 없이 조간신문부터 찾습니까? 아니면 휴대폰을 켭니까? 밤사이 무슨 일이 일어났는지, 오늘 무슨 일이 일어날지, 세상이 어떻게 돌아가는지, 우리가 잠은 잤지만 우리 마음은 늘 세상을 향해 있습니다. 세상의 온갖 소식들이 오늘 내 삶에 직접적인 영향을 끼치는 것도 아닌데 그 소식을 알아야 할 것 같고, 누군가의 잘잘못을 판단해서 나만의 생각을 가져야 내 존재감을 느낄 수 있을 것 같습니다.

이런 태도는 우리 자신의 마음을 처음부터 세상에 주고 시작하는 것과 같습니다. 매일 새벽 눈뜨자마자 마귀에게 문안 인사를 드리고 아침을 시작하는 것 아닌가요? 우리가 하나님의 자녀라면, 우리의 본향이 이 세상이 아니라면 눈뜨자마자 하늘나라의 소식이 먼저 궁금해야 하지 않겠습니까?

우리는 매일 눈뜨고 아침을 맞이하는 자신의 마음이 얼마나 중요한지 깨달아야 합니다. 왜냐하면 시간의 아침은 세상으로부터 오지만, 마음의 아침은 하나님의 나라(통치)로부터 오기 때문입니다. 시간의 아침을 세상 뉴스로 밝히기 전에 마음의 아침을 생명의 말씀으로 밝혀야 합니다. 시간의 아침은 오늘을 밝히지만 마음의 아침은 내일을 밝히기 때문입니다. 우리는 하나님과 연결되어 이 세상을 변화시키는 존재이지, 이 세상의 변화에 영향을 받거나 그 속에서 내 몸과 영혼을 잘 보존하는 존재가 아닙니다. 매일 하나님나라에서 눈뜹시다.

그러므로 너희가 그리스도와 함께 다시 살리심을 받았으면 위의 것을 찾으라 거기는 그리스도께서 하나님 우편에 앉아 계시느니라 위의 것을 생각하고 땅의 것을 생각하지 말라 이는 너희가 죽었고 너희 생명이 그리스도와 함께 하

우리는 매일 우리에게 주어진 모든 일을 다 할 수는 없습니다. 그것을 받아들여야 합니다. 그런데도 우리는 자신이 생각한 모든 일을 다 하려고 애씁니다. 그렇기 때문에 스트레스를 받는 것입니다. 그러나 우리는 할 수 있는 만큼 할 수밖에 없습니다. 많은 일 중에서 일상적으로 해야 하는 일이 아닌 비전에 따라 목적을 이루는 일은 끊임없이 지속되어야 합니다. 또한 그 일은 하나님의 지혜와 능력이 가장 잘 나타나는 시간대에 배치해야 합니다. 동시에 가능하면 외부 환경이나 다른 사람으로부터 방해를 받지 않는 시간대여야 합니다. 그때가 하루 중 언제일까요? 바로 잠에서 깨어 방해받지 않는 두세 시간 정도의 시간이 영적으로 가장 깨어 있고 가장 능률이 오르고 가장 창의적인 시간대입니다. 이 시간이야말로 자신의 인생을 결정한다는 것을 알아야 합니다. 이 시간을 가장 소중히 여기고, 이 시간 동안 집중적으로 창조적인 일을 해야 합니다. 그런데 안타깝게도 대부분 이 시간을 허드렛일로 보내고 있습니다.

첫 단추를 잘 채워야 마지막 단추까지 정상적으로 채울 수 있습니다. 만일 눈뜨자마자 거짓자아로 출발하면 잠자리에 들기 전까지 세상적인 일에 묶일 수밖에 없습니다. 그러나 지혜와 계시의 영으로 하나님 아버지가 누구신지 내가 누구인지를 알고, 그리스도 안에 있는 새로운 피조물로 시작한다면 우리는 하루 종일 나의 하루가 아니라 하나님의 하루를 보낼 수 있을 것입니다.

아침에 나로 하여금 주의 인자한 말씀을 듣게 하소서 내가 주를 의뢰함이니이다 내가 다닐 길을 알게 하소서 내가 내 영혼을 주께 드림이니이다 시 143:8

아침에 주의 인자하심이 우리를 만족하게 하사 우리를 일생 동안 즐겁고 기쁘게 하소서 시 90:14

일찍 자고 일찍 일어나라

아침형 인간이 되라는 말을 많이 합니다. 그런데 생활습관을 아침형으로 바꾸는 것은 단지 종교적 생활 때문이거나 더 많은 일을 해야 하기 때문이거나 성공한 사람들이 그렇게 살기 때문이 아닙니다. 밤늦도록 자지 않고 당신이 하는 일이 무엇인지 파악해보십시오. 그리고 그 일이 얼마나 중요한지, 그 일에 대한 생산성이 어떤지 판단해보십시오. 알고 보면 별로 중요하지 않을 뿐만 아니라 밤늦게 하기보다 아침에 하는 것이 훨씬 더 효과적이고 효율적입니다. 더 근원적인 문제는 잠자는 대신 습관적으로 무언가 더해야 한다는 압박감에 시달리는 마음의 태도이며, 잠을 자는 것이 시간 낭비라는 그릇된 생각입니다.

그런 생각 때문에 사람들은 대부분 인공조명 아래 깨어 있는 시간을 더 늘리려고 애를 씁니다. 그러면 자연히 늦게 잠자리에 들고 아침에 늦게 일어날 수밖에 없는 생활패턴이 형성됩니다. 늦게 자고 늦게 일어난다고 생각해보십시오. 계획된 삶이 아닌 시간에 쫓기는 삶을 살 수밖에 없습니다. 그리고 쫓기는 마음으로 첫 단추를 제대로 채우지 못했을 때 결국 하루 종일 불편한 마음으로 지낼 수밖에 없습니다. 일찍 일어나서 활동하는 선순환적 삶이 정착되면 자연스럽게 일찍 잠자리에 들게 되고, 밤 늦게까지 불필요하고 비효율적인 시간을 보내지 않게 됩니다.

사실 아침에 일찍 일어나는 습관을 갖는 것은 매우 쉬운 일입니다. 그런데 우리는 이것을 매우 어렵게 생각합니다. 아침에 일찍 일어나기 위해서는 ① 잠을 줄이지 말아야 합니다. ② 일찍 자면 일찍 일어나게 됩니다. ③ 다음날 아침에 기분 좋은 일이 있도록 하면 됩니다. 마음을 새롭게 하십시오. 우리는 나의 하루를 사는 것이 아니라 하나님의 하루를 사는 사람입니다. 따라서 내가 해야만 하는 일이 가득한 내일이 아닌, 하나님 아버지께서 나를 통해 이루실 일들로 가득한 새 하루를 생각하시기 바랍니다.

04

목적이 수단이 되는 삶을 추구하라

당신이 세운 목적은 오늘의 희생으로 미래에 달성되지만,
하나님이 주신 목적은 미래의 의탁으로 오늘을 통해 이루어간다.

목적이 없는 삶이란 인생이라기보다 생존에 가깝습니다. 인생이란 우리
를 창조하신 분이 의도한 계획을 찾아내고 그것을 위해서 현실에 구애받
지 않는 삶을 살아가는 것이지만, 생존은 매일 살아가기 위해 닥쳐오는
일을 해치우는 삶이기 때문입니다.

목적을 달성하는 삶 vs 목적이 수단이 되는 삶
대부분의 사람들은 자신의 욕구를 충족시킬 목표를 정하고 그 일을
남들보다 그리고 이전보다 더 잘하기 위해 생산성에 초점을 맞춘 갖가지

방법을 시도합니다. 그 결과 점점 더 분주하게 살아갑니다. 그렇게 할 때 인간의 능력을 극대화시킬 수 있을지는 몰라도, 그러면 그럴수록 하나님과의 관계는 멀어진다는 것을 알아야 합니다.

또한 자녀의 삶의 관점에서 볼 때 자신의 욕망을 채우기 위한 목적은 진정한 목적이라고 할 수 없습니다. 왜냐하면 그 삶은 항상 미래에 초점을 맞추고 있기 때문입니다. 그 삶이 현재에 맞추어져 있지 않기 때문에 목적을 달성해가는 동안 그것에 부합하지 않는 모든 것들은 무시하거나 포기하거나 희생하며 살게 됩니다.

그 결과로 목적을 이루기 위해서 최선을 다하고 마침내 그 목적을 달성했을 때 잠시 기쁨을 줄 수는 있겠지만, 그 목적을 이루어가는 과정에서는 삶의 진정한 가치와 의미 그리고 만족을 얻을 수 없게 되는 것입니다. 삶의 의미는 항상 지금 여기 현존에서 찾아야 합니다. 지금은 아니지만 언젠가 성취될 미래를 바라보고 사는 삶은 되돌이킬 수 없는 인생을 소비하는 것일 뿐입니다.

기적을 경험하기 원한다면 믿음이 있어야 하는 것처럼, 하나님의 뜻을 이루기 위해서 우리는 목적 있는 삶을 살아야 합니다. 왜냐하면 하나님께서 우리를 창조하실 때 우리 한 사람 한 사람에게 의도한 계획이 있으시고, 우리를 통해 이루실 목적(destiny)을 가지고 계시기 때문입니다. 우리는 그 목적을 깨닫고 주어진 계획에 따라 살아야 합니다.

진정한 목적은 하나님께서 주신 비전에서 나온 것이어야 합니다. 목적을 갖는다는 것은 아직 오지 않은 미래의 실상과 보이지 않는 증거를 현실에서 보고 붙드는 것이며, 목적을 이룬다는 것은 그 실상과 증거가 현실에 나타나도록 매일 자신과 자신의 삶을 변화시키는 것입니다. 따라서 목적이 없다는 것은 자신을 변화시킬 기회를 포기하는 것과 마찬가지이며, 하나님의 뜻이 자신을 통해서 이루어질 수 없다는 것을 의미합니다.

많은 그리스도인들이 목적이 이끄는 삶을 산다고 말합니다. 그래서 목적을 정하고, 그 목적을 이루기 위한 목표를 세우고, 세부 계획을 짜고, 그 일을 이루기 위해 열심히 삽니다. 그러나 목적을 기독교 가치관에 기초해서 정할 수는 있지만, 그 목적을 이루는 방식이 세상적인 방식과 동일하다면 목적이 이끄는 삶은 하나님나라의 삶이 아니라는 것을 깨달아야 합니다.

가령 이 땅에 살면서 하나님의 뜻을 이루기 위해 하나님에 대해서, 다른 사람들에 대해서, 자신에 대해서, 세상에 대해서 어떤 목적을 정하고 구체적인 계획을 세워 추진한다고 합시다. 목적 자체는 분명히 기독교적입니다. 그러나 그 목적을 이루기 위해서 늘 기도하며 하나님의 도우심을 바라고, 더 합리적으로 시간을 보내고, 게으르지 않고 최선을 다하는 방식으로 생활한다고 해도 그것은 여전히 세상적인 삶일 뿐입니다. 왜냐하면 그 목적을 이루는 주체는 여전히 자신이기 때문입니다.

우리는 자신의 능력(에너지)으로 살아가는 존재가 아니라 하나님의 능력을 나타내는 존재이기 때문에 그 목표를 달성하는 동안 인간적인 능력 이상의 것들이 나타나도록 해야 합니다. 목적은 자신이 달성해야 할 그 무엇이 아니라 하나님의 지혜와 능력이 더 나타나는 수단이 되어야 하는 것입니다. 그런 의미에서 하나님의 자녀는 '목적이 수단이 되는 삶'을 살아야 합니다.

만일 목적이 자신이 달성해야 할 미래의 것이라고 생각하고 거기에 초점을 맞춘다면 현재를 외면하거나 희생시킬 수밖에 없습니다. 그렇게 살면 설령 목적을 달성한다고 해도 하나님이 주신 소중한 인생은 잃어버리고 마는 것입니다. 그러나 예수 그리스도 안에서 그 목적으로 인하여 오늘 여기에 하나님의 지혜와 능력이 더 나타나도록 한다면, 매일 의미와 가치가 있는 삶, 즐겁고 기쁜 삶을 살 수 있습니다. 인생은 이 땅에서 무엇을 행하느냐에 달려 있는 것이 아니라 하나님과 생명적인 관계를 풍성히 누리는 것입니다. 삶은 언제나 현재이고, 즐거움은 지금 여기에 있습니다.

결론적으로 목적은 하나님의 도우심으로 내가 이루어야 할 그 무엇이 아니라 하나님께서 나를 통해 이루실 그 무엇이 되어야 합니다. '목적이 수단이 되는 삶'은 ① 자신의 최선이 아니라 하나님의 탁월함이 나타납니다. ② 목적을 달성하고 기쁨을 누리는 것이 아니라 목적을 향해 가는 그 과정 동안 가치와 의미가 주어지고 만족감을 누립니다. ③ 자아실현을 통해 뿌듯함을 느끼는 것이 아니라 은혜에 따른 감사와 경배가 넘칩니다.

목표 달성을 제대로 이해하라

많은 경우 우리는 비전에 따른 목적은 가지고 있지만 실제적으로 그 목적을 이루지는 못하고 있습니다. 그 이유로 첫째, 목적을 이루기 위한 목표가 있지만 그것을 표면화시키고 구체적으로 계획을 세우지 않기 때문이고, 둘째, 계획은 세웠지만 그 계획을 이루어가기 위하여 매일 무엇을 어떻게 얼마나 해야 하는지, 그리고 그에 필요한 시간의 관리 및 평가, 개선 등이 체계적이지 못하기 때문입니다.

목표 달성에 대해 우리가 흔히 잘못 생각하는 것은 다음과 같습니다.

① 내가 내 목표를 달성하려 애쓴다

우리는 목표를 달성하기 위해 존재하는 것이 아니라 내 삶에 하나님께서 개입하심으로 인하여 하나님의 뜻을 이루기 위해서 살아가는 존재입니다. 설령 당신이 정한 목표를 달성하지 못했다 할지라도 목표를 설정한 시점과 지금 시점의 당신을 비교했을 때 하나님이 보시기에 하나님의 시간과 하나님의 마음이 더 나타났다면 당신은 성공한 삶을 산 것입니다. 내 시간과 내 마음과 내 환경을 최대로 사용하여 내가 정한 목표를 달성하는 것은 자아실현일 뿐입니다. 이것이 바로 세상의 관점에서 보는 목표 달성입니다. 주어진 시간과 마음, 환경을 내 멋대로 사용하지 않고 선택과 집중[5]을 통하여 하나님의 영광을 드러내는 통로로 쓰임 받고, 그 과정 동안 하나님과 즐거움을 누리는 것이 바로 목표를 설정하는 이유입니다.

② 계획 없이 수동적으로 행한다

어떤 일을 할 때 왜 그 일을 해야 하는지가 목적이라면, 그 목적을 달성하기 위한 수단, 방법, 대상에 해당되는 것이 목표입니다. 따라서 목적이

---

[5] 하나님나라에서 킹덤 빌더의 삶은 바로 내 뜻대로 사는 것이 아니라 하나님의 소명에 기초한 비전과 비전에 기초한 목적에 따라 주의 능력으로 나의 매일의 삶을 변화시켜 나가는 것입니다. 이것을 위해서 선택(하나님의 뜻)과 집중(그분을 의지하는 것)을 해야 하며, 성경적으로 이것을 '성화의 삶'이라고 합니다.

가치 지향적이라면, 목표는 좀 더 구체적이고 계량화된 설정치라고 할 수 있습니다. 많은 사람들이 목표 정하기를 두려워합니다. 그 이유는 대부분 과거와 현재의 기억에 기초해서 실현 가능성을 생각하기 때문입니다. 그러나 목표의 성취는 과거와 현재의 기억이 아니라 하나님께 그 기초를 두어야 합니다. 왜냐하면 내가 이루어야 할 그 무엇이 아니라 하나님께서 이루실 그 무엇이기 때문입니다. 따라서 목표는 자신의 소명과 가치관에 기초한 비전을 이루는 일이 되어야 합니다.

우리는 목표를 이루기 위한 구체적인 계획을 가지고 능동적으로 시작해야 합니다. 현재와 소망 사이는 마치 건널 수 없는 강처럼 보일지 모릅니다. 하지만 계획은 현재 내가 할 수 있는 것이 무엇인지 구체적으로 알려줍니다. 그렇다면 소망을 수동적으로 기다릴 것이 아니라 계획을 능동적으로 시작하십시오. 다시 말하지만 소망을 갖는 것은 절대적으로 필요하지만, 소망만이 목적을 이루어주는 것은 아닙니다. 반드시 목표를 정하고 계획을 가지고 시작해야 합니다. 우리가 계획을 세우고 시작하면 비로소 내면적으로 시간, 일, 관계가 그 목표에 기초하여 재설정되고, 각 요소들이 서로 상합하여 그 목표를 이루기 위해 작동되기 시작합니다.

계획에 따라 실행하지 않으면 사고, 감정, 행동, 모든 것이 통합되지 않고 그날 그날 상황에 대처하는 식으로 반응할 수밖에 없습니다. 기도만 하는 사람에게는 기도하며 계획을 실행하는 사람들보다 하나님께서 도와주실 방법이 현저히 떨어지지 않겠습니까? 계획에 따라 시작(행동)할 때 하나님께서 지혜를 주셔서 잘못된 길을 알려주시고 감당치 못할 일들을 피해 가게 하십니다.

③ 현재를 희생하고 포기한다

목표는 괴로워하면서 다른 것을 포기하며 도전하는 것이 아닙니다. 목표를 달성하는 과정 동안 행복하지 않다면 그 목표를 달성한들 무슨 의미가 있겠습니까? 예를 들어 10년 후에 이루어질 위대한 목표를 설정하고 모든 것을 희생하며 괴로움을 참고, 먹지 않고 못 자면서 마침내 그 목표를 달성했다 칩시다. 그러면 지나간 10년은 누구의 인생인가요? 우리의 인생을 팔아 목적을 달성하는 것이 아니라 우리의 인생을 위해서 목적이 필요한 것입니다.

④ 현재의 변화 없이 미래를 바꾸려 한다

목표는 미래를 바꾸는 것이 아니라 현재를 변화시키는 것입니다. 목표는 목적하는 바 미래를 이루기 위해서 현재의 생각과 행동을 바꾸기 위해서 필요한 것입니다. 다시 말해서 목표는 미래가 아니라 현재를 바꾸는 것입니다. 즉, 우리는 아직 오지 않았고 보지 못한 미래의 일을 현재의 믿음으로 취하여 현재의 삶을 좀 더 온전하게 살려 하는 것이지, 현재를 포기하며 미래지향적으로 살기 위해서가 아니라는 것입니다.

삶은 현재이고, 오늘이고, 지금 여기에서입니다. 다른 말로 자신의 변화 없이 목표만을 추구하는 삶이 아니라 매일 자신의 변화를 통해서 하나님의 개입하심을 넓혀가는 것입니다. 예수 그리스도 안에서 미래 기억을(이미 이루어진 것으로 믿은 것들을) 믿음으로 심고, 그것을 매일 불러내는 삶을 살아야 합니다. 그것이 바로 심은 대로 거두는 삶입니다.

⑤ 방향성과 우선순위가 없다

목표를 잡는 이유는 삶의 방향성과 속도의 통합(coordination, 생각, 감정, 의지가 하나로 묶여짐)을 이루기 위해서입니다. 그것은 바로 하나님의 지혜와 능력이 더 나타나시도록 한다는 것과 같은 말입니다. 또한 매일의 삶에서 중요한 일을 먼저 한다는 뜻이며, 우선순위에 따라 산다는 의미입니다. 그럴 때 하지 말아야 할 일을 하지 않게 되고, 내가 하지 않아도 될 일을 위임할 수 있게 됩니다. 만약 이런 방향성과 시간의 통합이 이루어지지 않으면 매일 수많은 일들이 비집고 들어올 때 급하게 오늘 해야만 할(것만 같은) 일들에 모든 시간과 에너지를 허비하게 됩니다.

⑥ 목표 달성 자체에 초점을 맞춘다

목표 달성에 초점을 맞추는 것이 아니라 그 목표를 달성하기 위한 새로운 라이프스타일에 초점을 맞추어야 합니다. 핵심은 자신이 변하는 만큼 하나님께서 그 목표를 달성하시는 것을 경험하는 삶을 배우는 것입니다. 그런데 우리는 자신의 변화 없이 목표를 달성하기 위해서 최선을 다하는 사람들을 흔히 보게 됩니다. 그런 경우 비록 목표를 달성했을지라도, 그들은 인간적으로 작은 일에도 신경질적인 사람, 다른 사람을 배려하지 않는 냉혹한 사람, 삶의 다른 부분을 거의 포기하는 어리석은 사람 그리고 자신의 탐욕과 이익만을 추구하는 사람들이 됩니다.

우리의 삶은 계획했던 목표를 완벽하게 달성해 나가는 것이 아니라 매일 반드시 되어야 할 내가 되어가는 것을 배우는 것입니다.

05

풍성한 삶을 살자

기독교 영성이란 이 땅에서 누려야 하는 하나님나라의
새로운 습관들의 합이다.

풍성한 삶이란 세상과 동일한 사고방식이 아니라 하나님나라의 사고방식으로 살 때 주어지는 것입니다.

> 좁은 문으로 들어가라 멸망으로 인도하는 문은 크고 그 길이 넓어 그리로 들어가는 자가 많고 생명으로 인도하는 문은 좁고 길이 협착하여 찾는 자가 적음이라 마 7:13,14

우리 삶의 목적은 남보다 뛰어난 성공을 성취하는 것이 아니라 하나님이 주신 일을 행함으로써 풍성한 삶을 누리는 것입니다. 이것을 제대로 깨닫지 못한다면 당신은 영원히 이 세상 신의 지배에서 벗어나지 못할 것입니다. 저는 오랫동안 세상의 사고방식과 일치되지 않지만 풍성한 삶을 살고자 애써 왔습니다. 하루아침에 이루어진 것은 아니지만 분명히 가능한 일입니다. 왜냐하면 지금도 예수께서 우리와 함께 계시고, 우리는 늘 성령님을 통하여 하나님 아버지로부터 배울 수 있기 때문입니다.

> 도둑이 오는 것은 도둑질하고 죽이고 멸망시키려는 것뿐이요 내가 온 것은 양으로 생명을 얻게 하고 더 풍성히 얻게 하려는 것이라 요 10:10

> 그런즉 너희가 어떻게 행할지를 자세히 주의하여 지혜 없는 자같이 하지 말고 오직 지혜 있는 자같이 하여 세월을 아끼라 때가 악하니라 그러므로 어리석은 자가 되지 말고 오직 주의 뜻이 무엇인가 이해하라 엡 5:15-17

> 수고하고 무거운 짐 진 자들아 다 내게로 오라 내가 너희를 쉬게 하리라 나는 마음이 온유하고 겸손하니 나의 멍에를 메고 내게 배우라 그리하면 너희 마음이 쉼을 얻으리니 이는 내 멍에는 쉽고 내 짐은 가벼움이라 하시니라
> 마 11:28-30

풍성한 삶이란?

우리는 예수께서 주신 새 생명으로 살 뿐 아니라 풍성한 삶을 살아야 합니다. 풍성한 삶이란 이 세상에서 남들과 비교하여 더 많은 소유를 갖

거나 더 높은 지위와 권세를 누리는 것이 아닙니다. 풍성한 삶이란 하나님의 자녀로서 우리에게 주신 비전에 따라 주의 뜻을 이 땅에 이루어 주를 영화롭게 하는 삶을 말합니다.

풍성한 삶을 살기 위해서는 풍성한 삶이란 어떤 삶인지 다음 몇 가지를 깊이 새겨보아야 합니다.

1) 주님과의 관계 안에서 사는 삶

우리는 예수 그리스도 안에서 성령님을 통하여 하나님 아버지와 교제하는 삶을 살아야 합니다. 그것만이 우상을 숭배하지 않고 이 땅에서 영생을 누릴 수 있게 합니다. 하나님 없는 삶은 자신이 자기 인생의 주인이 되지만, 그것은 마귀가 만든 포로수용소 안에서 자신이 만든 우상에 종노릇하며 구원 없는 육신의 삶을 사는 것뿐입니다.

> 사람이 만일 온 천하를 얻고도 제 목숨을 잃으면 무엇이 유익하리요 사람이 무엇을 주고 제 목숨과 바꾸겠느냐 마 16:26

2) 소명과 비전을 따라 사는 삶

세상에는 수많은 일들이 있고, 하고 싶은 일들이 수없이 많지만 다 할 수는 없습니다. 주어진 인생, 다시 되돌이킬 수 없는 비가역적인 시간 속에서 최선을 다해 살아갈 뿐입니다. 풍성한 삶이란 하나님께서 우리에게 주신 신분과 역할을 감당하며 살아가는 것입니다. 70억 인구 중에서 오직 나에게만 주신 소명을 찾고 그에 따른 비전을 이루는 일을 해야 합니다. 그럴 때 매일 행하는 일이 내 일이 아니라 주의 일이 되고, 그 일 가운데 보내는 시간 그 자체가 주님과 교제하는 것이 됩니다.

> 너희 마음의 눈을 밝히사 그의 부르심의 소망이 무엇이며 성도 안에서 그 기업의 영광의 풍성함이 무엇이며 엡 1:18

3) 주님의 지혜와 능력을 나타내는 삶

이 말은 자신이 살아오면서 배운 지식과 기술로 사는 것이 아니라 하나님이 본래 주신 달란트와 더불어 주신 비전을 이루고자 할 때 성령의 나타나심으로 주어지는 은사가 함께 풀어져서 주의 지혜와 능력 그리고 그분의 인격을 나타내는 삶을 살 수 있게 된다는 것입니다.

> 그러나 너희는 택하신 족속이요 왕 같은 제사장들이요 거룩한 나라요 그의 소유가 된 백성이니 이는 너희를 어두운 데서 불러내어 그의 기이한 빛에 들어가게 하신 이의 아름다운 덕을 선포하게 하려 하심이라 벧전 2:9

> 이를 위하여 나도 내 속에서 능력으로 역사하시는 이의 역사를 따라 힘을 다하여 수고하노라 골 1:29

4) 한정된 에너지를 올바르게 사용하는 삶

풍성한 삶이란 주어진 하루에 하나님이 허락하신 지혜와 에너지를 활용하여 창조성과 생산성을 나타내는 삶입니다. 우리에게는 24시간이 주어졌지만 쓸 수 있는 에너지는 한정되어 있습니다. 모든 일에는 에너지가 필요하기 때문에 24시간 내내 집중하여 어떤 일을 계속할 수는 없습니다. 따라서 우리는 어떻게 하면 가장 소중한 것에 에너지를 투입할 수 있는지 늘 생각해야 합니다. 좋은 삶은 시간의 문제가 아니라 시간과 기분(느낌)과 에너지의 조합의 문제입니다.

> 그의 힘의 위력으로 역사하심을 따라 믿는 우리에게 베푸신 능력의 지극히 크심이 어떠한 것을 너희로 알게 하시기를 구하노라 엡 1:19

5) 각자 주어진 역할 속에서 다른 사람들과 더불어 지내며 즐겁게 사는 삶

이것은 바로 한 성령 안에서 지체의식으로 하나님나라의 자녀의 삶을 사는 것입니다. 서로 사랑하며 기쁨과 평강 그리고 감사를 누리는 삶입니다. '우리'라는 개념은 적게는 가족이고, 좀 더 넓게 잡으면 직장 동료, 커뮤니티, 동시대의 사람들이라고도 볼 수 있습니다. 우리는 각 시스템 안에서 일정한 역할을 맡아 살아갑니다. 또한 우리는 한 가지 역할만 하는 것이 아니라 매일 여러 가지 역할을 감당하며 살아갑니다. 우리-서로-함께 사랑하며 변해감으로써 하나님의 온전함을 드러내는 삶을 살아야 합니다.

> 어느 때나 하나님을 본 사람이 없으되 만일 우리가 서로 사랑하면 하나님이 우리 안에 거하시고 그의 사랑이 우리 안에 온전히 이루어지느니라 요일 4:12

지금 자신의 역할을 생각해보십시오. 예를 들면 저는 매일 가정에서는 아버지로서, 아내의 남편으로서, 교회에서는 장로로, 학교에서는 교수로, 사역단체에서는 대표로 각각 다른 역할을 합니다.

풍성한 삶을 요약하면 내가 좋아하거나 하고 싶은 일이 아니라 하나님이 주신 소명에 따라 주어진 은사와 달란트 그리고 살아오면서 익힌 지식과 기술이 온전히 풀어지는 일을 행하는 삶, 하루 종일 일하고 퇴근하고 나서 못다 한 행복을 추구하는 삶이 아니라, 자신이 일하는 동안에 하나님의 지혜와 능력을 경험하고 그것으로 인하여 하나님의 기쁨을 누리는 삶, 직장이나 일터에서 다른 사람들과 좋은 관계를 유지하는 것이 아니라 서로의 존재를 축복하고, 삶을 나누며, 함께 일함으로 하나님을 영화롭게 하는 삶입니다.

결론적으로 풍성한 삶이란 라이프스타일의 결과입니다. 풍성한 삶은 자신의 내면적 변화를 자연스럽게 반영하는 라이프스타일이지, 외부로부터 무엇인가 배우거나 성취해서 얻어지는 것이 아닙니다. 인간은 이미 자연스럽게, 의도하지 않아도, 무의식적으로, 습득한 것을 바탕으로 만들어진 운영 시스템과 그것을 기초로 형성된 수많은 프로그램에 의해서 만들어진 습관에 따라 살아갑니다. 따라서 무엇인가 새로운 것을 받아들이기 전에 자신의 내면화된 습관부터 먼저 조사·평가해야 합니다. 라이프스타일은 습관 덩어리의 외부적 표현이라고 볼 수 있습니다. 이 책의 많은 부분에서 새로운 라이프스타일을 어떻게 만들어갈 것인지 더 구체적으로 배울 수 있을 것입니다.

KINGDOM BUILDER LIFESTYLE

PART 3

새로운
라이프스타일

01

매일 신성한 건강을 유지하라

스트레스를 받을수록 자신이 더 중요하다고 느끼게 되는 거짓 논리 때문에 사람들은
스트레스가 없으면 스트레스를 받게 되는 스트레스 중독에 시달리고 있다.

일반적으로 건강 유지에 가장 중요한 핵심은 심신의 균형이라고들 합니
다. 왜냐하면 우리 마음의 상태가 육신의 상태에 영향을 미치고 그 반대
로도 영향을 미친다는 사실을 알고 있기 때문입니다.

매일 하나님의 임재를 구하라

그러나 하나님의 자녀인 우리는 심신의 균형만으로 강건해질 수 없습
니다. 우리가 스스로 마음과 육신을 지킬 수 없기 때문입니다. 심신의 균
형을 잡을 수 있는 유일한 길은 하나님의 영의 인도함을 받는 데 있습니

다. 그것이 바로 새 언약의 핵심입니다.

> 예수를 죽은 자 가운데서 살리신 이의 영이 너희 안에 거하시면 그리스도 예
> 수를 죽은 자 가운데서 살리신 이가 너희 안에 거하시는 그의 영으로 말미암
> 아 너희 죽을 몸도 살리시리라 롬 8:11

> 너희가 육신대로 살면 반드시 죽을 것이로되 영으로써 몸의 행실을 죽이면 살
> 리니 롬 8:13

인간은 영혼육으로 이루어져 있습니다(살전 5:23). 영은 우리 존재의
가장 깊은 곳이며, 그곳에 하나님의 영이 함께하심으로 우리는 주님과
한 영이 되었습니다(고전 6:17). 따라서 우리의 몸은 그분께서 거하시는
거룩한 성전이 된 것입니다(고전 6:19,20). 한편 우리는 전통적으로 육신
안에 마음을 소유한 존재라는 말을 많이 하지만, 마음은 우리 육신의 어
느 곳에도 존재하지 않습니다. 실제로 마음(포괄적으로 의식)은 일종의 에
너지로서 온 육체를 감싸고 있다고 보아야 합니다.

예수 그리스도 안에서 하나님의 자녀가 된 자는 하나님의 영의 인도함
을 받는 삶을 살아야 합니다. 예시된 그림처럼 ① 어떤 상황에서도 ② 성
령 안에 있는 우리의 영이 하나님의 말씀으로 마음을 새롭게 할 때 마음
과 뇌의 적절한 관계가 유지되며, ③ 그 결과로 뇌는 자율신경계, HPA
축, 심뇌혈관계, 신진대사, 내분비계, 면역계 등을 포함한 모든 체계를 조
절하여 계속적으로 새로운 균형을 만들어가게 됩니다.

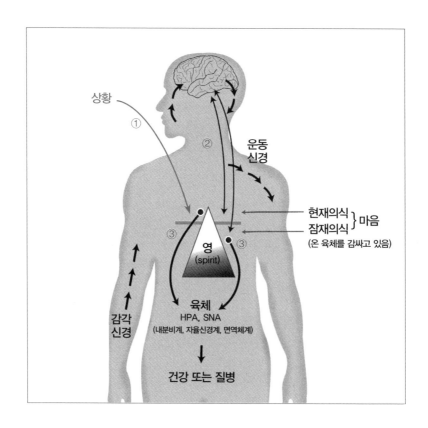

사랑하는 자여 네 영혼이 잘됨 같이 네가 범사에 잘되고 강건하기를 내가 간
구하노라 요삼 1:2

삶은 매일 스트레스와 긴장의 연속이라고 볼 수 있습니다. 그중에서도
가장 많이 경험하는 스트레스는 아마 염려와 걱정, 분노일 것입니다. 재
미있는 사실은 우리가 매일 염려하는 일의 90퍼센트는 일어나지 않는다

는 것입니다. 스트레스를 받으면 몸은 생리적으로 원래의 상태로 되돌아가기 위하여 스트레스와 정면으로 투쟁하거나 스트레스로부터 도망치게 됩니다. 스트레스는 여유가 없을 때, 자신이 생각하는 능력 이상의 일들이 닥쳤을 때, 의외의 변수가 생겼을 때, 하고 싶지 않은 일을 해야 할 때, 컨디션이 나쁠 때, 환경이 열악할 때, 주위 사람들과의 관계가 온전치 못할 때 등 여러 가지 원인으로 생기는데 환경에 따라, 사람에 따라 받는 정도와 반응하는 정도에 차이가 있지만, 궁극적으로는 이성적 판단을 주관하는 뇌의 신피질과 본능적 요구를 유지하고자 하는 구피질(대뇌변연계와 뇌간)의 부조화로 일어납니다.

대뇌변연계에 존재하는 시상하부는 마음의 변화에 따른 육신의 여러 가지 반응을 총괄하는 책임을 지고 있습니다. 예를 들어 스트레스를 받으면 시상하부로부터 자율신경계(SNA axis)를 통해서 부신수질(부신은 신장 위에 있으며 바깥쪽을 피질, 안쪽을 수질이라고 부름)에 아드레날린을 분비시키고, 동시에 시상하부 – 뇌하수체 – 부신피질에 이르는 내분비계(HPA axis)를 통하여 코티졸을 생성시키며, 또한 시상하부로부터의 자극은 뇌간의 중뇌 부위에 있는 봉선핵에서 분비되는 세로토닌의 발생을 억제시킵니다. 스트레스로 인한 이런 일련의 반응은 결국 세포, 조직, 기관 등이 성장이나 치유, 정상적인 유지 보수가 안 되는 상태를 만들게 되고, 정신계, 내분비 대사계, 면역계, 자율신경계, 혈관계 등에 부정적인 영향을 끼쳐서 그 결과, 약한 신체 부위의 질병으로 나타나게 됩니다.

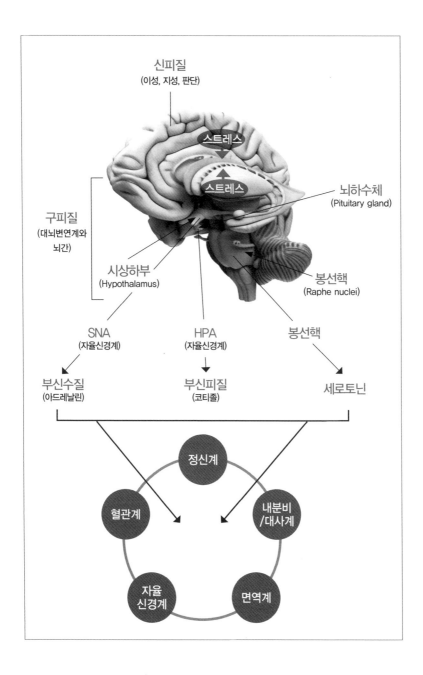

매일 건강을 유지하려면

모든 사람은 사는 동안에 건강을 유지하고 풍성한 삶을 살기를 원합니다. 그런데 안타까운 사실은 평소 하나님의 생명 안에서 건강을 유지해 나가는 대신에 자기 방식대로 살다가 아프면 주님께 나오는 잘못된 믿음으로 일상을 보내고 있다는 것입니다. 하나님께서는 우리가 병들지 않고 항상 신성한 건강을 누리기를 원하십니다.

평상시 건강한 상태에서 질병을 유발시키는 데 가장 큰 영향을 미치는 것은 바로 혈관계와 면역계입니다. 혈관계가 온전치 못하다는 것은 신체의 각 부분에 양분이 제대로 공급되지 못한다는 것이며, 자체 방어시스템인 면역력이 떨어진다는 것은 각종 질병으로부터 우리 몸을 보호해주지 못한다는 것입니다. 근본적으로 이 두 가지가 정상적으로 작동하지 않는 것이 만병의 근원이라고 볼 수 있습니다.

그런데 놀랍게도 이 두 체계는 모두 자율신경계에 의해 관리됩니다. 자율신경계는 교감신경과 부교감신경으로 이루어져 있는데, 이 두 신경의 균형으로 혈관계와 면역계가 조절됩니다. 더욱이 이 자율신경계는 마음과 뇌의 영향을 받습니다. 앞에서 언급한 바와 같이 자율신경계의 교감신경은 주로 긴장되거나 스트레스를 받을 때 활성화되고, 부교감신경은 편안할 때 활성화됩니다. 따라서 전자는 '활동 모드'이고, 후자는 일종의 '휴식 모드'라고 볼 수 있습니다. 일반적으로 건강한 사람의 경우 활동을 하는 낮 동안에는 교감신경과 부교감신경의 비율이 대략 1.1-1.2 : 1 정도로 나타나고, 밤에는 그 반대가 됩니다.

이 두 모드가 적절하게 균형을 잡지 못하면 신체에 여러 문제가 발생하게 되는데 더 중요한 것은 그 비율뿐만 아니라 레벨입니다. 양쪽 모두가 높은 상태여야 하는데, 현대인은 지나친 스트레스와 긴장 가운데 쉼 없이 살기 때문에 교감신경이 부교감신경에 비해 지나치게 높게 유지될 뿐만 아니라 부교감신경의 레벨 자체가 너무 낮다는 데 문제가 있습니다.

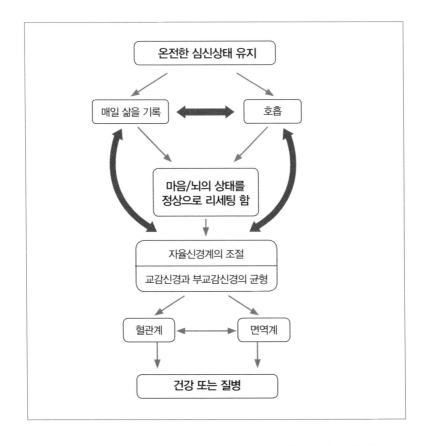

스트레스를 받으면 자율신경계의 교감신경이 지나치게 높아지고, 그 결과 혈압상승, 혈관수축, 혈관 내벽의 손상, 혈액순환 악화, 혈전 발생,

혈관 노화 등이 일어납니다. 한편, 면역체의 경우는 면역세포인 백혈구(과립구, 림프구, 대식세포로 이루어져 있음) 중 과립구를 증가시킵니다. 이 과립구는 전체 백혈구의 60퍼센트 정도를 차지하고 있으며, 활성산소 등을 무기로 세균이 체내로 침투하지 못하도록 처리합니다. 그러나 교감신경이 지나치게 우위인 상태가 지속되면 과립구가 걷잡을 수 없이 증가하고, 그 결과 활성산소가 방출되고, 염증이 발생하며, 세포증식 조절 기능이 상실되면서 암과 같은 질병에 걸리기 쉬운 상태가 됩니다.

이처럼 혈관계와 면역계의 이상으로 수많은 질병이 초래되는 근본적인 원인은 자율신경계의 균형이 파괴되었기 때문이며, 다른 말로 교감신경과 부교감신경의 균형이 잘 유지되지 못하기 때문입니다. 실제로 암, 뇌경색, 심근경색, 동맥경화, 대사질환, 각종 감염증, 알레르기와 같은 과민반응, 내장 질환 등은 궁극적으로 자율신경계의 혼란에서 시작된다고 보아야 합니다.

그러므로 자율신경계의 균형을 유지하는 것이 건강을 유지하는 핵심입니다. 그렇다면 어떻게 지나친 스트레스 상태에서 벗어나 교감신경과 부교감신경의 균형을 맞출 수 있을까요? 일상에서 자신의 건강을 유지시키는 데 가장 실제적이고 효과적인 방법으로 두 가지를 들 수 있습니다. 첫째, 업무 중간(사람에 따라 다르지만 20-30분마다)에 짧게 쉬면서(30초에서 1분 만이라도) 심호흡을 하는 것이고, 둘째, 업무 중(최소 오전, 오후에 한 번씩이라도)에 5-10분 정도의 시간을 내서 PDER, 즉 '계획(Plan)-실행(Do)-평가(Evaluate)-개선(Refine)'에 해당되는 하루의 업무를 확인하면서 있는 그대로의 삶을 기록하는 것입니다.

의아해하겠지만 이런 손쉬운 방법이 얼마나 중요한지 모릅니다. 왜냐하면 자율신경계와 심호흡과 삶을 있는 그대로 기록하는 것은 서로 불가분의 관계를 가지고 있기 때문입니다. 즉 어느 한쪽을 변화시키면 다른 쪽도 변화됩니다. 평상시 업무 중 스트레스를 받거나 긴장 상태에 놓일 때는 교감신경이 우위에 놓이게 되고, 그 결과 호흡은 빠르고 얕게 유지됩니다(편안할 때는 평균 분당 16회, 긴장할 때는 분당 20회 이상). 이러한 상태는 신체의 각 세포에 산소 부족, 혈관수축, 말초기관의 혈액순환 장애를 일으킵니다.

바쁜 일상 가운데서 어떻게 하면 이런 상태에서 벗어날 수 있을까요? 이미 언급한 것처럼 자율신경계와 호흡은 서로 영향을 미치기 때문에 긴장 가운데 집중해서 하던 일을 멈추고 짧은 시간이라도 주기적으로 심호흡을 천천히 하게 되면, 자율신경계의 교감과 부교감신경의 균형이 다시 회복됩니다. 개인적으로 나는 심호흡과 더불어 짧은 묵상기도를 수시로 합니다. 즉 천천히 숨을 깊이 들이쉬면서 '예수 그리스도 안에서' 그리고 더 천천히 숨을 내뱉으며 '아버지의 사랑으로'를 묵상합니다. '예수 그리스도 안에서'를 묵상할 때는 내 거짓자아를 부인하고 십자가에 못 박음으로써 예수 그리스도 안에 있는 새로운 피조물인 나를 의식하며, '아버지의 사랑으로'를 묵상할 때는 내 마음에 하나님의 사랑이 가득한 것을 믿음의 눈으로 바라봅니다.

또 업무 중에라도 잠시 시간을 내어 자신의 삶을 기록하는 것은 심신의 균형을 잡는 데 매우 중요합니다. 이것은 자연스럽게 자신의 생각과 감정을 변화시키는 훈련이고, 하나님께 자신의 일을 의탁하는 것이고,

하나님의 지혜와 능력이 흘러나오도록 하는 시간이기도 합니다. 기록하기 위해서 자신의 생각이나 행동을 되돌아볼 때 대뇌변연계의 해마와 편도, 뇌의 전두엽이 균형을 이루어 어떻게 쓸지 결정하게 됩니다. 그리고 그것을 감사의 마음으로 글로 옮길 때 심신이 균형을 잡게 됩니다. 즉, 자연스럽게 호흡이 느려지고, 그 결과 교감신경이 내려가고 부교감신경이 상승함으로 균형이 잡히고, 혈관계와 면역계가 다시 정상적으로 작동하게 되는 것입니다. 실제로 연구에 따르면 감사하는 마음으로 글을 쓸 때가 단순히 휴식을 취할 때보다 훨씬 더 혈압과 호흡을 정상화시키고, 심장 박동까지도 이상적으로 유지시키는 것으로 밝혀졌습니다.

하루 중에 교감신경의 '활동모드'와 부교감신경의 '휴식모드'가 변화하는 시점은 대략 잠자리에 들기 전과 깰 때입니다. 따라서 이 시간을 어떻게 보내느냐가 자율신경계를 조절하는 데 매우 중요합니다. 특히, 저녁에 휴식을 취하기 위해서 TV를 보는 것은 좋지만 밤늦게까지 TV를 시청하거나 컴퓨터 작업을 하거나 휴대폰으로 SNS를 하는 것은 교감신경을 우위로 지속시키는 것이나 다름이 없습니다. 그럴 경우 숙면을 취할 수 없고 아침에 눈을 떠도 피로감이 남아 있고 몸도 무겁게 느껴집니다. 따라서 취침 전에 자신의 하루를 되돌아보며, 컴퓨터 대신 노트에 자신의 하루 삶과 다음날 일정을 기록하는 것은 하나님나라의 삶을 위한 귀중한 의식(儀式, ritual)입니다.

하나님은 이르시되 어리석은 자여 오늘 밤에 네 영혼을 도로 찾으리니 그러면 네 준비한 것이 누구의 것이 되겠느냐 하셨으니 눅 12:20

02

잠을 줄이지 말라

우리를 일찍 자게 만드는 것은 믿음이고, 깊은 잠에 빠지게 하는 것은 사랑이고,
일찍 일어나게 하는 것은 소망이다.

하루는 24시간이고, 아무리 잘 보내도 더 연장시킬 수 없습니다. 그래서
우리는 최후의 보루인 잠을 줄이고자 합니다. 그러나 잠을 줄이는 것은
자신의 심신을 망가뜨리고 죽음을 재촉하는 것이나 다름없다는 것을 알
아야 합니다.

잠은 과연 필요악인가?

자는 시간은 우리가 제대로 이해하고 잘 활용해야 할 마지막 미개척
분야입니다. 전기의 발견으로 인류는 금단의 시간이었던 밤의 어둠을 걷

어내고 원하는 것을 마음대로 할 수 있게 되었습니다. 우리는 할 수 있다면 무엇이든지 더해야 한다는 강박관념에 사로잡혀 있습니다. 남보다 뛰어나고 더 좋은 삶을 살기 위해서는 남보다 무엇인가를 더해야 한다고 생각하기 때문입니다.

과거 밤이 되면 딱히 할 일이 없었던 시대와 달리 지금은 밤이 되어야 자신이 원하는 일을 마음껏 할 수 있는 시대가 되었습니다. 휘황찬란한 조명은 낮과는 다른 새로운 세상을 만들어주었고, 그것과 더불어 사회는 다양한 밤 문화를 만들어냈으며, 결국 이러한 변화는 우리로 하여금 점점 더 창조의 순리에 역행하는 야행성 생활 습관을 갖도록 했습니다. 예를 들어, TV, 인터넷, SNS 등을 통해 개인적인 삶을 추구하고 싶어 합니다. 또한 그냥 자면 안 될 것 같은 마음 때문에 가능하면 자신의 힘을 다 소진하고 나서 잠에 떨어지려고 합니다.

이런 야행성 생활 패턴은 현대사회가 만들어낸 심각한 사회적 병리현상으로서 신체적, 정신적, 영적, 사회적으로 조화로운 상태를 무너뜨리고, 지속적으로 체력을 고갈시키고 면역력도 약해지게 만들며, 여러 가지 스트레스로 불면증과 우울증에 시달리게 합니다. 그러나 그러면 그럴수록 잠은 육신의 건강뿐만 아니라 영혼의 활동을 위해서도 매우 중요하다는 것을 알아야 합니다.

조사에 따르면 장수하는 사람들의 특징은 바로 일찍 자고 일찍 일어나는 것입니다. 실제로 잠자는 시간을 줄이면 수명이 단축된다는 결과가 많습니다. 실험에 따르면 수면 시간이 5시간 미만인 사람과 9시간 이상 잠을 자는 사람들은 그렇지 않은 사람들에 비해 사망률이 훨씬 높으며, 성인의 경우 가장 적절한 수면 시간은 6시간에서 7시간 반이라는 결과가 나왔습니다. 생리생화학적으로 볼 때 최적의 수면 시간은 10시 30분에서 11시 사이인 것으로 나타났습니다. 최근 연구 결과에 따르면 잠이 부족할 때 심장 혈관계 질환(심근경색, 협심증, 고혈압 등), 당뇨병, 비만에 걸릴 확률이 높아지며, 뇌 속 알츠하이머성 치매유발 물질인 베타아밀로이드가 정상적으로 제거되지 못하여 치매가 발생할 확률이 높아진다고 합니다.

우리가 태어나서부터 지금까지 경험한 모든 것은 의식하든 의식하지 못하든 우리의 뇌에 기억되어 있습니다. 꿈이란 표면의식과는 다른 차원으로 기억을 재생 정리하는 것입니다. 뇌에서는 이미 저장된 정보들을 재생하고, 오래된 기억과의 대조작업을 하고, 앞으로 기억해나가야 할 정보를 무작위로 다차원으로 연결합니다. 이것이 바로 꿈이 비현실적으로 느껴지는 이유입니다. 우리는 꿈을 통해서 정보를 정리하고 기억을 강화시켜 갑니다.

왜 잠자는 동안 이런 일들이 일어나는 것일까요? 잠을 자는 동안에는 외부로부터의 모든 정보를 차단할 수 있기 때문입니다. 낮 동안에는 수시로 들어오는 정보를 처리해야 하기 때문에 정보를 서로 연결시키고 정리 정돈할 여유가 없습니다. 결국 잠은 우리의 기억을 정리하고 강화시키는 매우 중요한 과정입니다. 따라서 잠을 줄이면서 공부하는 것은 얼핏 생각하기에 효과적일 것 같지만 궁극적으로는 기억력을 떨어뜨리고 자신의 몸을 망가뜨리는 일일 뿐입니다.

어떤 문제가 닥쳤을 때 그 문제에 대해 염려하거나 걱정하지 않고 잠을 자면 잠자는 동안에 그 문제가 과거 자신의 경험과 지식들과 새롭게 연결되어 현실적으로는 생각하지도 못할 놀라운 해답을 얻게 되는 경우가 많습니다. 이런 정보처리 과정 동안에 놀랍게도 직관적이고 창의적인 생각들이 나타납니다. 깨어 있을 동안에 도무지 생각할 수 없었던 일들이 잠자는 동안에 일어나게 되는 것입니다. 따라서 잠자기 전에 새로운 소스를 공급하여 새로운 기억을 재생하여 저장하도록 하는 것이 매우 중요합니다. 우리는 잠을 이용하는 삶을 살아야 합니다. 즉 뇌와 잠재의식을 최대한 활용하는 삶을 살자는 것입니다.

오늘날처럼 시간에 쫓기며 사는 우리에게 마지막 남은 활용 가능한 시간은 잠자는 시간밖에 없습니다. 삶의 질은 잠자는 시간을 줄이는 데 있는 것이 아니라 잠자는 시간을 어떻게 활용하느냐에 있습니다. 잠이 얼마나 중요한지를 알고 잠자는 시간을 제대로 활용한다면, 버려진다고 생각하는 인생의 3분의 1을 회복시킬 수 있습니다.

결국 잠은 우리의 육신을 회복시키는 시간일 뿐만 아니라 기억을 정리 정돈하고 강화시키는 시간이며, 우리의 의식이 다양한 정보가 들어오는 깨어 있는 시간에는 생각할 수 없는 직관적이고 창조적인 생각을 갖게 하는 시간입니다. 잠자는 시간은 최선을 다하고 휴식을 취하는 하루의 마지막이 아닌 내일을 준비하는 최고의 시간, 모든 일의 시작으로 생각해야 합니다.

하루를 다르게 생각하라.
하루의 시작을 잠자기 전으로 생각하면 잠이 달라진다.
잠이 달라지면 아침이 달라진다.
아침이 달라지면 하루가 달라진다.

하루가 달라지면 인생이 달라진다.

잠자는 동안에 어떤 일이 일어나는가?

수면에는 렘수면과 난렘수면이라는 두 가지 유형이 있습니다. 렘 (REM, Rapid Eye Movement)은 급속안구운동을 말하며, 난렘(Non-REM)은 안구운동이 없는 수면 상태를 말합니다. 수면 중에는 렘 상태와 난렘 상태가 번갈아 나타납니다. 잠이 들면 먼저 난렘수면이 시작되어 70분 정도 지속되고, 이어 20분 정도의 렘수면이 나타납니다. 이런 90분 주기가 밤새 4-6차례 반복됩니다.

렘수면은 얕은 잠 상태로서 뇌 활동이 깨어 있을 때와 비슷하나 몸은 이완 상태로 들어가기 때문에 몸의 수면이라고 부를 수 있습니다. 이에 반해 난렘수면은 깊은 잠 상태로서 뇌가 휴식을 취하는 상태이기 때문에 뇌의 수면이라고 볼 수 있으며, 이 때 몸은 완전한 이완 상태가 아니기 때문에 뒤척이게 됩니다.

수면 동안에는 단기 기억을 장기 기억으로 불러들임, 장단기 기억과 비교, 정리, 강화, 연결, 조합, 새로운 추론 등이 일어납니다. 한마디로 잠을 자는 동안에 기억이 정리정돈 및 저장되는 것입니다. 자신의 경험을 생각해보십시오. 시간에 쫓길 때 억지로 머릿속에 집어넣은 지식들이 기억에 잘 정착되어 다시 재생할 수 있었습니까? 사실 우리가 밤샘으로 공부하는 것은 별다른 효과를 보지 못합니다. 억지로 집어넣은 기억은 측두엽에 새겨지지 않고 며칠 후 사라져버립니다.

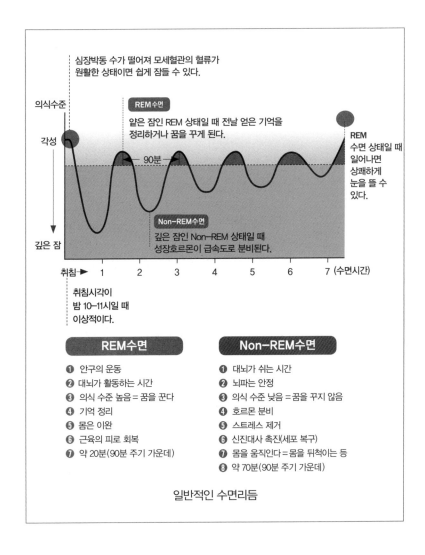

심장박동 수가 떨어져 모세혈관의 혈류가
원활한 상태이면 쉽게 잠들 수 있다.

의식수준

각성

REM수면

얕은 잠인 REM 상태일 때 전날 얻은 기억을
정리하거나 꿈을 꾸게 된다.

90분

REM
수면 상태일 때
일어나면
상쾌하게
눈을 뜰 수
있다.

깊은 잠

Non-REM수면

깊은 잠인 Non-REM 상태일 때
성장호르몬이 급속도로 분비된다.

취침▶ 1   2   3   4   5   6   7 (수면시간)

취침시각이
밤 10-11시일 때
이상적이다.

REM수면	**Non-REM수면**
❶ 안구의 운동	❶ 대뇌가 쉬는 시간
❷ 대뇌가 활동하는 시간	❷ 뇌파는 안정
❸ 의식 수준 높음 = 꿈을 꾼다	❸ 의식 수준 낮음 = 꿈을 꾸지 않음
❹ 기억 정리	❹ 호르몬 분비
❺ 몸은 이완	❺ 스트레스 제거
❻ 근육의 피로 회복	❻ 신진대사 촉진(세포 복구)
❼ 약 20분(90분 주기 가운데)	❼ 몸을 움직인다 = 몸을 뒤척이는 등
	❽ 약 70분(90분 주기 가운데)

일반적인 수면리듬

렘수면 상태에서는 신체가 휴식을 취하고 뇌는 기억을 재생하여 처리
하기 때문에, 새로운 지식이나 기술을 제대로 익히기 위해서는 그 당일에

반드시 잠을 자는 것이 좋다는 연구 결과는 당연한 이치입니다. 또한 수면 시간보다는 수면 동안 렘과 난렘의 주기가 몇 번 있었는지가 더 중요합니다. 5회의 수면 주기가 최상이지만 적어도 4번은 되어야 한다고 합니다. 적어도 렘수면 상태가 4번 정도 있기 위해서는 최소한 6시간은 자는 것이 좋습니다.

그림에서 보는 바와 같이 가장 깊이 잠을 자는 것은 첫 번째 난렘수면일 때입니다. 사이클이 반복될수록 잠이 얕아지고 각성에 가까워집니다. 따라서 아침에 잠을 푹 잤다고 느끼기 위해서는 처음에 깊은 난렘수면을 취해야 하고, 깰 때는 렘수면 상태이어야 합니다. 어떻게 하면 뒤척이지 않고 스르르 깊은 잠에 빠져들 수 있는지 각자 나름대로의 방법을 시도해보아야 합니다. 최근에는 방 안의 온도와 습도, 침구, 베개, 조명, 냄새 등을 고려한 다양한 방법이 제시되고 있습니다.

잠과 육체적 생리의 관계

인간의 몸에는 생체리듬이 있습니다. 생체리듬(circadian rhythm)[6]은 생체 내 여러 현상 중 대개 25시간을 주기로 되풀이되는 리듬을 말합니다. 생체리듬이 25시간을 주기로 되풀이되는데도 우리가 하루 24시간 주기의 생활을 할 수 있는 것은 바로 태양 빛이 시상하부에 있는 시신경

---

6) 낮과 밤이라는 규칙적인 환경의 변화에 따라 생명체의 수면 각성 주기, 호르몬 분비, 섭식 행동, 생리 대사 및 체온 조절에 이르기까지 다양한 생리, 대사, 행동이 약 24시간의 주기성을 나타내는데, 이를 일주기 생체리듬(circadian rhythm)이라고 부른다.

교차상핵에 전해질 때 처음 상태로 리셋되기 때문입니다. 만약 아침 햇빛을 받아 생체리듬이 리셋되지 않으면, 그날은 대략 25시간 주기의 리듬으로 보내게 됩니다. 하루 정도라면 별 문제가 없지만 이러한 주기가 계속되면 늘 나른하고 피곤한 상태가 될 수밖에 없습니다. 따라서 아침에는 반드시 햇빛을 받으며 기상할 수 있는 여건을 만들어주는 것이 좋습니다. 침실 창문에 햇빛이 들어오게 하거나 일어나면 반드시 햇빛을 보도록 하십시오. 흔히 시차로 고통 받는다고 하는 것은 바로 이 생체리듬이 정상적으로 작동되지 않는 것을 말합니다.

빛의 자극은 뇌의 깊숙한 곳에 있는 송과체에 전달되어, 잠을 유도하는 호르몬인 멜라토닌(melatonin)을 분비시킵니다. 이 물질은 잠들기 2,3시간 전부터 분비량이 늘어나고(대체로 밤 9시경부터 상승함) 밤에는 낮에 비해 10-20배로 증가하며, 다음날 아침이 되면 대부분 사라집니다.

재미있는 사실은 멜라토닌(melatonin)은 세로토닌(serotonin)이라는 호르몬에서 만들어지는데 세로토닌은 인체가 햇빛을 받아야 생성되고 햇빛을 많이 받을수록 많이 생성됩니다. 즉, 빛 가운데서 만들어진 세로토닌은 빛이 전혀 없는 상태에서 숙면할 때 충분한 양의 멜라토닌을 만듭니다. 따라서 적어도 오전에 30분 이상 햇볕을 쬐어야 하고 잠잘 때는 빛이 없도록 해야 정상적인 수면을 할 수 있습니다.

잠을 잘 때 육체에는 어떤 일이 벌어질까요? 멜라토닌의 영향으로 밤 10시에서 2시 사이에 뇌하수체 전엽에서 성장호르몬이 가장 많이 분비됩니다. 이 성장호르몬은 취침 초기에 비렘수면 때는 상승하며, 렘수면 때는 오히려 억제됩니다.

장 운동 감소 **23:30**

적정 취침 시간 **22:00-23:00**

수면 준비로 **21:00**
멜라토닌 생성 시작

체온이 가장 높음 **19:00**
혈압 최고조 **18:30**

심장 순환기 **17:00**
활동이 가장 좋음

반응속도가 가장 빠름 **15:30**

신체와 정신활동의 **14:30**
협업 능력이 최고조

24:00

18:00

뇌의 시상하부의 시신경 교차상핵
↓
일주기 생체리듬
(Circadian Rhythm)

12:00

6:00

2:00 잠에 가장 깊이 빠진 상태
성장호르몬 생성 최고조

4:00 체온이 가장 낮은 상태

5:00-6:00 적정 기상 시간
기상 시 인슐린 분비 증가됨

6:00 뇌와 신체 각성을 위해
코티솔 수치 증가

6:45 혈압이 급격히 증가

7:00 멜라토닌 생성 중지

8:50 장 운동 활성화

9:00 성호르몬(테스토스테론) 생성 최고조

10:00 정신적 민첩함 최고조

〈생체리듬은 개인마다 차이가 있음〉

조절	비동기화
수면 주기 호르몬 방출 식습관 및 소화 체온 신체 기능	수면장애 비만 당뇨 우울증 조울증 계절성 정서장애

이 호르몬은 복원 호르몬으로서 몸의 세포를 치유하고 회복, 재생시키는 기능을 합니다. 즉 피부와 근육세포를 구성하는 단백질의 합성을 증가시키고 손상된 세포를 회복시키는 일을 합니다. 잘 자고 나면 얼굴 피부가 좋아지는 것을 생각해보세요. 새벽 2,3시까지 일하거나 밤을 새운 날

은 아무리 늦게까지 자도 피곤하고 피부도 푸석푸석할 수밖에 없습니다.

언제 자고 언제 일어나는 것이 좋은가?

체온이 높을 때 잠이 오지만, 잠자는 동안에는 체온이 낮아야 숙면할 수 있습니다. 체온은 오후 2시경에 최고점에 달하고, 한밤중인 오전 2-4시 사이에 최저가 됩니다. 오전 6시경부터는 스트레스 호르몬(예, 코티졸)이 발생하고, 다시 체온이 상승하기 시작합니다.

자는 동안에도 몸은 외부의 자극에 지속적으로 반응하는데, 오전 5시경대가 외부 기온, 습도, 기압의 상태가 가장 불안정하기 때문에 맥박이 가장 빨라집니다. 맥박이 빨라지는 것은 불안정한 외부 자극에 대한 일종의 방어 반응이라고 볼 수 있습니다. 따라서 이 시간대는 깊은 잠을 자기에 적당한 시간이 아니며 오히려 좀 더 일찍 자고 그 시간에는 깨어 있는 것이 효율적입니다.

생체리듬과 성장호르몬의 관계 측면에서 생각하면 너무 적게 자도 좋지 않고, 너무 많이 자도 좋지 않습니다. 이미 언급한 바와 같이 최적은 6시간에서 7시간 반 정도이며, 아침 5-6시에 일어나기 위해서는 최소 10-11시 사이에는 취침을 해야 하고, 새벽 1-3시 사이에는 숙면을 취하는 것이 가장 좋습니다.

어떤 사람은 아침이든 저녁이든 규칙적으로 생활하면 되지 꼭 아침에 일찍 일어나 생활해야 하느냐고 반문할지 모르겠습니다. 연구에 따르면, 저녁형(밤늦게까지 자지 않고 아침에 늦게 일어나는 타입) 사람은 아침형

(일찍 자고 일찍 일어나는 타입) 사람에 비해 대인관계는 좋지만 알코올 섭취나 약물 복용이 많고, 평균 수명이 짧고, 당뇨병, 불안 증상 그리고 비만도 높은 것으로 나타났습니다.

새벽부터 오전 시간에는 이성적인 에너지 활동이 많은 반면 저녁이나 밤에는 감성적 에너지 활동이 높은 것으로 밝혀져, 일 종류에 따라 효율성이 달라질 수 있을 것입니다. 그러나 상식적으로 생각할 때 새벽에는 모든 주위 환경으로부터 자유로울 수 있지만, 일과를 시작하면 주위 환경에 노출될 수밖에 없고 그 영향을 받을 수밖에 없습니다. 따라서 아침에 눈을 뜨고 나서 2,3시간을 잃어버리는 것은, 일을 제대로 못 하는 것은 아니지만 하루 시간의 3분의 1을 잃어버리는 것과 같습니다.

그렇다면 야간 근무자는 어떻게 하는 것이 좋을까요? 많은 경우 저녁 7시에 출근하여 새벽 5시에 퇴근하게 되는데, 이 부분에 관한 연구는 많지 않아 섣불리 말하기는 어렵지만 자신만의 생활패턴을 만들어야 할 것입니다. 그렇지 않고 장기적으로 생체리듬이 조절되지 않으면 수면장애로 인한 비만, 당뇨, 우울증 등 다양한 질병이 발생하게 됩니다. 특별히 생체리듬을 조정하여 적응시켜야 하는데, 두 가지가 중요합니다. 첫째, 자신에게 가장 적절한 수면 시간대를 찾는 것이고(수면 중에는 완벽히 빛을 차단해야 함), 둘째, 적어도 수면 3시간 전부터는 음식을 먹지 않고, 하루에 12시간 정도는 공복을 유지하는 것입니다.

마지막으로 육체적 건강을 유지하기 위해서는 충분한 수면과 더불어 균형 잡힌 식사와 적절한 운동이 필요합니다. 그러나 아침에는 무리한 운동을 피하는 것이 좋습니다. 오전 5시에 기상할 때 5-6시 사이는 영적 활동이, 6-8시 사이에는 뇌 활동이 가장 활발한 때이기 때문에 이 시간에 육체적 운동을 하는 것은 아까운 시간을 허비하는 것입니다. 또한 기상할 때 자율신경계의 부교감신경의 역할은 줄어들고 반대로 교감신경의 역할이 서서히 늘어나 임무교대를 하게 됩니다. 이때 무리한 운동은 생리적 알로스테시스(allostasis, 4부 1장 참고)에 과부하를 일으킬 수 있습니다.

03

선제적 믿음생활을 하라

～

상상(想像, imagination)이 확신이라는 긍정적 감정과 연합하지 않는다면,
상상은 그저 공상(空想, daydream)일 뿐이다.

우리가 이 세상의 삶을 살지 않고 하나님의 자녀로서 하나님나라의 삶을
산다면, 삶의 목적은 일만 하는 데 있는 것이 아니라 안식에 있다는 것을
알아야 합니다. 일과 일 사이에 쉼이 있는 것이 아니라 안식과 안식 사이
에 일하도록 해야 한다는 뜻입니다. 그럴 때 비로소 하나님의 지혜와 능
력으로 하나님께서 내게 주신 일을 할 수 있게 됩니다.

선제적 믿음생활이란?

안식은 단순한 휴식이 아니라 하나님과의 교제와 그분에 대한 절대적

3부 새로운 라이프스타일   129

신뢰를 의미합니다. 그분을 묵상하고 즐거워하고 그분께 영광 돌리는 시간일 뿐만 아니라 은혜와 진리의 비밀을 깨닫고 누리는 시간이기도 합니다. 그 안식을 통해서 해야 할 일과 어떻게 해야 하는지를 그분께 배우게 되는 것입니다.

하나님께서는 천지만물을 창조하시고 마지막에 사람을 창조하셨습니다. 그리고 제7일째 안식하셨습니다. 타락 전 하나님의 자녀의 삶이란 안식 가운데 사는 삶이었습니다. 그 삶은 나 자신의 노력과 행위로 무언가를 이루는 삶이 아니며, 또한 내 경험에 기초한 인식에서 나오는 수많은 불필요한 생각과 상상, 염려와 걱정으로 가득 찬 마음을 다스리기 위해 애쓰는 삶도 아니었습니다. 하나님 안에서 주님의 지혜와 능력으로 주를 나타내는 삶을 사는 것이었습니다. 그것이 본래 하나님께서 명령하신 "일하라"는 뜻의 본질입니다.

오늘날 대부분의 사람들은 주어진 업무와 스케줄을 관리하고 좀 더 많은 일을 하기 위해서 최선을 다합니다. 그야말로 시간 대비 생산성을 극대화하는 이 방식으로 생활하면 잠들 때쯤이면 파김치가 됩니다. 사실 대부분의 경우 이러한 삶의 연속입니다. 이런 삶에는 평강과 기쁨이 있을 수 없고 쉼이라는 개념도 없습니다. 대신 늘 염려와 두려움과 불안에 쫓기는 삶을 살 뿐입니다. 그러고도 자신의 삶을 되돌아보면서 늘 "만약 … 했더라면" 또는 "그때 … 하지 말았어야 했는데"라며 과거를 후회하곤 하는데, 이런 생각이야말로 포도원을 허는 작은 여우와 같습니다(아 2:15).

저는 개인적으로 선제적 믿음생활을 합니다. 선제적 믿음생활이란 성령 안에서 앞으로의 일을 미리 생각하고 말씀대로 이루어진 것을 상상하는 것을 말합니다. 다른 말로 미래의 일을 내 기억과 잠재의식에 저장하는 것을 말합니다. 흔히 기억이라고 하면 과거에 기초한 것을 의미하지만, 아직 일어나지 않은 일을 믿음으로 취하고 그것을 나의 뇌에 기록한 것 역시 기억이며 이것을 미래 기억이라고 부를 수 있을 것입니다.

저는 아무리 바쁜 날이라도 최소한 20-30분 정도를 성령 안에서 말씀대로 이루어진 것을 상상하고 느끼는 일에 할애합니다. 오늘이나 내일의 일뿐만 아니라 앞으로 있을 일들에 대해 성령 안에서 주께서 이루신 것을 믿음의 눈으로 바라보고 느끼는 것입니다.

> 믿음은 바라는 것들의 실상이요 보이지 않는 것들의 증거니 히 11:1

> 그러므로 내가 너희에게 말하노니 무엇이든지 기도하고 구하는 것은 받은 줄로 믿으라 그리하면 너희에게 그대로 되리라 막 11:24

선제적 믿음생활은 아직 오지 않은 미래의 일이지만 주님께서 나를 통해서 이루시고자 하는 일들을 상상하고 앞으로 있어야 할 일들을 계획하는 시간입니다. 주의 말씀에 내 생각과 감정을 일치시키고 그분께서 말씀대로 이루신 것을 믿음의 눈으로 바라보며 기뻐하는 것입니다. 성령 안에서 자기중심적 사고방식에서 벗어나는 것이고, 거짓자아를 부인하고 그리스도 안에서 자기 마음을 관찰할 수 있는 시간을 갖는 것이며, 스스로 만든 심리적 시간과 상상에서 벗어나는 시간입니다.

이러한 삶의 패턴은 나의 뇌 기억과 잠재의식에 들어 있는 과거의 기억과 습관화된 프로그램에 따라 자동적으로 생각하고 그에 따라 사는 육신의 삶을 제거할 수 있는 놀라운 방법이라고 할 수 있습니다. 선제적 믿음생활은 앞서 언급한 '목적이 수단이 되는 삶'과 더불어 하나님나라의 새로운 라이프스타일을 습득하는 중요한 실제적 방법입니다.

우리는 항상 생각하지 못한 뜻밖의 일들 앞에서 "왜 이런 일이 나에게 일어나는가?", "왜 나는 해도 되는 일이 없지?" 등의 의문을 가지게 됩니다. 그것은 바로 자신의 뇌 기억과 잠재의식에 프로그램된 대로 작동된 것일 뿐이라는 것을 알아야 합니다. 자신의 기억에 대한 반응과 세상에 제한된 사고방식을 제거하지 못했기 때문입니다. 우리는 자신의 과거 기억과 세상에 제한받는 존재가 아니라, 그리스도 안에서 하나님의 뜻을 이 땅에 나타냄으로 세상을 변화시키는 존재입니다.

> 스스로 속이지 말라 하나님은 업신여김을 받지 아니하시나니 사람이 무엇으로 심든지 그대로 거두리라 갈 6:7

선제적 믿음생활을 잘 하기 위해서는 우선 다음 세 가지를 알아야 합니다.

① 자신의 과거 기억에 기초한 생각으로 현재와 미래를 판단하지 말아야 합니다. 구원받은 우리는 우리의 생각보다 훨씬 괜찮은 사람입니다. 할렐루야! 지금 우리가 '나는'이라고 생각하는 것은 우리의 뇌 기억과 잠재의식 내에 프로그램되어 있는 것에 기초하고 있을 뿐입니다. 따라서 성

령 안에서 주의 말씀에 따라 그 내용을 바꾸면 우리는 하나님의 유업을 이루어가는 사람이 되는 것입니다.

② 목적이 있어야 합니다. 만약 비전이 없고 그 비전을 이룰 목적이 없다면 우리는 단지 매일 닥쳐오는 일을 해치워야 하는 본능적인 삶을 살 수밖에 없습니다. 우리는 하나님께서 의도한 계획대로 우리에게 주신 소명을 발견하고 이루는 삶을 살아야 합니다. 소명에 따른 비전을 이루기 위해서는 삶에 장단기 목표가 있어야 하고, 그에 따른 계획이 있어야 합니다. 목적 없이는 마음에 품을 것도 없습니다.

③ 자신의 뇌 기억과 잠재의식은 현실과 상상을 구분하지 않는다는 것을 알아야 합니다. 성령 안에서 말씀에 기초하여 매일 매일 아직 오직 않은 것과 보이지 않는 것을 보고 느끼고 선포하는 것은 매우 중요합니다. 그 결과로 마음에 기록된 상상이 이루어졌다고 느껴질 때 그것은 마치 이전에 경험한 것과 동일해지는 것입니다. 그럴 때 자신의 뇌 기억과 잠재의식에 새로운 경험으로 기록되고, 그 믿은 대로의 현실을 만들어가게 되는 것입니다.

선제적 믿음생활로 습관을 바꾸라
세상에는 습관을 변화시키기 위한 수많은 책들이 나와 있습니다. 대부분 자신의 의지에 기초하여 할 수 있는 일부터 매일매일 조금씩 해나감으로써 마침내 자신을 바꿀 수 있게 된다는 식으로 주장합니다. 그러나 자신의 의지로 습관을 바꾸는 것은 거의 불가능하다는 것을 알아야 합니다. 주 핵심은 '동기 → 기대와 소망 → 의지력 → 실천' 순입니다. 흔히들 기대하고 소망하는 것과는 정반대의 결과를 경험하게 됩니다. 그것은 현실에서는 간절히 바라지만 자신의 내면에서는 '안 될 거야' 또는 '그런 일은 일어나지 않아' 등의 의심을 가졌기 때문입니다. 즉, 당신의 잠재의식 내에는 간절히 바라는 것이 이루어진 경험이 없기 때문에 부정적으로 심은 그대로 거둔 것입니다.

그럴 때 만약 당신이 의지적으로 무엇인가를 이루려고 한다면(표면의식적 의지), 반드시 잠재의식 내 반의지를 작동시키게 됩니다. 즉 현실의 상태에서 출발한 의지적 변화는 뇌의 경험된 기억과 잠재의식 내 기초한 사고체계의 욕구에 기초한 반의지력을 결코 이길 수 없으며(❶), 이는 결국 요요현상으로 나타나게 된다(❷)는 것을 제대로 말하지 않고 있습니다. 더욱이 기존에 해오던 대로 하고자 하는 내면의 욕구는 뇌와 잠재의식에 언제나 존재하기 때문에 외부의 촉발인자(trigger : 예, 암시나 관련된 상황 등)가 나타나면 반의지력은 자동적으로(미처 인지하지 못한 상태라 할지라도) 작동하게 됩니다. 다시 말하자면 습관을 바꾸는 데는 불굴의 의지가 아니라 긍정적 의지가 필요합니다. 불굴의 의지는 인내심이라는 씨앗에서 자라나지만 긍정적 의지는 선제적 믿음을 통해서 자랍니다. 선제적 믿음생활로 자신의 뇌에 미래 기억을 심고, 자신의 마음에 말씀대로 이루어진 것을 기록할 때 이루어집니다.

선제적 믿음생활로 습관을 변화시키는 핵심은 다음 네 가지입니다.

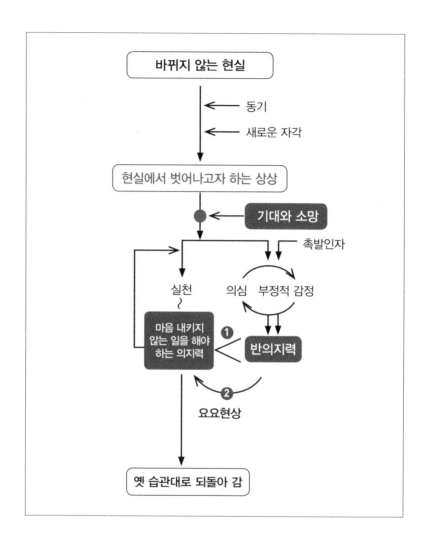

① 우리가 어떤 것을 상상할 때는 항상 과거의 기억에 기초하게 됩니다.
그러나 하나님의 말씀대로 상상한다는 것은 이전에 없었던 것을 상상하
는 것입니다. 따라서 하나님의 약속의 말씀을 과거 기억에 기초해서 상상

한다는 것은 불가능한 일입니다. 성령님의 도우심으로 내 기억 속에 없는 것을 말씀에 따라 상상하는 것이 바로 선제적 믿음생활의 핵심입니다.

② 상상하는 주체는 거짓자아가 아닌 그리스도 안에 있는 새로운 자아여야 합니다. 거짓자아가 주체가 된 상상은 자신의 경험에 기초한 타락한 상상일 뿐입니다. 그러나 예수 그리스도 안에 새로운 피조물로서 주의 말씀대로 상상하는 것은 주의 뜻을 이루고자 하는 거룩한 상상입니다. 우리가 거룩한 상상을 한다는 것은 하나님의 마음에 우리의 마음을 일치시키는 것이며, 그것을 위해서 말씀대로 이루어진 것을 그려보는 것입니다. 그럴 때 성령님께서 말씀에 따른 상상을 환상으로, 그리고 계시로 나타나게 하십니다.

③ 말씀대로 이루어진 상상은 미래를 현실로 체험한 것이어야 합니다. 믿음을 통하여 실상과 증거를 가진다는 것은 단지 소망하거나 기대하는 것이 아니라 이미 이루어진 것에 대한 상상과 더불어 그에 따른 느낌을 가진다는 것입니다. 이때 이루어진 것을 느낀다는 것은 매우 중요합니다.

④ 마음속에 말씀대로 이루어진 것이 믿어지고 그 결과로 긍정적 감정이 일어날 때 마음에 가득한 것을 말하게 되고, 그 말한 대로 행하게 됩니다. 이것이 바로 긍정적 의지력입니다. 결국, 습관을 바꾸기 위해서 흔히 말하는 의지력은 부정적(하기 싫은 것을 하고자 하는) 의지력인 반면, 하나님의 자녀가 선제적 믿음생활을 통해서 이루고자 하는 의지력은 긍

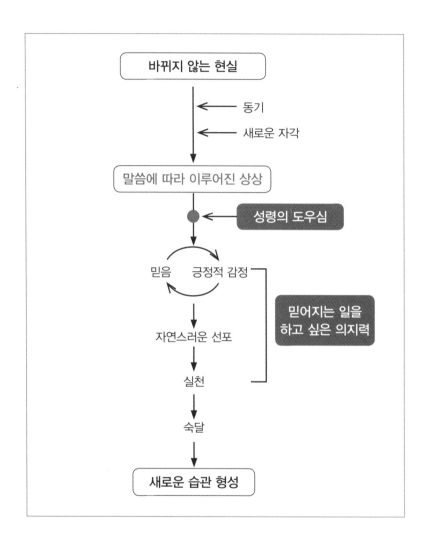

정적(하고 싶은 것을 이루고자 하는) 의지력입니다. 이 긍정적 의지력만이
실천과 숙달을 통해 새로운 습관이 확립되도록 만들어줍니다.

04

중요한 일부터 우선순위를 정해서 하라

주어진 시간에 최대한의 능률을 올리는 것이 좋은 인생이 아니라,
하나님의 때에 하나님이 시키는 일만 행하는 것이 최고의 인생이다.

죽음을 눈앞에 둔 사람들이 가장 후회하는 일은 자신의 삶을 살지 못하고 다른 사람들의 기대에 맞춘 삶을 살아왔다는 것과 일이 인생의 전부인 것처럼 살아왔다는 것입니다. 이 두 가지를 곰곰이 생각해보면, 정말 후회가 되는 것은 자신에게 중요하지 않은 일들에 지나치게 몰두했다는 것임을 알 수 있습니다.

세상 사람들은 삶의 주인이 자신이라고 믿기 때문에 자신이 생각한 모든 것을 다해야 만족을 얻을 수 있다고 생각합니다. 그러나 해야 할 업무의 양은 항상 주어진 시간의 양보다 많은데, 누구도 여러 가지 업무를 동시에 할 수 없고 또한 하고 싶거나 해야 하는 일을 다 할 수는 없기 때

문에 늘 시간에 쫓기며 살 수밖에 없습니다. 따라서 업무를 구분하여 순서를 매기고, 중요한 것부터 먼저 해 나가는 것이 반드시 필요합니다.

선택과 투자

무엇보다도 "어떤 일을 행한다"라는 의미를 새롭게 깨달을 필요가 있습니다. 어떤 이유에서든 어떤 일을 한다는 것은 그 시간에 다른 모든 것을 포기한다는 것을 뜻하기 때문입니다. 우리는 무엇인가 한 가지 외에는 모든 것에 늘 "NO"라고 하는데도 단지 "YES"라고 하는 것에만 초점을 맞추고 살아갑니다. 어떤 일을 한다는 것을 나의 시간과 물질과 노력의 '투여'(投與)로만 받아들일 것이 아니라 선택 혹은 투자(投資)[7]한다는 개념으로 받아들여보십시오. 즉, 한 가지에만 "YES"를 하고 나머지 모두는 "NO" 한다는 개념 말입니다. 투여가 아니라 투자입니다.

그림에서 보는 바와 같이 매번 수많은 가능성 중에서 우리는 단 하나의 'YES'를 선택하며 살아갑니다.

그렇게 생각하면 시간, 물질(돈), 노력을 선택하는 것이 얼마나 소중한지 다시 한번 깨닫게 됩니다. 정말 사소하게 생각되는 그 선택(투자)들이 모여 우리의 인생을 만들어가기 때문입니다. 지금 선택하는 것과는 다른 것을 선택했을 때 일어날 수 있는 일들을 상상해보십시오.

---

7) 투여(投與)는 어떤 일에 돈이나 노력 따위를 들이는 것을 의미하지만, 투자(投資)는 이익을 얻기 위하여 어떤 일이나 사업에 자본을 대거나 시간이나 정성을 쏟는 것을 말한다. 즉, 투여는 목적의식이 결여된 것인 반면 투자는 분명한 목적의식을 가지고 행하는 것이다.

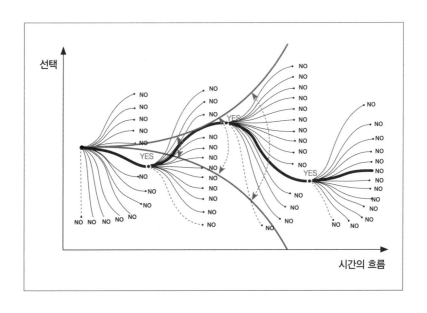

예를 들어, 5천 원짜리 커피를 사서 마신다고 생각해봅시다. 그 말은 5천 원으로 할 수 있는 다른 많은 것을 포기한다는 뜻입니다. 더욱이 새롭게 보아야 할 사실은 시간이든 돈이든 노력이든 지금의 제대로 된 투자는 시간이 지남에 따라 복리로 계산된다는 것입니다. 한 잔에 5천 원 하는 커피를 하루에 두 잔씩 마신다고 가정하면, 한 달을 25일로 계산했을 때 한 달에 25만 원을 지출하게 됩니다. 정기예금 이자율을 1.8퍼센트로 적용하여 매월 25만 원씩 저축한다면 10년 뒤에는 32,842,652원, 20년 뒤에는 72,157,142원, 30년 뒤에는 무려 119,218,786원이 됩니다.

선택과 시간은 그 사람의 인생을 결정합니다. 그런데 우리는 대부분 이런 개념 없이 자신의 욕구를 채우기 위해서 시간, 물질, 노력을 아무 생각 없이 투자하며 살고 있습니다. 커피를 마시지 말라는 것이 아니라, 이미 예상되는 문제를 회피하거나 순간의 욕망을 채우기 위해서 함부로 투자하는 일은 결국 장기적으로 아주 값비싼 대가를 치를 수밖에 없다는 것입니다. 지금 이 시간에 사소해 보이는 1도의 차이가 나중에 돌이킬 수 없는 큰 간격의 차이가 나게 하기 때문입니다. 더욱이 그 결과가 눈에 보이지 않지만 복리로 계산된다는 것을 생각하면 주어진 선택과 시간을 함부로 쓸 수 없는 것입니다.

하나님의 자녀인 우리는 자신의 욕구를 성취하기 위해서 태어난 존재가 아니라 우리를 지으신 하나님 안에서 그분과 사랑을 나누며 그분께서 나를 통해 이루시고자 하는 일을 하나하나씩 발견하여 행함으로 놀라움과 설렘과 즐거움으로 살아가는 존재임을 알아야 합니다. 그런 의미에서 우리가 해야 할 일의 중요도와 우선순위를 정하는 것은 매우 중요합니다. 하나님이 주신 시간, 물질, 재능과 은사를 소명과 가치관에 기초를 두고 목적에 맞게 잘 사용해야 하기 때문입니다.

중요도와 우선순위

세상에서의 중요도와 우선순위는 주로 시간 대비 생산성(효과성과 효율성)[8]에 초점을 맞추지만 하나님의 자녀에게는 생산성뿐만 아니라 의미/가치성과 탁월성까지 포함합니다. 따라서 중요도와 우선순위는 단지

---

8) 효과성은 단지 주어진 시간 내에 주어진 일을 열심히 하는 것이 아니라 정말 중요한 일을 제대로 선택하고, 그것을 잘하는 것을 의미한다. 반면에 효율성은 말 그대로 주어진 시간 내에 최대의 성과를 얻어내는 것을 의미한다.

무엇부터 해야 하느냐는 것뿐만 아니라 '자신이' '무엇부터' '왜' '어떻게' '어느 때에' 해야 하는지를 말하는 것입니다.

① '자신이'

자신이 하지 말아야 하거나 하지 않아도 될 일을 분별하고 제거하는 것입니다. 그리고 그 일을 하지 않든지 아니면 위임하는 것을 배워야 합니다. 중요도에서 가장 핵심적인 것은 이 문제를 먼저 확인하고 처리하는 것입니다.

② '무엇부터'

생산성 개념의 효과성에 해당됩니다. 일의 중요도는 소명에 따른 비전으로 주어진 목적에 기초를 두고 정해져야 합니다.

하나님의 자녀가 시간을 어떻게 보내야 하는지 알기 위해서 항아리에 돌멩이를 넣는 비유를 생각해봅시다. 처음에 굵은 돌멩이로 가득 채운 다음, 다시 그보다 작은 돌을 넣으면 굵은 돌 사이에 작은 돌이 들어갈 것입니다. 거기에 그보다 더 작은 크기의 돌을 넣고 또 그보다 가는 모래를 넣으면 작은 돌과 큰 돌 사이에 더 들어갈 것입니다. 마지막으로 물을 부으면 모래 사이에 물까지 가득 차게 될 것입니다.

하루를 보내는 방법을 이 비유에 비추어볼 때 우리가 배울 수 있는 것이 무엇일까요? 대개 아무리 일정이 바쁘고 업무로 꽉 차 있어도 정말 원하기만 한다면 틈새 시간을 내서 무엇이라도 더 할 수 있다고 생각할 것입니다. 그러나 그보다 먼저 정말 알아야 할 것은 처음에 큰 돌을 집어넣지 않으면 나중에는 아무리 더 넣고 싶어도 넣지 못한다는 것입니다.

큰 돌은 바로 내 인생에서 가장 중요한 것들입니다. 작고 사소한 일에 매여 시간을 보내면 정작 자신이 정말 해야 할 일을 하지 못하고 늘 쫓기는 삶을 살 수밖에 없습니다. 그렇게 되면 나중에 아무것도 남길 수 없는 삶을 살게 됩니다. 그런데도 많은 사람이 한 번밖에 주어지지 않고 다시는 돌이킬 수 없는 시간을 잘 보내기 위해서 생산성만 높이는 방법들을 찾고 배우고 행하고 있습니다.

그러나 하나님의 자녀는 자신의 목적과 역할에 기초해서 가장 능률이 오르고 에너지가 넘치는 시간대에 가장 큰 돌부터 집어넣는 것을 배워야 합니다.

③ '왜'

의미/가치성에 해당합니다. 어떤 일을 할 때 자신의 가치관과 목적에 부합되는 일이 두 가지 있다면 무엇부터 먼저 해야 합니까? 우선 그 일이 미래에 어떤 영향을 끼치는지 고려해보아야 합니다. 지금 이 일을 함으로써 미래에 더 많은, 그리고 올바른 보상이 돌아오는 일이 무엇인지 판단하는 것입니다. 이때의 보상이란 실제적인 일의 열매뿐만 아니라 의미와 가치 있는 일에 대한 만족을 의미합니다.

④ '어떻게'

생산성 개념의 효율성에 관한 것으로, 'do more with less'의 개념입니다. 주어진 시간 내에 많은 효율성을 올리기 위해서는 우선순위를 정해야 하며, 이를 계획하기 위해서는 이미 잘 알려진 경험 법칙을 사용하는 것이 좋습니다.

이탈리아의 경제학자 빌프레도 파레토(Vilfredo Pareto)가 주장한 이 파레토 법칙은 흔히 20/80법칙이라고 부르며, 다양한 분야에서 사실인 것으로 판명되었습니다. 예를 들면, "고객 또는 상품의 20퍼센트가 매출의 80퍼센트를 올린다", "회의 시간 20퍼센트가 결론의 80퍼센트를 차지한다", "인간관계 20퍼센트가 개인 행복의 80퍼센트를 만든다", "전체 제품의 20퍼센트를 생산하는 데 생산원가의 80퍼센트가 들어간다" 등입니다.

이 법칙을 통해서 우리가 알 수 있는 것은, 해야 한다고 생각하는 모든 일을 주어진 시간 내에 다 할 수 없기 때문에, 자신의 일을 분석해보고 적합한 방식을 선택하고 전략적으로 시간과 에너지를 투입하여 본인이 가진 20퍼센트만을 쏟아도 전체 결과의 80퍼센트를 얻도록 해야 한다는 것입니다. 즉, 최소한의 시간과 노력 투자(20퍼센트)로 최대한의 결과(80퍼센트)를 얻도록 해야 한다는 것입니다.

예를 들어 오늘 일과를 10시간으로 가정할 때, 일과 중 20퍼센트인 2시간을 투자함으로써 계획된 목적의 80퍼센트를 달성할 수 있는 일(방법)이 무엇인가를 찾아 행하는 것입니다(Ⓐ). 이런 방식으로 일하면 ① 핵심적이고 중요한 일부터 먼저 하게 되고, ② 80퍼센트 이상을 달성한 뒤에는 여유를 가지고 완성도를 높여갈 수 있으며, ③ 항상 목표 100퍼센트보다 더 높은 것을 달성하는 데 초점을 맞추게 됩니다.

반면, 열심히 하지만 중요도와 우선순위에 대한 판단 없이 하게 되면 차이는 있을지언정 수많은 Ⓑ와 같은 패턴으로 하게 될 것이며, 그 결과

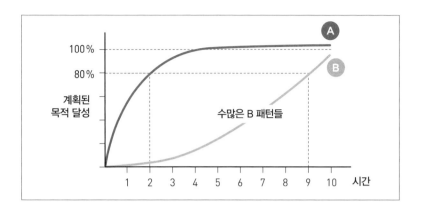

① 마감시간이 다 되었을 때에야 비로소 80퍼센트가 달성됨으로 사전에 전체적인 조망이 어려울 뿐만 아니라, ② 늘 마감에 쫓기게 되고, ③ 본래 계획된 그 이상은 달성할 수 없게 됩니다.

⑤ '어느 때에'

타이밍에 관한 것입니다. 일반적으로 어떤 일을 할 때 주변의 상황을 고려하여 가장 좋은 시기를 결정하는 것 또는 그 시기를 타이밍이라고 합니다. 풍성한 삶의 핵심은 타이밍입니다. 시간의 극대화는 시간을 늘리는 것이 아니라 바로 타이밍을 찾는 데 있습니다.

하나님의 자녀에게 타이밍은 하나님의 때(카이로스 시간)에 관한 것입니다. 우리는 흔히 일직선상의 시계 시간에 자신의 노력으로 어떤 일을 효율적으로 행하고자 합니다. 이것이 세상적 사고방식의 핵심입니다. 그러나 하나님의 자녀에게 가장 중요한 것은 자신의 능력 이상의 일을 행하는 것이며, 그것은 하나님의 때에 우리가 반응함으로 이루어집니다. 따라서 성령 안에서 하나님의 때를 분별하고 하나님의 말씀에 믿음으로 반응함으로 우리의 최선이 아니라 하나님으로 인한 탁월함이 나타나도록 해야 합니다.

효율성이 속도라면 효과성은 방향에, 탁월함은 타이밍(하나님의 개입하심)에, 의미/가치성은 3I 보상(혁신, 영향력, 통합)에 해당된다고 볼 수 있습니다. 또한 효율성을 높이는 것이 기술에 해당된다면, 효과성을 높이는 것은 지혜에, 타이밍은 하나님과의 관계를 통한 능력에, 의미/가치성은 하나님의 뜻을 이루는 것에 해당됩니다. 시간의 주관자는 하나님이시고, 그분께서 그분의 뜻을 이루실 가장 적절한 때를 알고 계십니다. 우리가 그것을 알고 하나님의 때에 우리의 마음을 일치시키고 주의 뜻을 이루기를 원하십니다. 의미/가치성과 탁월함을 추구한다는 것은 내 시간이 아니라 하나님께서 정하신 바로 그 시간을 찾아 주를 나타내는 것임을 기억하십시오.

신약성경에서 시계 시간을 나타내는 '때에'가 아니라 사건 시간인 '때가'를 검색해보면 61번이나 언급되어 있습니다. 중요한 것들의 우선순위를 정하는 것은 인간이 할 수 있는 일이지만 '때가 이르매' 혹은 '때가 차매'는 오직 하나님께 달려 있습니다. 우리는 무엇보다도 하나님의 때에 하나님이 시키시는 일을 행하는 것을 배워야 합니다. 그것은 오직 성령 안에서 무시로 기도함으로 인도함을 받게 됩니다. 더 구체적인 것은 4부 5장을 참고하십시오.

집중과 몰입, 그리고 휴식하라

시간이 아니라 TIME(Thought, Interest, Mood, Energy)이
내 인격과 인생을 결정한다.

동일한 시간이라도 그 시간을 사용하는 사람에 따라 시간의 밀도는 완전히 달라질 수 있습니다. 시간의 밀도는 집중과 연관되어 있으며, 집중할 때 생산성(효과성과 효율성)이 높아질 뿐만 아니라 탁월함이 나타납니다. 집중한다는 것은 어떤 순간에 TIME[생각(Thoughts), 관심(Interest), 기분(Mood), 에너지(Energy)]을 일치시킨다는 것이며, 그때 몰입(flow: 무언가에 흠뻑 빠져 있는 심리적 상태)의 상태가 되는 것입니다.

집중의 효과

연구 결과에 따르면 집중과 몰입은 서로 유기적인 관계를 가지며, 집중하면 몰입하게 되고 반대로 몰입하면 집중하게 된다고 합니다. 몰입한다는 것은 집중의 결과로 어떤 일이나 상황에 자신이 하나가 되는 것으로, 일종의 건강한 자아상실 상태에 들어가게 되는 것입니다. 그때 일종의 희열을 느끼며, 놀라운 창의력과 탁월함이 나타납니다. 희열(ecstasy)은 '자기 밖에 서기'(standing outside oneself)라는 뜻의 헬라어 'ekstasis'에서 온 것으로, 몰입할 때 주어지는 감정입니다.

> 몰입하기 때문에 업무의 효율성이 높아지고,
> 마음이 홀가분해져서 스트레스를 덜 받게 되며,
> 우리의 뇌가 외부로부터 오는 방해 요인을 자동으로 차단하며,
> 여러 가지 잡생각과 공상들이 사라지며,
> 지금 이 순간에 정신을 집중함으로 시간 감각이 무뎌지며,
> 자신이 하는 일이 저절로 진행되는 것 같은 느낌이 들며,
> 한 가지 일에 집중할 때 도파민과 엔도르핀이 생성되어 행복감을 주며,
> 신체의 에너지가 방전이 아닌 오히려 충전되는 것을 느끼게 됩니다.

어떻게 하면 집중할 수 있을까?

오늘날 삶의 특징은 내외부적인 요인으로 인한 산만함(주의력이 분산된), 그리고 주체적인 사고가 아니라 외부자극에 의해서 발동된 과도하고

불필요하고 사실이 아닌 잡념과 망상들에 이끌리는 삶이라고 말할 수 있습니다. 자신이 산만함과 잡념에 중독되었다는 사실을 잘 모르면 당신이 하루에 휴대폰을 몇 번이나 보는지, 그리고 보지 않으면 얼마나 불안한지를 생각해보십시오. 하나님의 자녀인 우리는 이런 삶에서 깨어 있기 위해서 항상 성경의 말씀을 묵상함으로써 육의 생각이 아니라 영의 생각을 하는 것이 얼마나 중요한지 알아야 합니다. 여러 가지 이론들이 있지만 주어진 시간에 집중하기 위해서는 다음 몇 가지를 고려해야 합니다.

1) 집중할 수 있는 환경의 조성

과거에는 여러 가지 불필요한 일과 방해로 인한 업무중단 현상을 개개인의 우선순위 관리능력의 부재 정도로 치부했지만, 지금은 모든 생산성을 떨어뜨리는 주요 원인이 되었습니다. 이메일, 전화, 상사 호출, 회의, SNS, 다양한 업무 등을 생각해보십시오. 연구 결과에 따르면 직장인들은 평균 11분에 한 번꼴로 업무 방해를 받는다고 합니다. 더욱이 한번 업무가 끊기면 하던 일로 다시 돌아가기 전에 방금 떠오른 다른 일을 더 처리한 다음 비로소 원래 일로 돌아가는 경향까지 생각하면 30분 정도는 훌쩍 지나가고, 다시 원래 하던 일에 집중하기까지 8분이 더 소요된다고 합니다. 이런 생활을 계속하게 되면, 결과적으로 성과저하, 효율저하, 잦은 실수, 하루 업무 목표량 미달성, 스트레스와 심리적 부담감, 건강에 악영향, 경제적 피해 등 수많은 부작용 등이 발생할 것입니다. 따라서 집중하고 몰입하기 위해서는 정신을 산만하게 하는 이러한 방해들을 사전에 차단해야 합니다.

2) 한 번에 한 가지 일에만 집중하기

과거에는 주어진 시간 내에 많은 일을 행하기 위해서 동시에 여러 가지 일을 하는 소위 멀티태스킹을 권장해 왔으며, 그렇게 하는 사람을 능력 좋은 사람으로 인정하였습니다. 그러나 연구 결과에 따르면 멀티태스킹은 허상에 불과하고 우리의 뇌는 한 번에 한 가지 일에만 집중할 수 있다는 것이 밝혀졌습니다. 아주 단시간 동안은 멀티태스킹이 가능할지 모르지만 시간이 지날수록 업무능력은 떨어지게 된다는 것입니다. 물론 밥을 먹으며 TV를 보는 것, 양치질하면서 신문을 읽는 것 등 자신의 의식과 상관없이 잠재의식 내 프로그램 되어 습관화된 것은 특별한 주의력이 필요하지 않기 때문에 멀티태스킹이 가능합니다. 이런 행동은 사실 멀티태스킹이 아니라 일종의 시스템화 된 습관이며, 잘 조합된 사고와 행동은 불필요한 시간을 줄이는 데 효과적입니다.

그러나 업무상 멀티태스킹은 집중력과 창의력을 떨어뜨리고, 뇌에 부담을 주고, 기억력을 감소시키며, 업무 수행능력을 극단적으로 저하시킵니다. 그럼에도 불구하고 현대인들이 계속 멀티태스킹에 집착하는 이유는 무엇일까요? 그 이유는 멀티태스킹이 아편을 흡입했을 때와 비슷한 강도의 내적 쾌감을 주기 때문입니다. 새로운 것에 대한 자극은 뇌세포에 도파민을 생성하고, 그 물질은 긍정적인 기분을 만들어 냅니다. 따라서 우리는 새로운 자극에 따라 좋은 기분을 누리지만 동시에 집중력을 소멸시키고 있는 것입니다.

전자기기를 동시에 쓰는 멀티태스킹을 한 뒤 그것이 뇌에 미치는 영향을 조사한 연구에 따르면, 피실험자들의 전방대상피질(anterior cingulate cortex) 크기가 줄어든 것이 확인되었습니다. 전방대상피질은 잠재적 문제해결을 담당하는 부분으로 머릿속의 정보들을 모아 문제해결의 방법을 찾는 역할을 합니다. 소위 말하는 '통찰력'이나 '창의적인 아이디어'가 발생하는 부분입니다.

3) 해야 할 일을 하고 싶은 일로 만들기

많은 이론과 방법들이 있지만 집중하는 가장 좋은 방법은 하고 싶은 일을 잘 이해하고 하는 것입니다. 경험적이지만 '1 : 1.6 : 1.6²'이라는 효율의 법칙이 있습니다. ① 자신이 하고 싶지 않은 일을 억지로 했을 때 1이라는 효과를 거두었다면, ② 하고 싶지 않은 일이라도 잘 알고 이해해서 하면 1.6의 효과를 거둘 수 있고, ③ 하고 싶은 일을 잘 이해한 뒤에 하면 1.6^2(2.56)의 효과를 거둘 수 있다는 경험 법칙입니다.

그럼 어떻게 하면 해야 할 일을 하고 싶은 일로 만들 수 있을까요? 많은 경우 능률이 오르지 않고 집중이 안 되는 것은 하기 싫은 일을 해야 하기 때문입니다. 의식적으로 왜 하기 싫은지 논리적으로 말할 수 있는 것도 있지만 대부분은 감정적으로 무조건 싫기 때문입니다. 그것은 과거 경험을 저장한 뇌 기억과 잠재의식 내 그 일이나 그 과정 혹은 방식에 대한 부정적 감정이 있기 때문입니다. 따라서 가장 좋은 방법은 잠재의식 내에 좋은 결과와 그에 따른 감정을 새롭게 심는 것입니다. 그것을 위해서 성령 안에서 그 일이 잘된 것을 계속해서 상상해보는 것이 절대적으로 필요합니다. 이 문장을 다시 한번 읽어보십시오. "잘될 것을 상상하는 것이 아니라 잘된 것을 상상하는 것입니다." 더 구체적인 것은 3부 3장과 4

부 2장을 참고하십시오.

뇌 기억과 잠재의식은 현실과 상상을 구분하지 않습니다. 따라서 좋은 결과가 나타난 것을 계속 상상하면 그 일에 대해서 긍정적인 감정이 생기게 됩니다. 감정이 긍정적으로 변하면, 그 일에 관심이 생기고 해보고자 하는 의지력이 발동합니다. 이때 고도의 TIME(생각, 관심, 기분, 에너지)이 이루어지며 몰입 상태에 도달하게 됩니다.

4) 집중할 수 있는 때를 파악하기

일상생활에서 스트레스나 환경이 기분에 영향을 미치지만 이러한 요소는 외부적 요인이며 좀 더 기본적으로는 생체에너지라는 내부적 요인이 기분에 큰 영향을 미칩니다. 따라서 일상생활에서 기분의 고저는 하루 중 생체리듬의 활력(생체에너지)에 가장 큰 영향을 받게 됩니다. 자신의 하루 기분의 상태를 쉽게 파악할 수 있는 방법 중 하나는 사람들의 에너지 평균 일주기를 참고하는 것입니다. 수십만 명의 아침형 사람들을 대상으로 조사한 결과, 하루의 에너지(능률) 곡선은 다음과 같습니다.

새벽부터 오전 10시 정도까지는 에너지와 능률이 지속적으로 증가하여 최고에 이르고, 이후 오후 2-4시에는 침체되었다가 다시 증가하여 저녁 8시 정도에 두 번째 정점에 이르는 패턴을 보입니다. 한편, 업무량이 많은 사람들의 하루 긴장도를 조사해보면 평균적으로 에너지가 가장 낮을 때인 늦은 오후 5시경에 긴장도가 가장 높게 나타납니다.

가장 좋은 생활은 에너지 변화 패턴과 긴장 패턴이 비슷한 경향을 갖도록 하는 것입니다. 오전 5-6시 사이는 에너지가 최고조는 아니지만 상

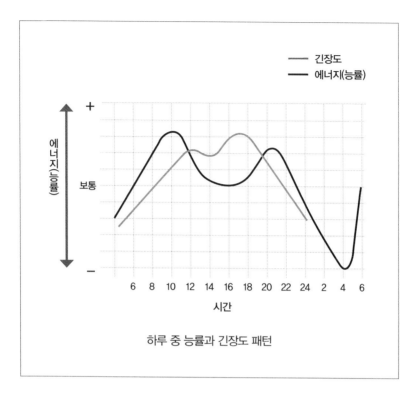

긴장도
에너지(능률)

에 너 지 (능 률)

\+

보통

\-

6 8 10 12 14 16 18 20 22 24 2 4 6

시간

하루 중 능률과 긴장도 패턴

승하는 때이고, 혼적인 측면보다는 영적인 측면이 최상일 때입니다. 따라서 이때는 업무적인 일보다는 오히려 기도하고 하나님께 지혜와 영감을 받는 시간으로서 최적입니다.

　에너지의 절대적인 높낮이는 사람마다 다르지만, 상대적 리듬 변화는 공통적입니다. 따라서 이것을 기초로 하여 여기에 ① 하루 중 가장 능률이 높고 에너지가 넘치고 창의력이 발휘되는 시간대는 언제인가? ② 일이 귀찮아지거나 집중력이 떨어지는 시간대는 언제인가? ③ 피곤해지고 몸의 에너지가 고갈되는 것처럼 느껴지는 시간대는 언제인가? 등과 같은 사항을 참고하여 자신만의 에너지 패턴 곡선을 만들어 활용하면 좋을 것입니다.

5) 작업 장소를 옮겨 분위기 바꿔보기

동일한 환경이 지속될 때는 비록 의식적으로 인식하지는 못하지만 무의식 가운데서 뇌는 점점 더 비활성화되고 마침내 잠이 오게 됩니다. 따라서 새로운 환경과 분위기를 만들어줌으로써 집중력과 창의력을 높일 수 있습니다. 조용한 도서관에서 공부하다가 피곤하고 지칠 때 소란스러운 커피숍에 가서 하면 마음이 새로워지고 집중이 더 잘 되는 것을 체험해보셨을 것입니다. 그것은 일종의 백색 소음(white noise)[9]이라는 환경 때문입니다. 백색 소음은 규칙적이고 넓은 음폭을 가진 주파수의 소리이기 때문에 소음인데도 귀에 거슬리기보다 오히려 심신의 안정과 집중력의 향상에 효과적입니다. 이런 상태에서 뇌는 각성과 안정을 유지시키는 알파파를 발생시킵니다. 조용한 피아노 소리, 빗소리, 파도 소리, 폭포 소리, 풀벌레 소리 등이 이에 속합니다.

6) 자주 휴식 취하기

휴식 없이 계속 집중해서 일하기란 불가능합니다. 근육도 많이 사용하면 피로해지듯이 정신에너지도 계속해서 너무 많이 사용하면 피로감에

---

9) 넓은 주파수 범위에서 거의 일정한 주파수 스펙트럼을 가지는 신호로 특정한 의미를 가지거나 정보를 주는 것 없이 단지 전체적인 소음 레벨로서 받아들이는 음이다. 백색 소음은 귀에 쉽게 익숙해지기 때문에 작업에 방해되는 일이 거의 없으며, 오히려 거슬리는 주변 소음을 덮어주는 작용을 한다.

빠지게 되기 때문입니다. 연구에 따르면 집중력과 업무능률은 정(+)의 상관관계를 가지며 대개 50분이 지난 뒤 급격하게 저하된다고 합니다. 그런데 업무능률이 서서히 저하되기 때문에 집중력이 떨어지고 있다는 사실을 자각하지 못하는 것이 문제입니다. 그러면 업무능률을 계속 높이기 위해서 더 많은 에너지와 시간을 투자해야 하는 악순환에 빠지게 됩니다. 실제로 많은 경우 이 사실을 제대로 알지 못해 녹초가 될 때까지 지속적으로 밀어붙이곤 합니다.

이 악순환에서 벗어나기 위한 가장 좋은 방법은 일정 기간 집중 후 휴식 시간을 갖는 것입니다. 휴식을 자주 하면 업무가 끊긴다고 생각할지 모르지만 그것은 단지 생각일 뿐 결코 그렇지 않습니다. 문제는 어떤 휴식을 취하느냐에 달렸습니다. 내 기분을 좋게 해주는 다른 일(지금 당장 하지 않아도 되고 별로 중요하지도 않은 일)에 TIME 하면 샛길로 빠지지만, 단순히 지금 하던 생각에서 벗어나 마음을 자유스러운 상태에 두면 자연스럽게 정신에너지가 재충전되고 하던 일에 창의력이 더 나타나는 것으로 밝혀졌습니다. 실제로 50분 집중하고 15분 쉬는 것보다 25분 집중하고 5분씩 쉴 때 집중도가 훨씬 높고 계속 지속되는 것으로 밝혀졌습니다.

집중하는 시간은 각자 정신에너지의 리듬에 따라 다르며, 나이가 들수록 집중하는 시간이 짧아질 것입니다. 대개 자신이 정한 업무를 마친 다음 쉬는 것이 휴식이라고 생각하는데, 이 사실을 제대로 인지한다면 휴식을 엄연히 업무의 일부로 생각해야 합니다. 최상의 몰입상태를 유지하기 위해 주기적으로 휴식을 갖는 것이 절대적으로 필요합니다.

주기적인 휴식이 이렇게 중요한데도 대수롭지 않게 생각하기 때문에

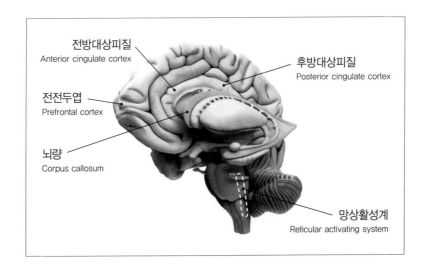

전방대상피질
Anterior cingulate cortex

후방대상피질
Posterior cingulate cortex

전전두엽
Prefrontal cortex

뇌량
Corpus callosum

망상활성계
Reticular activating system

좀 더 과학적으로 깊이 있게 설명할 필요가 있습니다. 육체의 경우는 굳어진 근육, 혈액순환 장애, 자율신경계의 부조화 등을 간단한 스트레치와 심호흡으로 풀 수 있습니다. 한편 정신적 피로를 회복시키기 위해서는 마음의 활동을 멈춤으로 뇌 전전두엽 부위의 의식적인 사고활동뿐만 아니라 DMN(Default Mode Network)의 활성화도 낮추어야 합니다. 인간의 뇌는 체중의 2퍼센트 정도의 크기이지만 신체가 소비하는 전체 에너지의 20퍼센트를 사용합니다. 이 뇌가 소비하는 에너지의 60-80퍼센트는 DMN의 유지에 사용됩니다. DMN은 뇌의 전전두엽, 후방대상피질, 설전부, 하두정소엽으로 구성된 뇌 내 네트워크로 뇌가 의식적으로 활동하지 않을 때 작동하는 기초활동을 말합니다. 뇌를 적절하게 쉬게 하지 않으면, 휴식을 취해도 이 DMN이 과도하게 작동하게 되고 그렇게 되면 뇌는 점점 지치고, 뇌의 피로가 곧 우리가 지쳤다는 느낌이 들게 합니다.

의학적으로 볼 때 끊임없는 TIME을 통해 자기를 의식하고자 하는 것을 관리하는 부위가 바로 후방대상피질(posterior cingulate cortex)입니다. 이 후방대상피질의 활동이 저하되면서 자기의식이 줄어든 상태에서 몰입할 수 있게 된다고 합니다. 자기를 의식하지 않는, 다른 말로 하면 판단과 평가를 하지 않고 자신의 방식대로 느끼지 않는 상태에서 하는 TIME이 바로 몰입 상태이고, 이때 집중력이 극대화된다는 것입니다. 연구에 따르면 명상을 오래 한 사람일수록 뇌의 후방대상피질의 활동이 저조한 것으로 나타났습니다.

하던 일을 멈추고 휴식한다는 것은 그리스도인들에게 단순히 육체와 정신의 피로를 회복시키는 것보다 훨씬 중요한 의미를 가집니다. 그것은 성령의 임재 안에서 마음을 새롭게 하는 것으로, 거짓자아에 속지 않고 예수 그리스도 안에서 지금 이 순간을 있는 그대로 보는 것이기 때문입니다. 이것이야말로 최고의 안식이고 몰입이라고 볼 수 있을 것입니다. 그것은 그리스도 안에서(속사람이) 자신의 마음(겉사람)에서 일어나는 다양한 상념들을 관여함 없이 그저 바라보는 것입니다. 이것은 제한된 동일시와 심리적 시간이나 상상(판단하고 평가하고 추론하는 것) 없이 단지 지금 이 순간 있는 그대로 바라보는 것입니다. 이때 하나님의 생명의 빛이 자신의 마음을 비추게 되며, 가장 빠르고 효과적으로 정신적 휴식을 취할 수 있게 됩니다. 약간의 훈련이 필요하지만 익숙해지면 단 1분으로도 엄청난 효과를 볼 수 있습니다. 앞서 언급한 호흡묵상기도를 실천해보십시오.

하나님 아는 것을 대적하여 높아진 것을 다 무너뜨리고 모든 생각을 사로잡아

그리스도에게 복종하게 하니 고후 10:5

오직 너희의 심령이 새롭게 되어 엡 4:23

Instead, let the Spirit renew your thoughts and attitudes, NLT

06

매일 기록하는 삶을 살자

~

영감은 누구에게나 주어진다.
문제는 그것을 기록하느냐 그러지 않느냐의 차이일 뿐이다.

다른 사람의 말을 듣고 있으면 대부분 그것을 기억할 것 같지만 그 시간과 장소에서 벗어나 다른 일상 업무를 하다보면 까맣게 잊어버리는 것은 너무 흔한 일입니다.

기억의 한계를 인정하라

더욱이 한순간에도 여러 상황에 대처해야 할 때가 많으므로 단순히 기억에만 의존하는 것은 매우 어리석습니다. 특히 어떤 생각이 불현듯 떠올랐을 때 그 순간 메모하지 않는다면 곧바로 다른 생각을 하게 되고, 이

전 생각은 기억 뒤편으로 사라져버립니다. 아무리 머리가 좋은 사람도 자신의 생각을 오랫동안 정확하게 기억하기는 어렵습니다. 가끔씩 다른 때에 기억날 수도 있지만 대부분은 사라지고 맙니다. 이렇게 자신의 생각을 기록하지 않는 것은 자신에게 보내주신 하나님의 선물을 받지 않고 버리는 것과 같습니다.

한 생각은 다른 생각을 떠올리게 합니다. 머리에 든 생각은 논리적으로 일정한 방향으로 나아가거나 또는 다차원적으로 옮겨 다닙니다. 그럴 경우 몇 단계 못 가서 지난 생각은 사라지곤 합니다. 그러나 머리에 든 생각을 기록하면 그것에 기초하여 논리적이며 체계적으로 생각을 연상하게 될 뿐만 아니라 다시 원위치로 되돌아와서 다시 다른 방향으로 사고를 전개시킬 수도 있습니다. 인간의 기억력에는 한계가 있다는 것을 받아들여야 합니다. 본래 우리의 뇌는 저장뿐 아니라 논리적이고 창의적인 사고를 하는 기관입니다. 기억하는 데 의식을 집중하게 되면 창의적인 사고력은 감소하게 마련입니다.

또 하나 중요한 사실은 머릿속으로 생각만 할 때는 자신이 익혀온 사고체계에 따른 자동 사고를 하게 된다는 것입니다. 그럴 경우 대부분 있는 그대로를 직시하지 못하고 자신의 경험과 더불어 그때 가지는 감정, 미래에 대한 자신만의 사고체계에 빠져 상황을 제대로 파악하지 못하게 됩니다. 자신의 마음이 조건화된 프로그램에 끌려가게 하고, 머리의 사고를 습관적 자동 사고에 맡긴다면 결코 합리적이고 창의적인 삶을 살 수 없을 뿐 아니라 비현실적이고, 근거도 없고 실체도 없는 부정적 판단과 감정으로 살아갈 수밖에 없을 것입니다.

또한 많은 사람이 과거의 일들을 자신의 기억에 의존하여 생각하고 판단합니다. 통념적으로 한 번 기억한 것은 변화될 수 없다고 생각합니다. 그러나 연구에 따르면, 떠올린 기억은 재생할 때의 상황과 자신의 상태, 그것에 대해서 어떻게 판단하고 느끼느냐에 따라 변화되며 그것을 다시 자신의 장기 기억에 저장한다고 합니다. 그렇게 저장된 것을 다시 재생하여 생각하기 때문에 스스로는 자신의 기억이 변화되었다는 것을 알지 못한다는 것이 과학적으로 밝혀졌습니다. 결국 현재뿐 아니라 과거의 일에 대한 객관적이고, 합리적이고, 정확한 사고를 하기 위해서는 그 당시 자신의 생각을 기록한 것을 다시 보아야 합니다. 인생의 성공과 실패는 기록에서 판가름 난다고 해도 과언이 아닙니다.

기록하는 삶을 살아야 하는 이유

해야 할 일을 생각하면 내일 당장 해야 할 일 뿐만 아니라 앞으로 해야 할 일과 했던 일 중에서 다시 점검하고 새로 해야 할 일까지 수많은 생각이 들 것입니다. 수많은 생각과 아이디어, 영감을 하나님의 뜻대로 지혜롭게 분별하고, 해야 할 일과 하지 말아야 할 일을 구분하기 위해서, 주의 뜻이 무엇인지 알기 위해서, 그리고 염려나 걱정을 왜 하고 있는지 등을 알기 위해서는 생각나는 대로 노트에 기록하는 것이 반드시 필요합니다. 스쳐 지나가는 생각을 어떻게 기록하느냐가 당신의 삶을 결정짓는다고 해도 과언이 아닙니다. 요즘 우리는 타인의 지식과 경험을 알기 위해 인터넷 포털 사이트(portal site)에서 검색합니다. 그렇다면 자신의 지식과 경험은 어디에서 어떻게 검색해야 합니까? 자신의 삶을 기록한 노트는 바로 자신의 두뇌와 마음의 검색 포털 사이트와 같습니다.

그렇지만 사람들은 대부분 자신의 삶을 기록하는 것을 귀찮아하거나 시간 낭비라고 생각합니다. 그렇게 구체적으로 기록할 시간이면 더 많은 일을 할 수 있으리라 생각하기 때문입니다. 정말 우리에게 필요하고 중요한 것은 더 많은 일이 아니라 하나님이 말씀하신 것이 무엇인지, 그리고 우리가 어떻게 반응했는지를 아는 것입니다. 그것을 어디에서 찾을 수 있겠습니까? 바로 자신이 기록한 노트입니다.

기록을 통해 생각을 표면화시킬 때 얻을 수 있는 유익은 매우 다양합니다.

1) 정확한 판단을 할 수 있다

정리되지 않은 정보를 주관적으로 생각하기보다 표면화시켜 기록할 때 더 객관적으로 정확히 판단할 수 있습니다. 한마디로 복잡한 마음의 생각을 정리할 수 있습니다. 내 자신의 일이지만 내 마음속으로 생각하고 느끼는 것과 그것을 기록하여 객관화시켜서 다시 보는 것은 완전히 다릅니다. 머릿속에 정리되지 않은 수많은 생각은 그때의 감정과 연합되어 정확하게 판단할 수 없지만, 기록할 때는 좀 더 명확화, 객관화, 구체화되기 때문에 합리적으로 판단할 수 있게 됩니다. 해야 할 일과 하지 말아야 할 일, 할 수 있는 일과 할 수 없는 일, 해야 할 것 같은 일과 하지 않아도 될 일 등을 분명히 판단할 수 있게 됩니다. 더 구체적인 것은 4부 5장을 참고하십시오.

2) 자신의 내면을 더 정확히 볼 수 있다

기록된 것을 성령의 조명 아래 다시 볼 때 개인적인 상처나 감정, 자신의 자동화된 습관 그리고 욕심 등을 더 쉽게 분별하여 제거할 수 있고, 그 의도와 행동을 파악하여 쉽게 고쳐갈 수 있습니다. 기록은 머릿속에 있는 불필요한 망상을 없애주고, 상상을 현실 가능한 일로 만들어주는 신비한 도구입니다.

3) 잊어버릴 걱정을 하지 않아도 된다

기록해두면 언제나 찾아볼 수 있어서 잊어버리는 것에 대한 두려움이 사라집니다. 단기 기억에 저장된 생각들 중에는 지금 당장 필요치 않더라도 매우 중요한 사항들이 들어 있을 수 있습니다. 그런 생각들은 어디에 기록해놓지 않으면 쉽게 사라집니다. 어떤 일을 하는 도중에 다른 생각들이 갑자기 떠오르는 것을 많이 경험했을 것입니다. 그럴 때 그 생각을 잊지 않기 위해서 기억하려고 애쓰다보면 본래 일을 제대로 하지 못합니다. 따라서 아이디어나 영감이 떠오르면 곧바로 기록해야 합니다. 스트레스를 받지 않고 지금의 일에 전념하기 위해서입니다. 과거에 학교 다닐 때는 잊지 않기 위해서 기록했다면, 지금은 잊기 위해서 기록하는 것입니다.

4) 뇌의 망상활성계를 활성화시킨다

뇌의 망상활성계(RAS, Reticular Activating System)는 뇌의 각성, 흥분, 집중 등에 관여하는데, 이 망상활성계를 깨우고 활성화시키는 가장 좋은 방법이 바로 손으로 기록하는 것입니다. 인체에는 모두 206개의 뼈가 있는데 이 가운데 54개가 양손에 몰려 있습니다. 글씨를 쓰려면 이 손가락을 수차례 움직이게 되는데, 이 과정에서 뇌 내부의 사고와 언어를 담당하는 부분, 그리고 정보를 저장하고 관리하는 부분이 더욱 활발하게 작동합니다. 조사에 따르면 컴퓨터 키보드를 치는 것보다 자신이 직접 글을 쓸 때 망상활성계가 훨씬 활성화되는 것으로 나타났습니다. 그리고 손을 통한 움직임과 더불어 글을 씀으로써 주어지는 인지적, 감각적 자극은 좌뇌와 우뇌 모두 활성화시키는 것으로 나타났습니다. 이러한 뇌의 작용은 궁극적으로 잠재의식 내 새로운 프로그램을 형성시킴으로써 자신의 습관을 변화시키는 기초가 됩니다.

5) 영적인 일에 민감하게 된다

살아가면서 소소하지만 잊지 말고 해야 할 일들이 많이 있습니다. 그럴 경우 다른 일을 하는 동안 잊어버리지 않기 위해서 늘 그 일에 신경을 쓰게 되면 우리의 신경과 의식은 거기에 묶여 자유롭지 못하게 되어, 더 창의적이고 영적인 것을 받아들일 수 없습니다. 실제로 대부분의 위대한 발견과 창조적 영감은 어떤 일에 최선을 다할 때가 아니라 그 상태에서 뇌와 마음에 불필요한 압박감을 주지 않을 때 자연스럽게 나타난 것들입니다. 하나님의 음성을 듣는 것도 마찬가지입니다. 자신의 뇌와 마음에 불필요한 압박을 제거할 때 심령으로부터 성령의 자연적 흐름을 통하여 주시는 주의 감동에 보다 민감해질 수 있습니다.

6) 삶을 변화시킬 수 있다

우리는 매일 하나님나라의 라이프스타일을 추구해야 합니다. 그러려면 다른 사람과 환경에 휘둘리지 않고 하나님나라의 사고방식으로 살아야 합니다. 그리고 자신의 생활을 계획(plan)하고 실천(do)하고 평가(evaluate)하고 개선(refine)할 줄 알아야 합니다. 이런 일을 가능하게 하는 것이 바로 '기록하는 삶'입니다. 우리는 기록에 기초하여 매일 삶을 되돌아봄으로써 변화의 정도와 방향을 볼 수 있고, 그것에 기초하여 개선뿐만 아니라 새로운 계획을 세울 수도 있게 됩니다.

7) 심신의 건강을 유지한다

'hightechnology' 시대에 'hightouch'로 삶의 균형을 맞춤으로 테크놀로지 중독에서 벗어나게 됩니다. 그리고 생각하고 느끼며 자신의 손으로 직접 글을 쓸 때 일과 중 스트레스로 인한 자율신경계의 교감신경과 부교감신경의 불균형이 회복됨으로 혈관계와 면역체계가 다시 정상화됩니다.

8) 기록은 인생의 항해일지이다

떠오르는 모든 생각을 일단 기록하여 표면화시키고 후에 다시 정리하는 것이 중요합니다. 저는 이 일을 위해서 언제 어디서든지 기록할 수 있는 노트와 휴대폰을 항상 함께 가지고 다닙니다. 특별히 잠자기 전에는 오늘의 삶을 평가하고 행한 일과 내일 해야 할 일들을 정리한 다음 그 노트를 반드시 옆에 두고 잠을 청합니다. 다음 날 아침에는 꿈에서 보인 것들, 새로운 아이디어나 영감이 떠오르는 것들을 즉시 기록합니다. 그것은 인생의 즐거움이며, 하나님께서 각자를 위해 계획하신 작품을 만드는 창작활동입니다.

노트는 하나님과의 교제 수단으로 가장 적합하다

1) 킹덤 빌더에게 노트는 왜 필수적인가?

하나님의 자녀인 우리 모두는 이 땅에 사는 동안 하나님의 자녀로서 주께서 나를 지으신 목적대로 살기를 원합니다. 그 일을 위해서는 주님께서 나에게 주신 소명과 비전이 무엇인지, 하나님께서 나에게 말씀하시는 것이 무엇인지, 나는 그 말씀에 어떻게 응답하고 있는지 알아야 합니다. 그리고 매일 마음을 새롭게 함으로써 주를 더 나타내는 삶을 훈련해야 합니다.

> 우리는 그가 만드신 바라 그리스도 예수 안에서 선한 일을 위하여 지으심을 받은 자니 이 일은 하나님이 전에 예비하사 우리로 그 가운데서 행하게 하려 하심이니라 엡 2:10

> 너희는 이 세대를 본받지 말고 오직 마음을 새롭게 함으로 변화를 받아 하나님의 선하시고 기뻐하시고 온전하신 뜻이 무엇인지 분별하도록 하라 롬 12:2

그러면 이런 삶을 어떻게 살 수 있을까요? 이런 삶을 살기 위해서는 성경의 말씀, 내 삶의 기록 그리고 하나님과의 교제를 위한 기도가 필요합니다. 영적 성숙의 비밀은 바로 기록하는 삶입니다.

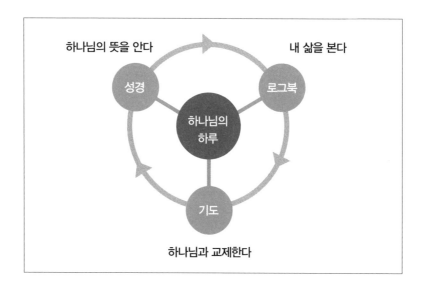

① 성경 말씀

하나님의 자녀의 삶을 살기 위해서는 현실이나 다른 사람의 말이나 내 경험에 기초한 생각대로 사는 것이 아니라 삶과 사고방식의 절대적인 기준이 있어야 합니다. 그 기준은 바로 성경 말씀입니다. 모든 것은 진리의 말씀에 기초하여 판단 받아야 하고, 그 말씀에 따라 생각하고 행동해야 합니다. 왜냐하면 말씀이 바로 하나님이시기 때문입니다.

② 내 삶의 기록

우리는 삶을 있는 그대로 볼 줄 알아야 합니다. 이미 언급한 바와 같이 우리는 제한된 동일시와 심리적 시간과 상상으로 현실을 제대로 보지 못하고, 자신의 생각과 상상으로 현실을 만들어갈 뿐입니다. 고통과 괴로움은 대부분 자신과 현실을 정직하게 있는 그대로 보지 못하기 때문에 생긴 것입니다. 삶을 정확히 보려면 자기 마음의 생각과 느낌 그리고 행동을 객관적으로 기록하고 그것을 성령의 조명 아래 평가해야 합니다. 그것이 바로 기록하는 이유입니다.

우리는 모든 것을 기억하지 못합니다. 하나님께서 과거 나에게 말씀하신 것을 어떻게 다 기억할 수 있습니까? 하나님께서 그 말씀을 어떻게 이루셨는지, 내가 그 말씀에 정말 순종했는지 어떻게 알 수 있습니까? 하나님께서 내 미래에 대해서 무엇이라고 말씀하고 계신지 어떻게 알 수 있습니까? 내 삶의 모든 것(과거 현재 미래, 삶의 전 영역, 모든 상황과 관계)을 내 머리의 생각만으로는 온전하고 균형 잡히게 볼 수 없습니다. 영화관의 스크린처럼 내 삶을 한눈에 볼 수 있는 가장 좋은 방법은 바로 노트에 기록하는 것입니다. 우리 모두는 자기 인생의 연수만큼 기록한 노트가 있어야 합니다. 그리고 하늘에서 매일의 내 삶을 기록하시는 그분의 노트와 비교해보면서 자신의 삶을 수정해 나가야 합니다.

③ 기도

매일 이 땅에서 주의 선한 일을 행하기 위해서는 하나님과 교제해야 합니다. 그것이 바로 성령 안에서 기도하는 이유입니다. 무엇을 가지고 기도해야 합니까? 어떻게 기도해야 합니까? 하나님의 기준과 자신의 삶을 정직하게 본 사람만이 온전한 기도를 할 수 있습니다. 그렇지 않으면 자기 욕심을 채우기 위해서 하나님을 이용하는 기도를 드릴 수밖에 없습니다.

우리는 더 이상 자신을 위해서 사는 존재가 아니라 예수 그리스도를 나타내는 삶을 사는 존재입니다. 내 삶이 아니라 주님의 삶을 사는 자라면 우리에게는 더 이상 나의 하루는 존재하지 않습니다. 오직 하나님의 하루를 살아갈 뿐입니다. 하나님의 하루를 살기 위해서는 말씀, 기록된 노트, 교제가 절대적으로 필요합니다.

과거에 내 삶은 별 볼 일 없었고 기록에 남길 만한 것도 없었습니다. 잊어버리고 싶고 지워버리고 싶은 것이 대부분이었기 때문입니다. 그러나 지금의 내 삶은 그렇지 않습니다. 나의 기록이 아니라 하나님께서 나에 대하여 최선을 다한 기록이기 때문입니다. 노트를 읽을 때마다 지나온 내 삶의 상황을 볼 수 있고, 하나님께서 언제 어떻게 함께하셨고 내 삶에 개입하셨는지 분명히 볼 수 있게 됩니다.

내 과거의 경험을 기억하고 그것을 토대로 현재와 미래를 생각하는 것이 아니라, 그 과거에 하나님께서 내 삶에 대해 어떻게 말씀하시고 개입하셨으며, 그것에 대해서 내가 어떻게 반응했는지가 중요합니다. 그 과거가 필요한 것이지, 과거의 내 경험이 중요한 것이 아닙니다. 저는 과거의 경험에 기초하여 내 자신의 존재와 능력을 한정짓기를 정말 싫어합니다. 왜냐하면 내 과거는 별 볼 일 없고 또한 그것은 진리에 기초한 것이 아니기 때문입니다. 나는 그리스도 안에 있는 새로운 피조물로서 내 과거의 경험에 기초하여 내 자신을 인식하는 존재가 아닙니다. 오늘 지금

이 순간 나와 함께하시는 하나님에 의해서 내 자신이 존재합니다. 자투리 시간에는 언제 어디서라도 노트를 보는 습관을 가지세요. 그 안에 당신 삶의 과거, 현재, 미래가 다 들어 있습니다.

노트는 인생의 항해일지이고 자신의 외부 뇌입니다.

자신이 살아가는 방식을 비추는 거울입니다.

자신의 삶을 조직화하고 구조화하는 최고의 도구입니다.

시간 장부이고 인생의 기록입니다.

평생을 함께하는 최고의 개인비서입니다.

당신은 개인적인 삶의 비밀을 누구와 나눕니까? 먼저 노트와 나누어 보세요. 그리고 하나님과 대화하십시오. 분명히 당신의 삶이 변화될 것입니다.

2) 어떤 노트가 필요한가?

우리는 용도에 따라 메모수첩, 다이어리, 플래너 등으로 불리는 노트를 사용합니다. 그러나 매일의 삶을 있는 그대로 기록하고, 그 기록에 기초하여 자신의 삶을 변화시키기 위해서는 노트가 아니라 하나하루 로그북(logbook)이 필요합니다. 하나하루란 하나의 노트에 하루의 전부가 기록되어야 한다는 뜻이며, 동시에 하나님의 하루를 의미하기도 합니다. 로그북은 항해일지라는 뜻이며, 하나님께서 주신 목적지를 향해서 매일 온전하게 나아가기 위해서는 자신의 항해를 정확하게 기록하는 것이 절대적으로 필요합니다.

예수 그리스도 안에서 하나님의 자녀 된 우리는 주어진 매일 LIFE(가정, 직장, 교회 그리고 문화생활이라는 삶터에서 일, 관계, 시간, 재정, 건강이라는 삶의 요소를 주님의 뜻에 따라 이루어가는)를 성경의 말씀과 항해일지에 기초하여 주님과 교제하며 살아가야 합니다.

목적이 수단이 되는 삶을 살기 위해서는 자신의 과거, 현재, 미래를 한꺼번에 보면서 기록할 수 있는 노트가 있어야 합니다. 일상의 삶과 모든 업무와 일정은 유기적으로 연결되어 있어야 하고, 한 곳에서 일목요연하게 볼 수 있어야 합니다. 자신의 인생을 여러 권의 노트로 나누어 정리하는 것은 자신의 삶을 찢어서 따로 보관하는 것과 다름없습니다. 하루에 여러 가지 많은 일이 일어나며 심지어 겹치기도 합니다. 그것들이 모두 어우러져 삶을 이룹니다. 따라서 모든 일은 한 권의 노트에 기록되어야 하며, 그 노트가 내 삶 전부를 말해주는 모체(母體)가 되어야 합니다.

삶은 한 곳에 기록되어야 하되, 정보만이 아니라 삶 자체가 기록되어야 합니다. 따라서 정해진 틀이나 날짜 때문에 지면의 제한을 받지 않고 자유롭게 쓸 수 있는 로그북이 필요합니다. 또한 자신의 기록을 쉽게 찾아볼 수 있는 검색 기능이 있어야 하고, 한 번에 일, 주간, 월, 년 등을 자유롭게 비교하며 자신의 삶을 계획할 수 있어야 합니다. 로그북에 자신의 삶을 기록하는 것은 자신의 인생을 즐기는 것이고, 하나님과 교제하는 것이고, 자신을 더 좋은 하나님의 작품으로 만들어가는 일이 되어야 합니다. 따라서 나만의 작품을 만들어 갈 수 있는 다양한 포맷과 디자인이 가능한 로그북이 필요합니다. 이 로그북이 필요한 분은 저의 오랜 기

하나님의 자녀는

LIFE에 대한

HANAHARU LOGBOOK

하나하루 로그북(HANAHARU LOGBOOK)은
하나님의 자녀가 하나님의 하루를 살기 위해서
하나의 노트에 하루 전부를 기록하는
항해일지라는 뜻입니다.

절대불변의 진리인 성경의 **말씀**과
자신의 삶을 정확하고 솔직하게 평가한 **기록**을
가지고 주님과 기도로 **교제**하며

매일의 **삶**을 살아가야 합니다.

록 노하우를 담아 최근에 출시된 '하나하루 로그북(하나하루)'을 사용해
보기를 권합니다(www.hana-haru.com). 자세한 예는 5부 '하나하루 실
천편'에서 볼 수 있습니다.

3) 노트만 있으면 충분한가?

만약 노트만 가지고 산다면 원시인이나 다름없을 것입니다. 오늘날
모든 사람이 휴대폰을 들고 다닙니다. 만약 휴대폰이 없으면 자신의 존
재 일부가 사라진 느낌을 가질 것입니다. 노트도 그렇게 되어야 합니다.
로그북이 실이면 휴대폰은 바늘이고 컴퓨터는 옷입니다. 휴대폰에 삶을
편리하게 해주는 정보가 들어 있다면, 노트는 당신의 삶 자체가 들어 있

는 원장(元帳)이 되어야 합니다. 어떤 일이나 상황에서도 휴대폰과 노트는 항상 함께 가지고 다니고, 상담할 때나 일을 할 때는 먼저 노트를 옆에 펼쳐놓고 시작하십시오. 매일 일과 동안에도 한 일과 떠오르는 아이디어와 영감(I&I, Idea & Inspiration), 할 일(TDL, To Do List), 과업(TL, Task List), 모임과 약속(M&A, Meeting & Appointment) 등 생각나는 대로 적어두는 것이 중요합니다. 제일 좋은 방법은 디지로그(Digilog, 디지털 기술과 아날로그적 요소를 융합시키는 것)의 삶을 사는 것입니다. 일단 모든 일은 노트에 기록하고, 어떤 일이 결정되면 그 업무나 일정은 간략히 휴대폰의 플래너에 기록하십시오. 필요하다면 노트의 내용을 휴대폰 카메라로 찍어서 보관해두면 됩니다.

노트에 모든 것을 구체적, 체계적으로 다 정리할 수는 없습니다. 따라서 주기적으로 노트의 내용을 분류, 보관, 가공할 필요가 있습니다. 그러기 위해서는 컴퓨터를 사용해야 합니다. 컴퓨터에 기록해두면 언제라도 검색하고 활용할 수 있기 때문입니다. 저는 거의 매일 노트의 내용을 컴퓨터에 가공하여 보관합니다. 컴퓨터 내에서도 1차 가공한 내용과 또한 그것을 필요한 곳에 가져가 2차 가공하여 기록한 것들을 알 수 있도록 표시해둡니다.

매일 생기는 서류, 홍보물, 편지 등 각종 자료들을 가장 잘 정리하는 방법은 무엇일까요? 많은 사람이 자신만의 노하우를 사용하여 정리 보관합니다. 그것은 나중에 필요할 때 쉽게 찾기 위해서입니다. 여러 가지 방법을 제안할 수 있지만 각종 자료들, 특히 분류하기 애매한 자료들을 보관하는 것은 쉽지 않은 일입니다. 또한 양이 많아지면 어차피 검색표

로그북은 자신의 삶을 총체적으로 나타내는 원장(元帳, ledger)입니다.
메모, 아이디어, 영감, 한 일과 해야 할 일, 계획, 중요도와
우선순위 결정 등 삶의 흐름을 있는 그대로 기록하는 곳입니다.

핸드폰

확정된 일정과 해야 할 업무

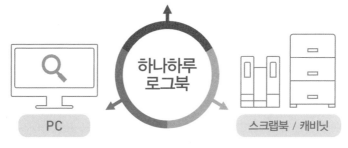

하나하루
로그북

PC

분류, 보관, 자료 검색, 가공과 활용

스크랩북 / 캐비닛

서류, 브로슈어, 사진 등

로그북을 기반으로
확정된 업무와 일정은 핸드폰의 캘린더에,
기록의 가공과 활용, 분류와 보관은 PC에,
필요한 자료는 스크랩북이나 캐비닛에 보관함으로써
디지로그(Digilog)의 삶을 실현할 수 있습니다.

를 만들어야 합니다. 저의 경우 가장 좋은 방법은 분류 없이 날짜별로 캐비닛에 단순히 보관하는 것이라는 결론을 내렸습니다. 보관된 자료에는 노트에 보관되어 있다는 표시를 하고, 필요시 검색란에 기입하여 그 자료들이 어디에 있는지 쉽게 찾아볼 수 있도록 하였습니다. 그리고 1년에 한 번 정도 캐비닛을 정리하여 불필요한 자료들은 없애버립니다.

매일의 삶을 계획-실행-평가-개선하라

좀 더 나은 삶을 살기 위해서 노력하지만 실패하는 이유는 첫째, 목표를 설정하지 않거나 설령 있다 하더라도 자신의 비전과 일치하지 않는 목표를 세웠기 때문이고, 둘째, 목표는 있지만 실제적으로 그 목표를 이룰 수 있는 구체적인 계획이 없기 때문이고, 셋째, 계획은 있지만 매일의 삶을 통해서 그 계획을 추진하고 평가하는 일정 및 시간 관리가 없기 때문입니다. 마지막으로 생각해볼 수 있는 네 번째 이유는 마음 관리를 하지 않기 때문입니다.

> 그러므로 나는 달음질하기를 향방 없는 것같이 아니하고 싸우기를 허공을 치는 것같이 아니하며 고전 9:26

일단 목표가 정해졌으면 매일 PDER(계획-실행-평가-개선) 과정이 매일 또는 주간/월간에 있어야 합니다. 그것이 바로 일정 및 마음 관리입니다. 물론 평가는 질적인 면과 양적인 면 모두에서 이루어져야 합니다. 양적인 면은 얼마나 효율적이냐는 것으로, 목표의 우선순위로 볼 때 시간과 에너지가 적절히 관리되었는지 평가하는 것입니다. 한편 질적인 면은 얼마나 효과적이냐는 것으로, 목표한 대로 행한 것이 어떤 가치와 의미를 주는가, 그리고 그 행함을 통해서 평강과 기쁨이 있는가를 평가하는 것입니다.

> 너희 중의 누가 망대를 세우고자 할진대 자기의 가진 것이 준공하기까지에 족할는지 먼저 앉아 그 비용을 계산하지 아니하겠느냐 그렇게 아니하여 그 기초만 쌓고 능히 이루지 못하면 보는 자가 다 비웃어 이르되 이 사람이 공사를 시작하고 능히 이루지 못하였다 하리라 또 어떤 임금이 다른 임금과 싸우러 갈 때에 먼저 앉아 일만 명으로써 저 이만 명을 거느리고 오는 자를 대적할 수 있을까 헤아리지 아니하겠느냐 만일 못할 터이면 그가 아직 멀리 있을 때에 사신을 보내어 화친을 청할지니라 눅 14:28-32

이러한 PDER의 삶을 살기 위해서는 자신의 삶을 매일 기록해야 합니다. 매일의 생활은 삶터[가정, 직장, 교회(문화생활)]에서 삶의 요소(일, 관계, 시간, 재정, 건강)를 조화롭게 균형 있게 이루어감(알로스테시스해 나감)으로써 하나님을 더 나타내는 삶을 산다는 것입니다. 각자의 생명은 삶터에서 삶의 요소로 이루어지는 생활을 통해서 나타나며, 매일의 삶 안에서 통합되어야 합니다. 또한 계획-실행-평가-개선하는 모든 것이 한 노트에 기록되어야 합니다.

기록하는 삶은 영적 성숙의 핵심이고, 기록할 때 변화가 옵니다. 왜냐하면 기록을 통하여 자신의 마음과 그에 따른 행위를 객관적으로 판단

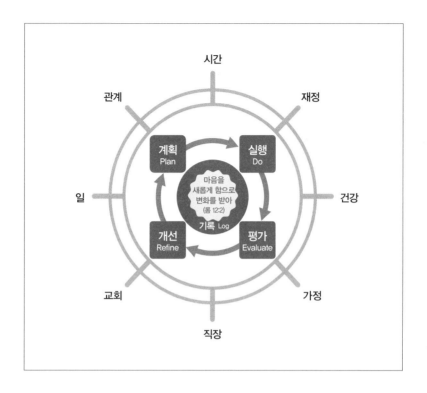

할 수 있고, 성령의 조명 아래 하나님의 마음으로 평가할 수 있고, 그럴 때 자신의 마음과 행동을 변화시킬 수 있기 때문입니다.

> 너희는 이 세대를 본받지 말고 오직 마음을 새롭게 함으로 변화를 받아 하나
> 님의 선하시고 기뻐하시고 온전하신 뜻이 무엇인지 분별하도록 하라 롬 12:2

흔히 직장에서는 PDER 식으로 기록은 하지만, 그 기록을 가지고 하나님과 교제하지는 않습니다. 하나님과 교제하지 않는 PDER은 생산성

을 높일 수 있을지 몰라도(좌측 그림), 마음을 새롭게 할 수는 없습니다. 그러나 매일 자신이 기록한 것을 가지고 하나님과 교제하면 그때 영적 성숙이 일어납니다(우측 그림).

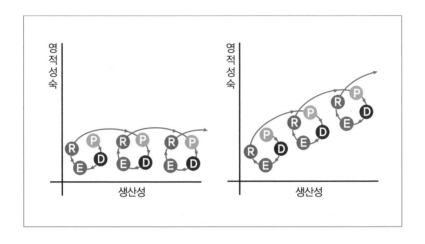

너희가 전에는 어둠이더니 이제는 주 안에서 빛이라 빛의 자녀들처럼 행하라

빛의 열매는 모든 착함과 의로움과 진실함에 있느니라 주를 기쁘시게 할 것이

무엇인가 시험하여 보라 엡 5:8-10

이미 언급한 바와 같이 노트에 삶을 기록하는 것은 ① 자신의 삶을 객관화시킬 수 있고, ② 목적이 수단이 되는 삶을 살 수 있게 하고, ③ 매일의 삶을 평가할 수 있게 되어 마음을 새롭게 할 수 있습니다. 세 번째에 해당되는 평가는 가장 소홀하게 되지만 가장 중요한 일입니다. 계획하고 실천은 하는데 평가하고 개선하지 않는다면 아무 의미가 없다는 것을

명심하십시오. 평가하고 개선하는 가장 좋은 방법은 계획할 때 그 실행의 정도를 평가하는 자신만의 체크리스트(예, 네모박스)를 만드는 것입니다. 이것은 단순하면서도 자신의 삶을 변화시킬 수 있는 가장 강력한 도구입니다. 매일, 주간, 월간 등 어떤 계획을 세울지라도 그것의 성과를 평가하기 위한 체크리스트를 만들어두는 것이 중요합니다.

노트 사용법을 배우라

노트에 기록하는 내용은 크게 직장, 가정, 종교, 공적 활동, 회의록, 직속 상사의 명, 재무 등으로 나누어볼 수 있을 것입니다. 좀 더 구체적으로는 꿈, 은혜 받은 일, 감사한 일, 말씀에 대한 묵상, 업무, 약속, 전화 및 회의내용, 주소나 전화번호, 읽었던 책이나 서류 내용, 지출내역, 결정사항, 일기, 갑자기 떠오른 아이디어와 영감, 주님이 내 마음에 부어주신 생각, 앞으로 필요하거나 기억할 필요가 있다고 판단되는 정보, 전달 내용, 위임할 내용, 다른 사람과 나눈 대화 등 수없이 많을 것입니다.

1) 일상과 관련된 사항

일상 관련 사항은 생각나는 대로 적되, 기록할 때는 반드시 다음에 볼 때 그 상황을 정확하게 파악하기 위해서 항상 5W2H를 참고하여 작성하는 것이 좋습니다.

WHY(왜) : 목적과 의도

WHAT(무엇을) : 구체적인 내용

WHO(누가) : 담당자와 대상

WHERE(어디서) : 장소

WHEN(언제) : 시간

HOW(어떻게) : 구체적인 실행 방법

HOW MUCH(얼마) : 예산과 내역

2) 약어와 그림문자 활용

약어나 그림문자(아이콘)를 활용하면 더 쉽게 정리할 수 있습니다.

예를 들어 일어난 일과 한 일을 기록할 때는 ＊, 기억해야 할 일을 기록할 때는 ○, 세부사항을 나열할 때는 ―, 객관적인 사실을 기록할 때는 '…', 장소는 ⓐ, 함께한 사람을 나타낼 때는 ⓦ, 인과관계는 → 등으로 표시하면 좋습니다. 또한 할 일에 관한 것도 체크박스 네모칸과 일의 종류에 따른 다양한 아이콘을 사용하면 좀 더 쉽게 표시할 수 있습니다.

그 외에도 다양한 상황과 상태를 글자 대신에 그림문자로 표현할 수 있습니다. 본인이 자주 사용하는 개념이나 내용은 자신만의 그림문자로 만들어 자유롭게 사용할 수도 있을 것입니다.

☐ 해야 할 일	🔍 검색 섹션으로
☑ 완료	⊠ 아이디어
◩ 진행 중	❗ 다시 묵상할 것
⊠ 취소	W 워드 문서로
→ 연기	E 엑셀 문서로
▄ 위임	P 파워포인트로
	C 캐비닛에 보관

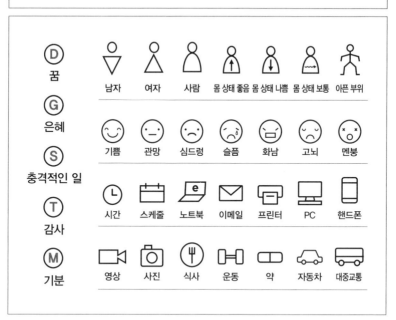

Ⓓ 꿈	남자 · 여자 · 사람 · 몸 상태 좋음 · 몸 상태 나쁨 · 몸 상태 보통 · 아픈 부위
Ⓖ 은혜	기쁨 · 관망 · 심드렁 · 슬픔 · 화남 · 고뇌 · 멘붕
Ⓢ 충격적인 일	시간 · 스케줄 · 노트북 · 이메일 · 프린터 · PC · 핸드폰
Ⓣ 감사	
Ⓜ 기분	영상 · 사진 · 식사 · 운동 · 약 · 자동차 · 대중교통

3) 다양한 노트법

① 정보처리 노트법

이것은 세로줄 노트법으로, 노트의 내지 중간 정도에 세로줄을 긋고 좌우 칼럼으로 나누어 기록하는 방법입니다. 마지막에는 가로줄을 그어서 결론을 기록하면 됩니다.

왼쪽 칼럼	오른쪽 칼럼
보고 들은 것, 배운 것, 사실과 정보에 대한 것을 객관적, 사실적으로 적는다.	사실과 정보에 대한 자신의 판단과 응용, 깨달은 점, 생각난 점, 모르거나 확인해야 할 점, 행동 계획에 대해서 적는다.
주로 논리, 이론, 분석 등과 같은 좌뇌가 담당하는 내용을 적는다.	주로 창의성, 추리성, 느낌 등과 같은 우뇌가 담당하는 내용을 적는다.
필요하다면 질문을 적어라.	질문에 대한 답을 적어보라.
그다음에 가로줄을 긋고 오른쪽에 적은 내용에 대한 구체적인 활용과 실행계획에 대해서 적는다.	

이 노트법에 익숙해지면 기록한 내용을 쉽게 이해할 수 있고, 양쪽 두뇌가 활성화되며, 단순히 정보만 정리하는 것이 아니라 정보를 구조화시켜서 입력 → 출력 → 실행까지 가능하게 해줍니다.

② 회의시 노트법

회의 제목을 적는다.	
회의 참석자를 적거나 그림으로 표시한다.	
왼쪽에 회의 내용을 적고	오른쪽에 핵심어, 모르는 점, 해결해야 할 내용 그리고 아이디어를 적는다.
아래 칸에 언제까지, 누가, 무엇을 할 것인지 적는다.	

③ 도해로 표현하는 노트법

메모하거나 기록할 때 글을 쓰는 대신에 도해로 표현하면 관계, 인과, 흐름 등을 글로 길게 기술하는 대신 간단한 선이나 박스로 표현할 수 있습니다. 따라서 빠르게 기록할 수 있으며, 정보를 일목요연하게 정리할 수 있고, 글을 다 읽고 나서 이해하는 대신 한눈에 전체적인 내용을 파악할 수 있습니다. 또한 새로운 아이디어를 덧붙이거나 창조적인 생각을 할 수 있습니다. 이 책에서도 이런 그림을 많이 이용하고 있습니다.

어떤 내용이라도 빨리 도해로 표현하기 위해서는 흔히 사용되는 프레임을 알고 있으면 좋습니다. 대략 8가지 프레임으로 많은 상황을 손쉽게 표현할 수 있습니다.

트리형

세부적인 구성요소로 분해하여 논리적 구조를 표시하는 트리(tree)형

플로형

실행과정 및 시간적인 흐름을 나타내는 플로(flow)형

벤다이어그램형

집합들의 포함관계나 명제들 사이의 함의관계를 표시하는 벤 다이어그램(Venn diagram)형

매트릭스형

조합을 통해서 각 상황의 장단점과 관계를 표시하는 매트릭스(matrix)형

피라미드형

계층구조와 단계를 나타내는 피라미드(pyramid)형

사이클형

순환적인 흐름을 나타내는 사이클(cycle)형

새틀라이트형

대등한 수준에서의 상호균형과 조화를 나타내는 새틀라이트(satellite)형

성과

시간

그래프형

주어진 조건에 따른 변화를 나타내는 그래프(graph)형

KINGDOM BUILDER LIFESTYLE

PART 4

킹덤 빌더의
마음과 일상 관리

01

마음 관리의 핵심을 이해하라

∽

거짓자아로 과거에 집착하고 미래를 판단하는 대신에
영원한 현재 가운데 계신 그리스도 안에 있는 과거와 미래를 보라.

시간 관리가 사건 관리이고 사건 관리가 마음 관리라면 마음 관리의 핵심은 무엇일까요? 다음 네 가지로 나누어 볼 수 있습니다.

삶을 알로스테시스적으로 보라

온전한 삶을 살기 위해서는 어떤 한 가지가 아니라 영혼육, 가정, 직장, 교회, 문화생활과 같은 삶터, 그리고 일, 만남, 시간, 재정, 건강과 같은 삶의 요소 전부를 고려해야 합니다. 사람들은 삶의 모든 영역에서 성실하고 열심을 내면 삶 전체가 잘 될 것이라고 생각합니다. 그러나 실제 삶은 결코 그렇지 않습니다. 인간은 부분으로 전체를 말할 수 없는 유기적인 생명체이기 때문이고, 동시에 끊임없이 외부환경에 따라 다양하게 반응하기 때문입니다. 이러한 면에서 볼 때 삶은 오늘날 과학적으로 밝혀진 결과만으로 판단하는 환원주의(reductionism)적 사고방식[10]만으로는 이해할 수 없는 것이 당연합니다.

삶은 조화와 균형이라는 정적인 관점이 아니라 알로스테시스(이상성: allostasis)의 관점에서 보아야 합니다. '알로스테시스'란 생명체 내외부의 자극에 대하여 모든 요소와 체계가 협응적/동적 변이를 통하여 지속적인 안정성을 유지해 나가는 상태를 의미하는 의학적 용어입니다. 이 단어는 신체에 국한된 의학적 용어이지만 통합적인 측면에서 우리의 삶을 가장 잘 대변해주는 용어이기도 합니다. 알로스테시스를 가장 쉽게 이해하기 위해서는 그림에서 보는 모빌을 생각하면 됩니다. 모빌의 한 막대기에 달린 액세서리가 자극을 받게 되면 안정을 유지해 나가기 위해서 그 막대기의 반대편 액세서리만 움직이는 것이 아니라[11] 전체의 모든 막대기와 액세서리가 협응하여 동적 변화를 일으킴으로써 안정을 유지해 나갑니다. 이렇게 지속적으로 안정성을 유지해 나가는 상태를 '알로스테시스' 한다고 말할 수 있습니다.

우리 'Life'(생명, 삶, 생활)는 수많은 내외부의 지속적인 자극에 반응

---

10) 전체를 한꺼번에 다 이해할 수 없기 때문에 부분이나 요소로 나누어 전체를 그려보는 사고방식을 말한다. 그러나 생명체의 경우는 결코 부분이나 요소로 전체가 설명될 수 없다.

11) 전체가 아니라 어떤 요소가 균형을 잡는 것을 항상성(homeostasis) 유지라고 한다.

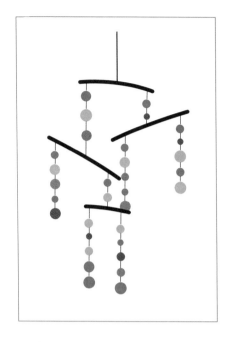

해 갑니다. 이때 이러한 자극을 알로스테틱 부하(allostatic load)라고 부릅니다. 매일의 삶은 여러 가지의 알로스테틱 부하 속에서 수많은 다른 요소의 협응과 동적 변이를 통해서 알로스테시스해 나간다고 말할 수 있습니다. 그러나 경우에 따라서 알로스테시스할 수 없을 정도의 과부하(allostatic overload)가 걸리면 'Life' 자체가 정상적으로 작동하지 못하든지 결국에는 망가지게 됩니다. 그렇게 되면 통제할 수 없는 심각한 문제가 발생할 것입니다. 흔히 나타나는 질병도 그 한 예입니다. 우리 몸에 어떤 질병이라는 증상이 나타나기 전에 내부에서는 모든 요소(예를 들면 혼과 육, 육체 내의 내분비계, 자율신경계, 면역체계, 혈관계, 정신계 등)가 그 부하에서 벗어나기 위해서 알로스테시스하게 됩니다. 그러나 우리가 알든 모르든 이것을 방치하면 마침내 과부하가 걸리고, 결국은 조화와 균형이 무너진 결과로 질병이 나타나게 되는 것입니다.

흔히들 일, 삶, 건강, 재정, 가족, 신앙 간에 조화와 균형을 이루어야 한다고 말합니다. 이 말은 삶의 모든 부분에 시간과 에너지가 균등하게 분배되어야 한다는 의미를 담고 있습니다. 말하자면, 직장에서도 열심히 일해야 하고 동시에 가족들과 관계도 좋아야 하고, 자신의 몸도 적절하게 돌보아야 한다는 것입니다. 그러나 주어진 24시간에 모든 것을 조화롭고 균형 잡히게 이루어간다는 것은 불가능한 이야기이고, 잘못된 생각입니다.

예를 들어, 지금 당신이 빚을 지고 있는데도 가족들과 좋은 시간을 가지기 위해서 주말이면 외식을 하고 자녀를 공부시키기 위해서 비싼 학원에 보내야 합니까? 당신이 지금 위험신호가 오는 과체중인데도 하루에 12시간씩 업무에 매달리고 밤늦게 야식을 먹을 것입니까? 빚을 졌는데도 재정을 긴축하지 않으면 파산할 것입니다. 과체중인데도 일과 후 운동하지 않으면 얼마 가지 않아 심각한 병에 걸릴 것입니다. 그렇다면 어떻게 해야 합니까? 알로스테틱 과부하가 걸리지 않는 선에서 다른 것을 포기하고 일정기간 빚을 갚는 데, 그리고 건강을 유지하는 데 모든 시간과 재정을 투여해야 합니다. 그것은 분명 부조화이고 불균형이지만, 그래야만 다시 정상적인 알로스테시스를 유지할 수 있게 됩니다.

삶은 단지 조화와 균형이라는 것으로 이루어질 수 있는 정적인 것이 아니라 의미와 가치를 위해서 알로스테시스해 나가는 동적인 과정입니다. 온전한 삶은 조화와 균형의 문제가 아니라 자신이 스스로 만든 불균형과 부조화 속에서 어떻게 지속적인 알로스테시스를 유지해 나가는가에 달려 있습니다. 즉, 알로스테틱 과부하가 걸리지 않는 한에서 지금 필요한 한 요소에 집중하고 시간을 투자하는 삶을 살아야 한다는 것입니다. 그것이 바로 생활을 삶의 요소와 삶터로 나누는 이유이기도 합니다. 삶의 요소와 삶터에서 알로스테틱 과부하가 걸리지 않도록 부조화와 불균형의 아름다운 춤을 추는 것이 바로 'Life'입니다.

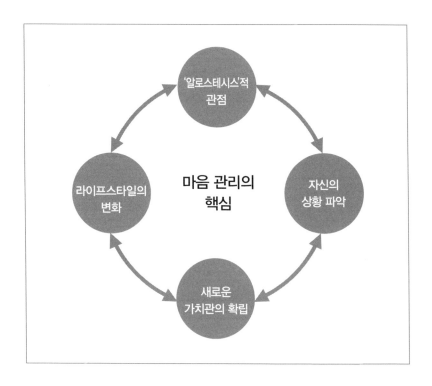

자신의 상황을 정확히 파악하라

우리는 우리 자신의 실제를 얼마나 제대로 파악하고 있을까요? 어떤 일을 처리할 때 사용하는 시간 배분, 능률이 좋아지는 환경, 자신이 집중할 수 있는 최적 시간, 하기 싫어하거나 회피하는 일, 말려도 하고 싶고 관심이 가는 일, 자신이 좋아하는 것, 힘든 순간을 이겨내거나 피하기 위해서 하게 되는 일, 쉽게 빠지거나 즐기게 되는 일, 자신을 허무하게 하는 것들, 다른 사람보다 지혜롭게 뛰어나다고 느끼는 것들, 보기만 해도 행복해지는 것들 등과 같은 자신의 성향과 현실에 대해서 구체적으로 생각하고 확인해본 적이 있습니까?

자신을 제대로 보고 하나님의 도우심을 구하기 위해서는 평상시 두 가지 훈련이 필요합니다.

첫째, 무슨 일이든 자신의 과거 경험과 자신의 지식에 기초한 감정에 반응하지 않는 훈련입니다. 이 훈련은 사소한 일이라도 계획할 때, 외부 환경의 자극에 대해서 반응할 때, 심지어는 일을 하는 도중에라도 '멈춤-확인-결정'(pause-clarify-decide, PCD)의 순서를 가지는 것입니다.

자기방식대로 생각함으로써 확증 편향(confirmation bias)[12]에 이끌리는 성향에서 벗어날 때 자신의 상황(상태와 위치)을 보다 정확히 파악할 수 있습니다. 예를 들어, 외부 환경의 자극(일이든 다른 사람의 말이든)에 자기방식대로 자동반응하지 말고, 우선 멈춤을 하고 다시 확인한 다음에 결정하고 진행하라는 것입니다. 물에 빠진 것과 같은 급한 상황을 생각해보십시오. 살아남기 위한 유일한 방법은 허우적거리며 발버둥치는 대신 먼저 힘을 빼고 가만히 있어 물 위에 뜨는 것입니다. 일을 할 때도 마찬가지입니다. 한 시간에 1분 정도라도 멈추고 지금 하고 있는 일이 잘되어 가는가, 생산성 있게 진행되고 있는가, 이것을 하면 어떤 결과를 가져올 수 있는가를 확인해보고 다시 시작하라는 것입니다. 바쁠수

---

12) 원래 가지고 있는 생각이나 신념을 확인하려는 경향성을 말한다. 예를 들어 우리가 보고 싶은 것만 보게 되는 것을 생각해보라. 상황에 따라서는 이 확증 편향이 절대적으로 필요할 때도 있다.

록 시간이 없을수록 우리에게 필요한 것이 바로 멈춤입니다.

> 멈춤은 휴식을 줍니다.
> 새로운 안목(영감)을 가져다줍니다.
> 보이지 않았지만 존재하는 것을 볼 수 있게 합니다.
> 에너지를 충전시켜줍니다.
> 전두엽피질이 감정을 조절하는 편도체를 통제할 기회를 줍니다.
> 자율신경계가 균형 잡히도록 합니다.
> 자기를 포기함으로써 하나님으로부터 지혜를 받는 시간입니다.

멈춤은 망가진 상태에서 어쩔 수 없이 쉬는 것과는 다르며, 하나님의 인도함을 받을 수 있는 최고의 방법 중 하나입니다. 일과 중 수시로 30초에서 1분 정도라도 하던 일과 생각을 멈추고, 천천히 심호흡 묵상기도를 하십시오. 그리고 주님의 인도하심을 받으십시오.

> 너는 범사에 그를 인정하라 그리하면 네 길을 지도하시리라 잠 3:6

> 내가 네 갈 길을 가르쳐 보이고 너를 주목하여 훈계하리로다 시 32:8

둘째, 멈춤을 함으로써 '사건-반응-결과'의 악순환에서 벗어나 '사건-결과-반응'의 선순환으로 돌아서는 훈련입니다. 우리는 어떤 사건(일이나 상황이나 다른 사람의 자극 등)이 벌어지면 자신의 마음을 다하여 그 사건에 대처하고자 합니다. 가장 쉬운 예는 다른 사람이 나에게 화를 냈을 때일 것입니다. 대부분의 경우는 맞받아치거나 탓을 하거나 감정을 폭발시킵니다. 그렇게 될 때 원치 않는 결과를 맞이하는 경우가 얼마나 많습니까? 마음 관리를 통해서 새로운 삶을 살기 위해서는 이러한 패턴에서 벗어나야 합니다.

어떤 사건이 벌어졌을 때 우선 '멈춤-확인-결정' 사이클을 돌리면서 하나님께서 원하시는 결과가 무엇인지 생각해보고 그에 따라 반응하는 것입니다. 즉, '사건-결과-반응'의 순서로 행하는 것입니다. 생리적으로 볼 때도 어떤 일이 닥치면 대뇌변연계의 편도체는 그에 따른 감정을 자동적으로 촉발시킵니다. 그럴 때 잠시 멈추면 이성적 사고를 담당하는 전두엽 피질이 편도체를 조절하는 시간을 가지게 됩니다. 계속 훈련하여 이러한 패턴이 우리의 잠재의식 내에 프로그램 되면 우리는 새로운 반응을 할 수 있게 됩니다. 이것은 과거 자신의 경험에 기초하여 반응하는 것이 아니라 미래 자신이 이루고자 하는 것에 기초하여 반응하는 하나님나라의 삶의 방식입니다.

새로운 가치관을 확립하라

우리가 구원을 받아 예수 그리스도 안에서 하나님의 자녀가 되었음에도 불구하고 현실과 그에 따른 자기 마음의 태도는 변화된 것이 별로 없기 때문에, 여전히 옛사람처럼 겉사람에 기초한 사고방식으로 열심히 살아가는 경우가 대부분입니다.

모든 사람은 무의식 가운데 믿음으로 이루어진 자신의 가치관에 따라 생각이나 느낌이나 태도를 결정하고 그에 따른 행동으로 결과를 얻게 됩니다. 결국 실제 나타난 행위적 결과는 자신의 가치관을 반영한 것일 뿐입니다. 따라서 자신의 가치관에 맞지 않는 일상적인 일과(日課)는 아무리 열심히 최선을 다했다 하더라도 결코 자신에게 만족과 평강을 줄 수 없습니다. 이 사실은 그럴 수 있는 이론 정도가 아니라 중력의 법칙과 같은 법칙입니다. 자신이 자신을 조정할 수 있는 만족한 삶은 시간 관리나 체계적인 업무처리 방법을 배우는 데 있는 것이 아니라 자신의 내면적인 가치관에 부합하는 일을 행하는 것에 있습니다. 이것이 바로 마음 관리의 핵심입니다.

> 너희는 이 세대를 본받지 말고 오직 마음을 새롭게 함으로 변화를 받아 하나님의 선하시고 기뻐하시고 온전하신 뜻이 무엇인지 분별하도록 하라 롬 12:2

많은 경우 신앙생활을 열심히 하고 기도하고 말씀을 읽으며 자신이 어떻게 살아야 한다는 것은 알지만, 정작 자신의 경험과 추론에 기초한 기억과 그것을 믿음으로 받아들인 핵심 가치관(자신의 삶을 이끌어가는 실제적인 동력)은 무엇인지 잘 모릅니다. 다른 말로 신앙생활의 핵심은 자신의 경험으로 만들어진 기억에 기초한 세상적인 가치관 대신에 성령과 말씀을 통하여 하나님나라의 가치관을 자신의 마음에 새롭게 심는 것인데도, 우리는 그 가치관의 변화 없이 단지 성령과 말씀으로 자신의 행동을 변화시키고자 하는 데 애를 쓰고 있다는 것입니다. 이미 언급한 바와 같이 행동과 그에 따른 결과는 믿음으로 이루어진 내면의 가치관을 반영할 뿐입니다. 내면의 가치관을 변화시키지 않고 하나님의 말씀대로 열심히 살고자 하면 할수록 자신에게 고통과 피곤과 정죄감만 더 주게 됩니다. 진정한 만족이 없기 때문입니다. 이것은 사도 바울이 말했던 고백과도 같습니다.

> 내 속사람으로는 하나님의 법을 즐거워하되 내 지체 속에서 한 다른 법이 내 마음의 법과 싸워 내 지체 속에 있는 죄의 법으로 나를 사로잡는 것을 보는도다 오호라 나는 곤고한 사람이로다 이 사망의 몸에서 누가 나를 건져내랴
>
> 롬 7:22-24

하나님의 자녀에게 가장 필요한 것은 세상의 경험에 기초한 내면의 가치관이 무엇인지를 아는 것이며, 그 가치관을 성령 안에서 하나님의 말씀에 기초한 새로운 가치관으로 변화시키는 것입니다. 그리고 그 가치관에 기초하여 시간을 관리하는 것이 아니라 사건을 관리하는 것을 배워야 합니다. 그것은 주어진 많은 일 중에서 하나님의 뜻에 따라 선택하고 집중하는 것을 배우는 것입니다. 매일 그러한 삶을 살 때 진정한 의미와 가치, 그리고 만족을 가지게 됩니다.

지금까지 아무런 의심 없이 당연하게 여겨온 당신의 세상적 가치관이 무엇인지 살펴보십시오. 다음 질문에 따라 당신의 가치관이 무엇인지를 자유롭게 기술해보십시오.

평상시 내 삶을 지배하는 절대법칙은 무엇입니까?

내가 가장 소중하고 가치 있게 여기는 것은 무엇입니까?

가장 기분이 좋을 때와 나쁠 때는 언제입니까?

내 성격의 장점과 단점으로부터 생각되는 경향은 무엇입니까?

모든 것이 다 갖추어졌다는 전제 하에서 내가 추구하는 삶의 목적은 무엇입니까?

다른 사람들이 당신에 대해서 어떤 평가를 해주기를 바랍니까?

열 가지든 스무 가지든 상관없습니다. 자유롭게 나열한 다음에는 같은 부류의 것을 취합하여 기술해보십시오. 마친 다음에는 타락한 신념체계에 기초한 가치관이 아니라 하나님의 자녀로서 가져야 할 새로운 가치관이 무엇인지를 다시 기록해보십시오. 그리고 그것의 중요도에 따라 순서를 매겨보십시오. 앞으로 모든 행동과 판단은 이 가치관과 우선순위에 따라 이루어져야 합니다. 이 부분을 실제로 정리해보고자 하는 분은 '하나하루'에서 나오는 '라이프스타일북' 소책자를 활용하면 좋을 것입니다.

매일의 라이프스타일을 변화시키라

세상에는 자신이 조정할 수 없는 일이 있고, 할 수 있는 일이 있습니다. 예를 들어 자연의 법칙이나 국가의 헌법과 법들은 우리가 조정할 수 없습니다. 한편, 누구의 방해도 없이 얼마든지 조정할 수 있는 유일한 것은 바로 자신입니다. 따라서 조정할 수 없는 일에는 적극적으로 순종하고, 조정할 수 있는 일에는 최선을 다해 변화시키는 것이 좋은 삶을 사느냐 못사느냐를 결정하게 됩니다.

문제는 실제로는 조정할 수 없는 사건들을 조정할 수 있다고 믿는 것과 조정할 수 있는 사건을 조정할 수 없다고 믿는 것입니다. 예를 들어, 다른 사람(예, 배우자나 자녀들)이 자신의 말대로 하지 않는다고 불평하거나 비난하는 것이 전자에 속하고, 늘 시달리는 직장에 다니면서 나는 지금 어쩔 수 없이 이 일을 하고 있을 뿐이라고 생각하는 것은 후자에 속합니다. 전자는 자신에게 속한 것이 아니지만 후자는 자신이 선택하고 결정한 일이기 때문입니다.

우리는 이 두 측면을 제대로 정확히 분별할 줄 알아야 합니다. 자신이 조정할 수 없는 사건이나 일에는 가장 효과적으로 순응하고 평온을 유지하는 것을 배워야 하고, 반대로 조정할 수 있는 사건이나 일에는 습관적으로 익숙한 그동안의 사고방식에서 벗어나 새롭게 하는 데 최선을 다해야 합니다. 멈춤-확인-결정(PCD)의 단계에 따라 항상 이것을 분별하게 되면 내가 통제할 수 없는 일에 대해서 불필요한 비난이나 분노를 하지 않게 됩니다.

사실 우리는 그러한 삶을 추구하기 위해서 자기 인생에 주어진 소명을 발견하고 그에 따른 직업을 가지고 목표의식을 가져야 합니다. 이것은 매우 중요하지만 대부분의 사람들이 간과하는 일이기도 합니다. 자신의 내면적 변화 없이 배워온 대로 외부환경을 변화시키려 하거나 정한 목적을 달성하고자 달려가는 것으로는 결코 만족한 삶을 살 수 없습니다. 우리는 하나님의 나라가 오직 성령 안에서 의와 평강과 희락이라는 것을 알아야 합니다. 이러한 상태를 유지하기 위해서는 외면적인 일, 만남, 시간이 아니라 그에 대한 내면적인 마음의 생각, 믿음, 태도를 바꿈으로써 우리 안에 계신 주님께서 그 일에 친히 관여하시도록 하는 것을 배워야 합니다. 그러한 일은 목표를 향해서 나아가는 자신의 노력과 열정에 달린 것이 아니라 매일의 삶을 주님께 드리는 라이프스타일의 변화로 이루어집니다. 그것은 하나님께서 자신의 삶에 더 개입하시도록 허용하는 라이프스타일이며, 바로 영성훈련입니다. 진정한 영성의 실체는 바로 하나님나라의 새로운 습관을 가지는 것입니다.

02

하기 싫은 일을 어떻게 해야 하나?

하기 싫어서 하지 않는 것이 아니라, 하지 않기 때문에 하기 싫은 것이다.
더 이상 미루지 말라(Just Do It).
자신에 대한 호의는 더 큰 불안과 책임감만 만들어낼 뿐이다.

지금까지 수많은 시간 관리 및 업무 관리에 관한 자기계발서가 발간되었습니다. 그런데도 여전히 이런 책들이 계속 발간된다는 것은 무엇을 의미할까요? 그것은 이 분야가 너무 중요하다는 것이고, 그럼에도 불구하고 제대로 알려주는 책이 없다는 것을 의미합니다. 실제로 기대감을 가지고 이런 책을 접한 많은 사람이 실망을 하게 됩니다. 왜냐하면 첫째, 이렇게 하면 된다는 식의 방법을 몰라서가 아니라 그렇게 하고 싶은 마음이 들지 않을 때 어떻게 해야 하는가에 대한 답을 주지 않기 때문입니다. 둘째, 자신의 내면적 변화로 인한 자연스러운 외면적 변화가 아니라 단지 지금의 상태에서 무엇을 어떻게 하면 더 잘할 수 있는가에 초점을 맞춘 내용이 대부분이기 때문입니다. 가만히 생각해보면 핵심적인 문제는 하기 전의 문제이지 어떻게 해야 하는가에 대한 문제가 아니라는 것입니다. 그런데 대부분의 책은 하기 전의 문제보다 어떻게 하는가에만 초점을 맞추고 있을 뿐입니다.

하고 싶지 않은 마음은 왜 일어날까?

사실 익숙지 않고 편안함을 느끼지 못하는 새로운 일을 하기 싫어하는 것은 인간의 속성입니다. 심지어는 해야 할 일임을 알면서도 여러 가지 피상적인 이유로 뒤로 미루곤 합니다. 그래도 관심이 있고 흥미가 있으면 그러한 생각이나 감정은 큰 문제가 되지 않습니다. 사실 관심이 있으면 무엇이라도 할 수 있게 됩니다. 그것은 두뇌의 기능을 보아도 알 수 있습니다. 우리가 어떤 일에 관심을 가질수록 잘하게 되고, 좋아하게 됩니다. 관심을 가지는 만큼 뇌에 신경연결망(neural networking)이 더 많이 형성되기 때문입니다.

우리는 수많은 정보의 홍수 속에 살고 있지만 흥미가 있고 관심이 있는 정보만을 수집하고 그것을 자신의 삶에 반영하고 있습니다. 당신이 지금 관심이 있고 필요한 물건을 구입하려 한다고 가정해보십시오. 아무리 바빠도 생각은 늘 그곳에 가 있게 되고, 수많은 정보 중에서 그에 대한 정보만을 수집·분석하게 되고, 결국은 원하는 것을 구입하게 될 것입니다. 일종의 확증 편향이 작동된 것입니다.

궁극적으로 하기 싫거나 혹은 뒤로 미루는 문제를 해결하는 핵심은 무엇을 어떻게 해야 하는가가 아니라 뇌와 마음이 가지는 두려움과 저항을 어떻게 없애고 관심을 가질 수 있도록 하느냐에 달려 있습니다. 실제로 지금 하고 있는 일이 시시하고 재미없다고 말하는 사람 중에 성공하는 사람은 없습니다. 세상에 재미있는 업무란 없습니다. 문제는 하고 싶고 하기 싫고에 달려 있는 것이 아니라 어떻게 재미있게 하느냐에 달려 있습니다. 결국 마음 관리의 가장 핵심적인 요소는 어떤 일을 해야 할 때 할 수 없다는 두려움과 하고 싶지 않은 저항감을 극복하는 것과 어떻게 관심을 가지고 집중하는가를 배우는 것입니다. 이 두 가지 요소가 빠진 마음 관리 방법은 '빛 좋은 개살구'에 불과하다고 볼 수 있습니다.

흔히 안 하던 일이나 자신의 생각과는 다른 어떤 일을 할 때는 ① 충분한 시간이 필요하고, ② 미리 마음의 준비를 해야 하고, ③ 다른 일을 마무리 지어야 한다고 생각합니다. 이러한 생각들은 결국 미루는 습관으로 나타납니다. 사실 그러한 생각은 자신을 속이는 속임수에 불과합니다. 그것은 미루고자 하는 자신의 뇌와 마음에 숨겨진 두려움과 저항감을 합리화하는 것으로, 이 모든 생각은 일을 하는 중이 아니라 일을 하기 전에 일어납니다. 다른 말로 대부분의 경우 일을 하는 데 쓰는 에너지보다는 시작 전 결정하는 데 들어가는 에너지가 훨씬 더 크다는 것입니다. 결국 어떤 일을 할 때는 "그렇게 간단하지 않아" 또는 "이 일을 정말 해야 할까?" 또는 "그만두는 게 낫겠어"라는 선입관을 어떻게 "간단해", "어떻게 할까?" 또는 "끝내겠어"라는 선입관으로 만들 수 있는가가 관건입니다.

해야 하는 것에 대한 두려움과 저항을 이기는 방법

어떻게 하면 두려움과 저항을 줄이고 관심을 집중적으로 그리고 지속적으로 가지도록 할 수 있을까요? 이것은 뉴턴의 운동법칙 중 제1법칙인 '관성의 법칙'을 생각하면 쉽게 이해할 수 있습니다. 어떤 무거운 물건을 처음에 움직이고자 할 때는 많은 에너지가 들어갑니다. 그러나 일단 움직이고 나면 관성의 법칙에 의해서 별다른 에너지를 들이지 않고 계속 움직이게 할 수 있으며, 관심을 가지고 좀 더 에너지를 투입하면 속도를 높일 수도 있습니다(제2법칙, 가속도의 법칙).

평상시 우리가 하고 싶지 않은 일, 어렵다고 생각되는 일, 생각지 못한 일을 해야 할 때 어떤 느낌인가 생각해보세요. 지금 하고 있는 일은 별다른 고려 없이 그리고 큰 에너지 투입 없이 전과 같은 방식으로 하면 되지만, 새로 시작해야 하는 일에는 새로운 생각과 더 많은 에너지를 투입해야 하기 때문에 기존의 습관적 사고와 행동이 그 일을 하기 싫어하는 것은 당연합니다(선납득 후행동 사고방식). 그것이 바로 뇌의 두려움과 마음의 저항입니다. 그러나 이 두려움과 저항을 넘어서 일단 시작하고 나면 사고체계가 새롭게 작동하며 뇌와 의식이 활발히 움직이기 시작합니다(선행동 후몰입 사고방식). 어렵다고 머뭇거리던 일들을 막상 시작하고 나니 큰 무리 없이 해낸 경험을 누구나 해보았을 것입니다.

저항을 적절하게 제거하는 것은 마음 관리의 핵심적 요소입니다. 어떤 일에 대한 이러한 저항은 주로 '미루기'와 '게으름', '다른 것으로 바쁘기'로 나타나곤 합니다. 해야 할 일을 미룰수록 하고 싶지 않은 저항감이 커지게 마련입니다. 그러다 결국 하지 않았을 때 또는 시한을 지키지 못할 때의 결과에 대한 고통이 그 일을 하는 고통보다 커질 때 비로소 하게 됩니다. 사실 일상의 일들은 대부분 그렇게 돌아갑니다.

대부분은 매일같이 이러한 비효율적인 시스템을 돌리고 강화시키고 있습니다. 그러다가 결국 잘못된 시스템으로 인해 당하는 고통이 그것을 고치는 고통보다 훨씬 클 때라야 비로소 변화를 시작합니다. 이는 저항 감으로 스트레스가 최고조에 달할 때 어쩔 수 없이 그 일을 하게 된다는 것과 같은 말입니다. 이럴 때 무슨 효율성이나 집중력이나 만족감을 얻을 수 있겠습니까? 한편, 바쁜 상태의 대부분은 정말로 필요한 것을 하지 않으려고 온갖 활동을 분주하게 하는 미루기의 교묘한 전략이기도 합니다. 즉, 바쁘기 때문에 할 수 없다는 자기합리화를 만드는 것입니다.

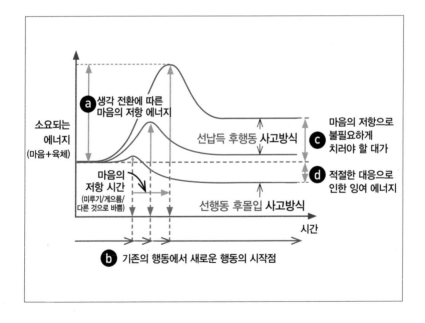

그림은 기존의 행동에서 새로운 행동으로 전환할 때 우리가 가지는 마음의 저항이 결국 어떤 영향을 미치는가를 설명해줍니다.

ⓐ 새로운 행동을 하는 데 사용되는 에너지보다는 하기로 결정하는 데 드는 에너지가 훨씬 더 크다.

ⓑ 자신의 생각으로 완벽한 때는 절대로 오지 않는다. 그러나 일단 시작하면 하나님의 인도하심을 받게 된다.

ⓒ 일을 실패했을 때보다 기회를 놓쳤을 때 더 많은 대가를 치르게 된다.

ⓓ 새로운 시스템의 조기 작동은 항상 이전보다 투자 에너지가 적고 잉여 에너지로 보다 생산성을 높일 수 있다.

두려움과 저항을 이기고 관심을 가지는 가장 좋은 방법은 ① 할 수 없다거나 하고 싶지 않은 일을 할 수 있는 작은 일로 나눈 다음, ② 고통스럽지 않도록 그 일에 먼저 짧은 시간 동안만 뇌와 잠재의식을 작동시키되 ③ 몰입하도록 하는 것입니다. 이것은 뇌의 두려움과 마음의 저항을 의도적으로 줄이고, 먼저 준비 없이 시작하도록 하고, 완성될 수 없는 짧은 시간 동안만 하도록 하는 것입니다.

할 수 없다는 두려움과 하기 싫어하는 저항에 가장 좋은 해결책은 일단 행동하는 것입니다. 우리는 흔히 "하고 싶지 않기 때문(뇌가 활성화되어 명령을 내리지 않기 때문)에 행동하지 않는다"라고 생각하지만, 연구 결과에 따르면 행동할 때 뇌가 활성화됩니다. 이것은 굳이 과학적 연구로 뒷받침할 필요도 없습니다. 마음과 육체가 불가분 서로 영향을 준다는 것은 상식이기 때문입니다. 우리는 마음의 생각과 감정이 행동에 영향을 미친다는 것에만 익숙하지만, 반대도 역시 사실입니다. 행동하면 생각과 감정이 변한다는 것입니다.

이것은 "할 수 없다(미루게 된다, 하기 싫다 혹은 두렵다) → 행동해야 한다(행동하지 않으면 안된다) → 더 큰 고통을 피하기 위해서 어쩔 수 없이 행동한다"의 순이 아니라, "할 수 없다 → 그냥 행동한다 → 행동하니 성과가 있다 → 더 행동하고 싶다"의 패턴으로 변화시키는 것입니다. 이러한 처리방식은 '선행동 후몰입 방식'이라고 부를 수 있습니다. 이것은 뇌과학적으로도 이미 증명된 것입니다.

하기 싫은 일은 '선행동 후몰입 방식'으로

뇌는 변화에 대한 두려움을 가지고 있으며, 일단 그 두려움이 발동되면 창의력뿐만 아니라 그것을 시도하고자 하는 의욕까지 잃게 됩니다. 특별히 투쟁-도피 반응을 관장하는 대뇌변연계의 편도(공포와 부정적인 감정을 감지하고 조절하는 역할을 함)는 우리가 일상적으로 하는 일에서 벗어나 새로운 시도를 할 때마다 경고신호를 보냅니다. 그 결과, 사고를 관장하는 대뇌피질로의 접근이 제한됩니다. 그러나 조금씩이라도 시작하고 나면 대뇌피질이 활성화되고 새로운 신경망이 만들어져서 그 결과로 편도는 별 문제가 아닌 것같이 자연스럽게 받아들이게 됩니다.

예를 들어, 해야 했는데 아직 하지 못한 일을 하나 생각해보세요. 그리고 그 일을 해결하기 위하여 우선적으로 해야 할 일을 딱 5분 동안만 멈추지 않고 해보십시오. 절대로 멈추면 안 되고, 5분 뒤에는 무조건 멈추어야 합니다. 당신이 정한 5분은 당신의 뇌와 잠재의식을 극대화시키는 마감 효과(deadline effect)[13]를 불러일으킵니다. 실제로 제한되지 않은 기간 동안 행하는 것보다 한정된 기간 동안 행동하는 것이 훨씬 효율적인 것을 발견할 것입니다. 왜냐하면 고도의 집중력이 발휘되기 때문입니다. 그리고 일단 시작하고 난 다음 멈추게 되면 아직 그 일이 매듭지어지지 않았기 때문에 우리가 의식하지 못할지라도 뇌와 잠재의식은 계속적으로 그 일을 추구합니다. 다른 일을 하는 동안에도 문득 문득 새로운 생각들이 떠오르고, 우리의 마음은 다시 그 일로 돌아가 그것을 완전히 마무리 짓고 싶어 합니다. 이러한 것은 행동뿐만 아니라 생각에서도 마찬가지입니다.

이러한 '선행동 후몰입 방식'은 저항을 낮추고 시간의 밀도를 높이는 최고의 방법입니다. 또한 이러한 방식은 한 가지 일만이 아니라 저항 없이 여러 가지 일에 차례로 적용할 수 있고, 몰입시간을 늘려감으로 하는 일에 흥미와 관심을 높여갈 수 있게 됩니다. 예를 들면, 오늘 해야 할 일에 이메일 답장하기, 전화하기, 서류 정리하기, 글쓰기, 예약하기가 있다고 칩시다. 먼저 각 5분씩 '선행동 후몰입 방식'을 사용해보십시오. 한바퀴 돈 다음에 끝난 것은 제외하고 나머지는 각각 10분 또는 15분씩 늘려갈 수 있습니다. 어떤 사람은 이것을 일종의 멀티태스킹이라고도 하고,

---

13) 마감 시간에 이를수록 민첩성 증가, 집중력 증가, 잡생각 제거 등으로 일의 능력이 기하급수적으로 상승하는 효과를 말한다.

미완료된 일을 마음에 두게 됨으로 '주의 잔류물'(attention residue)이 생겨 다른 일에 집중력을 떨어뜨린다고 하지만, 사실은 그렇지 않습니다. 이런 일들은 잠재의식 내에서 일어나기 때문입니다.

아이러니하지만 과거에 저는 글 쓰는 것에 큰 저항감을 가지고 있었습니다. 무엇인가 영감이 떠올라야 하고, 그것에 대한 기승전결이 내 마음속에서 온전히 이루어져야 글을 쓸 수 있다고 생각했습니다. 그래서 모든 것이 준비될 때까지 정말 오랜 시간을 낭비하곤 했습니다. 결국 더 이상 미루면 마감시간을 넘겨 큰 문제가 생길 때쯤 어쩔 수 없이 컴퓨터 앞에 앉곤 했습니다.

그러나 지금은 다릅니다. 틈틈이 짬을 내어 일단 시작합니다. 단 10분만 컴퓨터 앞에 앉아서 글을 쓰고자 합니다. 사실은 컴퓨터를 켜고 프로그램을 여는 시간을 계산하면 실제 시간은 10분도 되지 않습니다. 단 10분 만에 무슨 글을 쓸 수 있겠냐고 반문할지 모르지만 일단 컴퓨터를 켜고 자판을 두드립니다. 아무 생각도 나지 않으면 "하나님, 이 내용에 대한 지혜를 주세요"라고 칩니다. 일단 관련된 단어, 구절, 짧은 문장이라도 시작하면 점점 더 주제에 대한 정리되지 않은 여러 가지 생각들이 떠오릅니다. 문법에 맞지 않아도 생각나는 대로 타이핑을 시작합니다. 땡! 10분이 되면 무조건 멈춥니다. 이 일을 제대로 하기 위해서는 반드시 휴대폰의 스톱워치를 사용하여 10분 뒤에는 멈추어야 합니다. 그리고 제목을 달고 그 파일을 저장한 다음, 다른 일을 합니다.

신기하게도 다른 일을 하는 동안, 단지 시작만 했던 그 일에 첨부해야 할 내용과 방향성, 그리고 아이디어들이 문득문득 떠올라서 그럴 때마다 곧바로 로그북 노트에 기록합니다. 그리고 나중에 다시 시간을 내어 이번에는 20분 시간을 주고, 노트를 참고하여 다시 그 일을 시작합니다. 놀랍게도 다른 일을 하는 동안에도 뇌와 잠재의식은 쉬지 않고 그 문제를 생각하고 있었음을 알게 됩니다. 실제로 선행동 후몰입 방식을 3-4번 정도만 하면 훌륭한 글을 쓰게 됩니다. 내게는 지금도 마무리하지 못한 많은 글들이 컴퓨터에 파일로 저장되어 있습니다.

이러한 과정은 단지 글을 쓰는 것뿐만 아니라 모든 일에 다 적용할 수 있습니다. 일단 시작하면 무언가가 진행되고 있다는 것을 알게 되는 것만으로도 당신의 삶에 엄청난 변화가 올 것입니다. "시작이 반이다"(Well begun is half done)라는 속담은 상당히 과학적이라고 생각합니다. 우선 짧은 시간만이라도 시작해보십시오. 모든 문제의 핵심은 어떤 일에 대해서 하고 싶지 않다고 느끼는 저항감을 낮추는 것입니다. 일단 짧은 시간만이라도 관심을 가지고 그 일을 시작하면 뇌가 작동하게 되고, 뇌가 조금이라도 활성화되면 마음은 그것을 이루기 위한 시스템을 작동시킵니다.

03

일관시(일/관계/시간) 배분 프레임으로 일상을 계획하라

인생은 보물찾기와 같다.
없는 것을 만들어내는 것이 아니라 숨겨놓은 것을 찾아내는 것이다.

흔히 시간 관리에서는 일의 중요도와 시간의 긴급성 정도에 따라 아이젠하워(Eisenhower) 매트릭스를 이용하여 시간의 질을 평가합니다.

일 관계 시간의 통합적 관리

시간을 보낸다는 것은 일을 하고 다른 사람과 관계하는 것이기 때문에 일과 관계, 그리고 시간은 불가분의 관계입니다. 따라서 현재의 상황을 가장 적절하게 파악하기 위해서는 '일관시'[일(work)/관계(relationship or meeting)/시간(time)] 배분 프레임(allotment frame)으로 생각하는 것이 훨씬 더 포괄적이고 유용합니다. 물론 재정과 건강도 얼마든지 적용될 수 있습니다.

하루 24시간을 보내는 우리의 행동양상을 살펴보면 아래 그림의 일관시 배분 프레임의 사분면으로 분류할 수 있을 것입니다. 일관시 배분 프레임은 일의 중요도와 시간의 긴급성이라는 상호작용을 기본으로 하여, 소비의 사분면, 낭비의 사분면, 투자의 사분면, 허비의 사분면으로 나눌 수 있습니다. 각 사분면의 특징을 살펴보면 다음과 같습니다.

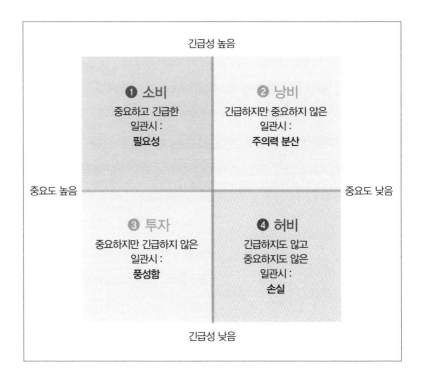

우리가 하는 활동은 대부분 중요도와 긴급성 사이의 긴장과 경합이라는 특징을 가지고 있습니다. 지금 자신의 활동들이 어느 사분면에 속해 있는지를 살펴보면, 일관시 배분을 어떻게 해야 할 것인지에 대한 아이디어를 얻을 수 있을 것입니다.

1) 소비 사분면 : 중요하고 긴급한 일관시

이 사분면에 속한 것은 일상생활의 기본이 되는 부분과 업무적으로 매일 즉각적인 행동을 요구하며 중요한 결과를 초래할 일들을 말합니다. 소비의 사분면은 사용하고 난 뒤 어떻게 하면 좀더 효율적으로 할 수 있을지를 생각하게 되는 활동 요소로 볼 수 있습니다.

예를 들면, 일상적인 활동(수면, 식사, 샤워 등 집에서 행하는 일들), 일상적으로 처리해야 하는 매일의 사무, 약속과 마감에 의해서 진행되는 일상업무, 연락/방문/상담, 이메일 처리, 위기나 예기치 못한 사건이나 사고, 마감시간이 임박한 프로젝트, 회의, 보고 등이 있습니다. 또한 건강, 재정, 관계의 위급한 상황도 생각해볼 수 있습니다(능동적인 면 ≒ 수동적인 면).

일상적인 활동을 제외한 업무 영역에서는 필요에 의해서 일하고 만나지만 시간이 지나면 스트레스가 쌓이고, 창조적인 능력이 저하됩니다. 피곤으로 집중력과 생산성이 떨어지고, 에너지가 소진됩니다. 모든 일을 다 할 수 없기 때문에 우선순위에 따라 중요한 것부터 처리해야 합니다.

2) 낭비 사분면 : 긴급하지만 중요하지 않은 일관시

긴급함 때문에 많은 사람이 가치 있는 일로 착각하게 됩니다. 낭비의 사분면은 사용하고 난 뒤에 어쩔 수 없지만 너무 아깝다는 생각이 드는 활동 요소를 말합니다. 따라서 보내는 시간, 하는 일과 만남에 따른 큰 가치와 의미를 얻을 수 없습니다.

예를 들면, 있어야 하지만 풍성함(생산성과 안식)을 감소시키는 일, 주의력을 분산시키는 일, 생산성이나 풍성한 삶과 관계없는 만남이나 대화, 취미 등이며, 통근/이동의 시간, 중요하지 않은 전화, 메일, 보고, 불필요한 회의나 모임 등입니다(수동적인 면 〉 능동적인 면).

긴급한 것이 다 중요한 일은 아닙니다. 많은 사람이 낭비의 시간을 보내면서 소비의 시간을 보낸다고 착각합니다. 실제로 바쁘게 보내지만 생산성은 거의 없습니다. 목적에 맞지 않는 일을 바쁘게 행함으로 주의력이 없어지고 에너지가 소진됩니다.

3) 투자 사분면 : 중요하지만 긴급하지 않은 일관시

투자의 사분면은 사용하고 난 뒤 뿌듯한 느낌과 더불어 삶의 보람을 가지게 되는 활동 요소를 말합니다. 이 사분면은 목적이 수단이 되도록 하는 활동 사분면으로 마음 관리의 핵심이지만 긴급성이 낮아서 무시되는 경우가 많습니다.

예를 들면, 하나님과 교제하는 일, 주의 말씀을 묵상하고 적용하는 일, 능동적으로 하는 일, 창조적 사고에 관련된 일, 학습과 재충전에 관련된 일, 소명에 따라 비전에 따른 계획을 세우고 중요한 목표를 달성하는 일, 섬기는 인간관계를 형성하는 일, 자신의 건강을 유지하기 위한 운동 등입니다. 보다 구체적으로 말하자면 선제적 믿음생활, 예방, 준비, 중장기 계획, 관계구축, 재충전, 가치관 확립, 책 읽기와 쓰기, 가족과 단란한 시간을 가지는 것(저녁식사 포함), 능력 향상을 위한 공부, 체력 단련, 기술 배우기 등일 것입니다(능동적인 면 > 수동적인 면).

이 사분면에 속하는 것은 당장 급한 일은 아니지만 자신의 비전과 목적을 이루고 선순환의 삶을 살기 위해서 절대적으로 필요합니다. 또한 이 사분면에 거하는 것은 주 안에 안식하면서 하나님의 지혜와 능력을 나타내는 것을 배우는 것이기도 합니다. 그러나 안타깝게도 매일 소비 사분면에 해당하는 것들을 처리하는 데 급급하거나 낭비와 허비 사분면에 속한 것들을 탐닉하기 때문에 투자 사분면의 중요성을 제대로 깨닫지 못하고 있습니다. 설령 이 사분면의 중요성을 인식한다 하더라도 어떻게 해야 할지를 모릅니다. 풍성한 삶의 핵심은 바로 이 투자 사분면을 얼마나 어떻게 확보하느냐와 어떻게 활용하느냐에 달려 있다고 해도 과언이 아닙니다.

4) 허비 사분면 : 긴급하지도 않고 중요하지도 않은 일관시

허비의 사분면은 보내고 난 다음에 후회하는 삶의 요소를 말합니다.

예를 들면, 목적과 의미 없이 일관시를 보내거나, 계획이나 통제 없이 처한 환경에 자신을 맡기거나, 자신이 추구하는 것과 정반대의 삶을 사는 것입니다. 구체적으로 보면 할 일 미루기, 하찮은 일 하기, 과다한 휴식이나 잠, 술에 취해서 보내는 시간, 불필요한 텔레비전 시청, 인터넷 서핑, 시간 때우기용 취미, 게임 중독적인 행위 등입니다(수동적인 면 > 능동적인 면).

미래의 비전이나 성취와 상관없이 현실도피적인, 그리고 생산성과는 관계없는 일관시에 몰두하는 것입니다. 시간이 지남에 따라 의욕이 상실되고 에너지가 소진되어 무기력, 우울증이 나타나게 됩니다.

일관시 배분 프레임의 역동성
풍성한 삶을 살기 위해서는 다음 사항을 고려해야 합니다.

① 일반적으로, 1번 소비 사분면을 효율적으로 보내는 것을 시간 관리의 핵심이라고 생각합니다.

② 그러나 시간 관리의 핵심은 2번 낭비 사분면과 4번 허비 사분면을 줄여가거나 불필요한 것을 제거하는 데 달려 있습니다.

③ 2번 낭비 사분면과 4번 허비 사분면을 줄이는 만큼 3번 투자 사분면을 늘려가는 것이 풍성한 삶의 핵심입니다.

④ 1번 소비 사분면의 효율성과 생산성을 높인다는 것은 하루 중 1번 소비 사분면의 비율을 줄인다는 것이며, 이것은 3번 투자 사분면의 투자와 직접적인 관계가 있습니다. 즉, 3번 투자 사분면을 높임으로 결과적으로는 1번 소비 사분면을 보다 효율적으로 보낼 수 있게 된다는 것입니다.

⑤ 사람들은 대개 하루를 소비 사분면 → 낭비 사분면 → 투자 사분면 → 허비 사분면의 순으로 보냅니다. 그러나 바람직한 하루는 소비 사

분면 → 투자 사분면 → 낭비 사분면 → 허비 사분면의 순으로 보내는 것입니다.

우리는 흔히 1번 소비 사분면에서의 일관시를 나의 일로 생각하여 최선을 다해야 한다고 생각하고, 따라서 휴식을 위해서는 2번 낭비와 4번 허비 사분면이 반드시 필요하다고 여깁니다. 그렇지 않습니다. 소비 일관시는 나에게 속한 것이 아니라 하나님께서 맡기신 것입니다. 돈을 벌기 위해서 혹은 자유를 얻기 위해서 소비 사분면을 보냈다면 낭비와 허비 사분면이 필요하지만, 하나님의 뜻을 이루는 삶을 산다면 소비 사분면 자체에서 의미와 가치와 목적을 추구할 수 있습니다. 2번 낭비와 4번 허비 사분면에 많이 거하는 이유는 3번 투자 사분면을 모르거나 제대로 행하지 않기 때문입니다. 풍성한 삶은 1번 소비와 3번 투자 사분면의 균형에 있지, 2번 낭비와 4번 허비 사분면을 늘리는 데 있지 않다는 사실을 알아야 합니다.

사람들은 2번 낭비 사분면을 보내면서 자신은 1번 소비 사분면에서 보낸다고 착각하기도 합니다. 2번 낭비 사분면은 바쁘기는 하지만 전혀 중요하지 않은 일과 만남에 시간을 보내는 것으로, 자신이 바쁘기 때문에 무엇인가를 성취하는 것처럼 느낍니다. 그러나 그것은 아무 열매도 없는 자기만족을 위한 삶일 뿐입니다. 그 시간을 보내고 나서 마음의 상태를 체크해보면 금방 알 수 있습니다. 마귀가 우리를 속이는 가장 전략적인 방법은 우리를 바쁘게 만드는 것입니다. 바쁘면 하나님과의 올바른 관계를 가질 수도 없고 몸과 마음이 한자리에 있지도 못하며 열매 맺는 삶을 살지 못하게 됩니다. 우리는 마귀에게 속아서 바쁜 것 자체가 가치 있는 삶이라고 생각하기 쉽습니다.

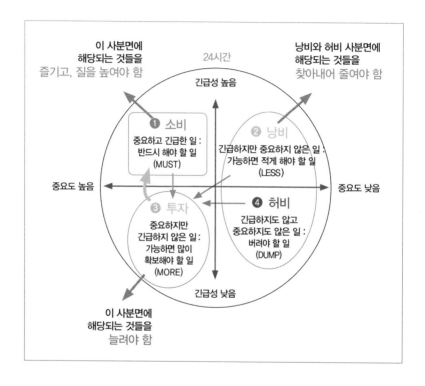

3번 투자 사분면의 시간을 늘리면 1번 소비 사분면에 속하는 위기와 문제점은 점점 줄어들게 됩니다. 왜냐하면 자신의 목적에 따라 기도하고 주의 뜻에 기초하여 미리 계획하고 준비하기 때문입니다. 또한 중요한 사람들에게 시간을 투자하기 때문에 영향력이 커집니다. 주어진 일을 쫓기듯 하는 것이 아니라 해야 할 일을 미리 예측하고 믿음으로 취하고 행하기 때문에 스트레스가 적고 창조적이고 능률적으로 일할 수 있습니다. 또한 건강을 위해 시간을 투자하기 때문에 에너지를 충전하고 보다 생산적으로 일할 수 있습니다. 결국 해야 하는 일을 시간에 쫓기면서 최선을 다하는 삶이 아니라 비전에 따라 하나님의 뜻을 이루는 삶을 살 수 있게 됩니다.

매일의 삶은 시간을 보내는 것, 일을 하는 것, 다른 사람과 관계하는 것 그리고 그 결과로 건강을 유지하고 물질을 사용하는 것 모두를 포함합니다. 우리는 1번 소비 사분면과 2번 낭비 사분면에서 살다가 일관시가 허용될 때 3번 투자 사분면을 확보하는 삶이 아니라 3번 투자 사분면에서 소비와 낭비 사분면으로 나들이하는 삶을 살아야 합니다. 3번 투자 사분면은 선제적 믿음생활과 선순환적인 삶의 핵심입니다. 어떻게 하면 매일 3번 사분면에 더 많이 거할 수 있느냐가 우리의 인생의 질과 열매를 결정한다고 해도 과언이 아닙니다.

삶은 결국 마음 관리입니다. 우리 마음은 늘 3번 투자 사분면에 있어야 합니다. 이것이 바로 안식 가운데 주님과 교제하며 주님의 지시를 받는 마음의 상태이기 때문입니다. 아무리 1번 소비 사분면을 행하며 바쁜 시간을 보냈더라도 잠들기 전과 아침에 눈뜰 때는 다시 3번 투자 사분면으로 세팅되어 있어야 합니다. 이것이 바로 우리가 추구하는 새로운 라이프스타일입니다.

하나님나라의 삶에서 가장 중요한 개념을 오늘날 우리 언어로 표현한다면 바로 투자개념일 것입니다. "심은 대로 거두리라", "믿은 대로 될지어다" 모두가 투자개념을 말하고 있습니다. 우리는 투자한 것 없이 무엇인가를 얻고자 합니다. 단언컨대 세상나라에도 그러한 것은 없습니다.

예를 들어, 돈을 벌기 위해서는 돈 버는 법을 배우는 데 투자를 해야 합니다. 사람들과 좋은 관계를 가지기 위해서는 상대방과 교제해야 합니다. 좋은 학교에 들어가기 위해서는 열심히 공부하는 투자를 해야 합니다. 건강을 유지하기 위해서는 운동하는 데 투자해야 합니다. 사실 이 모든 투자는 바로 시간, 열정, 에너지에 기반을 두고 있습니다. 그런데 정작 우리는 오늘 하루를 잘 보내는 데 최선을 다하는 삶을 삽니다. 시간, 열정, 에너지를 오늘 해야 할 일이 아니라 내일 할 일을 위해서 오늘 투자해야 보다 가치 있는 삶을 살 수 있습니다. 다른 말로 미래를 위해서 오늘의 시간, 열정, 에너지를 얼마나 투자하는가에 따라 미래뿐만 아니라 어제에서 본 오늘의 생산성과 풍성함이 바뀐다는 것을 알아야 합니다. 이것은 목적이 수단이 되는 삶을 말하며, 내일을 위해서 오늘을 희생하는 삶과는 전혀 다른 이야기입니다.

풍성한 삶은 투자하는 삶을 말합니다. 미래에 대한 시간의 투자는 항상 현재 시간의 풍성함으로 거두게 합니다.

> 매일 미래에 대한 투자는 오늘의 삶을 풍성하게 한다 → 선순환의 삶
> 매일 오늘에 대한 투자는 미래의 삶을 가난하게 한다 → 악순환의 삶

> 여호와의 말씀이니라 보라 날이 이를지라 그 때에 파종하는 자가 곡식 추수하는 자의 뒤를 이으며 포도를 밟는 자가 씨 뿌리는 자의 뒤를 이으며 산들은 단 포도주를 흘리며 작은 산들은 녹으리라 암 9:13

간단한 예를 들어봅시다. 식당을 하는데 새벽부터 매일 장 보고, 음식을 장만하고, 시간이 되면 식당을 열고 저녁까지 일하면 결국 파김치가 되도록 피곤해집니다. 그렇지만 문을 닫은 후에는 오늘 팔아서 번 돈을 계산하고, 남은 음식들이 무엇인지 파악하고, 내일 장사를 위해서 무엇을 구입해야 하는지를 확인해야 합니다. 만약 당신이 컴퓨터에 익숙하고 엑셀 프로그램이나 재무관리 프로그램을 사용할 수 있다면 이러한 일들은 매우 쉽게 처리할 수 있을 것입니다.

그런데 매일 먹고 살기에 빠듯해서 컴퓨터 살 돈이 없다거나, 너무 바빠서 프로그램을 배울 시간이 없다고 생각합니다. 이것이 보통 사람들이 가지는 마음 관리입니다. 그러나 그런 와중에서도 당신의 돈과 시간의 일부를 떼어서 투자한다고 생각해보십시오. 힘들지만 얼마동안이라도 잠을 줄이든지 내가 꼭 하지 않아도 될 일을 다른 사람에게 맡기고, 시간을 내어 프로그램을 배운다고 생각해보십시오. 그리고 생활비를 줄이거나 싼 것을 구입하고 돈을 모아 컴퓨터를 구입한다고 생각해보십시오.

그 투자를 늘림으로 궁극적으로는 매일 보내는 시간과 일에 혁명이 일어날 것입니다. 매일 끝없이 계속해야 하는 일들의 생산성과 효율성을 높일 뿐만 아니라 일과 후에도 몇 시간이 걸리던 일을 몇십 분 내로 단축시킬 것입니다. 그렇게 될 때 당신은 그동안 소비의 시간에 들어간 일과 시간을 다시 투자의 시간에 투입할 것입니다. 결국 투자의 시간을 확대하는 것은 궁극적으로 소비의 시간과 일을 줄여줄 뿐만 아니라 보다 생산성과 효율성을 높이고 인생을 즐겁게 만들어주는 것입니다.

어떻게 하면 사분면을 최적화시킬 수 있는가?

사분면 관리는 마음 관리입니다. 마음 관리의 핵심은 ① 역할과 목표가 정해진 삶을 사는 것, ② 안 해도 될 것, 하지 말아야 할 것을 하지 않는 것, ③ 비전과 목적에 기초해서 중요한 것을 우선순위에 따라 행하는 것, ④ 해야 할 일을 보다 탁월하게 할 수 있도록 시스템화하는 것, ⑤ 내가 하지 않아도 될 일은 다른 사람에게 위임하는 것, ⑥ 자신의 일중 에너지 변화를 알고 프라임 타임(prime time)[14]에 가장 중요한 일을 행하는 것입니다.

그렇다면 어떤 일을 하기 위해서 구체적으로 어떻게 스케줄을 짜야 합니까? 먼저 해야 할 일들의 목록을 적고, 그다음에 멈춤-확인-결정 순으로 각 목록을 확인해보십시오. 이것이 오늘 내가 하나님나라의 삶을 사는 데 얼마나 중요한가, 이것을 빨리 하지 않으면 어떤 일이 일어나는가, 이것을 왜 지금 해야 하는가 등을 질문해보는 것입니다.

다음 5가지 질문을 기준으로 판단해보면 됩니다.
① 왜 해야 하는가?
② 왜 내가 해야 하는가?
③ 왜 지금 해야 하는가?
④ 왜 이 방법으로 해야 하는가?

---

14) 본래 시청률이나 청취율이 가장 높은 방송시간대를 말하지만, 여기서는 자신의 활력이 가장 높고 몰입할 수 있는 시간대를 의미한다.

⑤ 하지 않으면 어떻게 되는가?

위 질문으로 평가하고, 다음 다섯 가지 중 하나로 처리합니다.
ⓐ 지금 당장 직접 한다.
ⓑ 위임한다.
ⓒ 시간을 투자한다.
ⓓ 시간을 조정한다.
ⓔ 하지 않는다.

하나님나라의 삶을 실제적으로 살기 위해서는 매일 구체적으로 무엇을 어떻게 실행해야 합니까? 이 문제에 대해서 내가 기준으로 삼고 있는 몇 가지를 나누고자 합니다.

1) 해야 할 일과 생각나는 것을 무조건 적는다

대부분의 사람들은 자신의 삶을 기록하는 것을 귀찮아하거나 시간 낭비라고 생각합니다. 그렇지만 정말 우리에게 필요한 것은 더 많은 일이 아니라, 하나님이 주신 나에게 가장 중요한 일을 먼저 하는 것입니다. 따라서 자신의 생각을 객관화시키기 위해서는 기록하는 것이 무엇보다도 중요하다는 것을 알아야 합니다.

2) 낭비 사분면과 허비 사분면의 일을 최소화한다

정말로 중요한 일을 하지 않을 때는 소중하지 않은 일을 하게 됩니다.

소중하지 않은 일은 아무리 열심히 해도 생산성이 높아지지 않고, 그 결과로 만족감이 주어지지 않습니다. 소중하지 않은 일을 한다는 것은 동시에 중요한 일을 하지 않는다는 것이며, 그것은 시간을 도둑맞고 있는 것과 같습니다. 만약 누군가가 자신의 은행계좌에서 몰래 돈을 빼내간다면 가만히 있을 사람이 있을까요? 시간은 돈과 마찬가지입니다. 그런데 무엇인가가 또는 누군가가 자신의 시간을 마음대로 사용하고 있는데도 아무렇지 않게 생각하는 경우가 대부분입니다.

중요하지 않은 일을 한 다음에는 에너지 고갈에 더하여 심적 스트레스와 그에 따른 육체적 피로가 나타나고, 그 결과로 긍정적인 기분 대신 부정적인 기분이 나타납니다. 그러면 그 부정적인 기분을 제거하기 위해서 심신의 기쁨을 회복시키고자 하는 허비의 시간을 또 보내게 됩니다. 그것은 일종의 보상심리와 같은 것입니다. 그러나 중요한 일을 한 다음에는 보상받아야 한나는 기분이 들지 않습니다. 왜냐하면 그 일 자체로 이미 보상을 받았기 때문입니다. 중요한 일을 한 다음에 나타나는 정신적 에너지의 고갈에는 평강과 기쁨이 뒤따릅니다. 시간을 가치 있는 일에 투자했기 때문입니다.

3) 하루 중 투자 사분면의 일에 항상 일정 시간을 할애한다

우리는 하나님께서 주신 비전을 이루는 삶을 살아야 합니다. 앞에서 언급한 바와 같이 많은 경우 자신에게 주어진 목표를 이루기 위한 우선순위에 따라 중요한 일에 시간을 보내지 못하고, 당장 급한 일에 쫓기면서 살고 있습니다. 우리는 급한 일에 쫓기는 삶이 아니라 중요한 일에 집중하는 삶을 살아야 합니다. 급한 일을 처리하지 않으면 문제가 생기는데 어떻게 하느냐고 반문할지 모르겠습니다. 물론입니다. 점차적으로 투자 사분면을 더 확보함으로써 소비 사분면을 효과적으로 줄여가는 것을 배워야 합니다. 저는 하루 중에 새벽 5시부터 7시 30분(경우에 따라 8시)까지가 프라임 타임이기 때문에 이 시간대를 항상 투자 사분면의 일로 떼어놓습니다. 아무리 급한 일이 있어도 이 시간에는 소비 사분면의 일을 하지 않습니다.

4) 매일 최소 20-30분을 선제적 믿음생활에 투자한다

선제적 믿음생활이란 미래 기억을 내 기억과 잠재의식에 저장하는 일입니다. 흔히 기억이라고 하면 과거에 기초한 것을 의미하지만, 아직 일어나지 않은 일에 대해서 믿음으로 취하고 그것을 내 뇌와 잠재의식에 기록한 것도 역시 기억이며, 이것을 미래 기억이라고 부릅니다. 선제적 믿음생활은 바로 투자 사분면에서 할 수 있는 일입니다. 매일의 삶 속에서 투자 사분면의 시간과 에너지를 얼마나 확보할 수 있는가가 하나님 자녀의 삶을 결정짓는다 해도 과언이 아닙니다. 또한 이러한 삶은 궁극적으로 소비 사분면에서 효율성과 효과성을 높이게 됩니다. 저는 자투리 시간이 날 때마다, 특히 자기 전에 선제적 믿음생활을 합니다.

믿음은 바라는 것들의 실상이요 보이지 않는 것들의 증거니 히 11:1

스스로 속이지 말라 하나님은 업신여김을 받지 아니하시나니 사람이 무엇으

로 심든지 그대로 거두리라 갈 6:7

5) 역할을 정하고 사분면의 비율을 조정한다

대부분은 목표지향적인 삶을 추구하지만 일관시를 생각할 때 목표만큼이나 중요한 것이 역할입니다. 매일 우리에게 많은 일이 주어집니다. 어떤 일을 어떻게 할 것인가는 내가 결정한다고 생각하지만 사실은 알게 모르게 함께 살아가는 사람들, 그리고 상황과 환경에 절대적으로 영향을 받게 됩니다. 따라서 우리는 어떤 일에 대한 자신의 역할과 목표에 따라서 일관시를 행해야 합니다. 그 일을 위해서는 먼저 자기 역할의 중요성을 인식해야 합니다. 지금 내 역할(신분)로 볼 때 나서야 할 일인가, 시급히 해야 할 일인가 등을 생각해보는 것입니다. 그리고 경우에 따라서 내가 계획한 사분면과 다르지만 어떤 역할이 내 일이라고 생각되면 다른 모든 것을 제쳐 놓고 그 일에 먼저 시간을 보내게 됩니다.

6) 혁신, 영향력, 통합의 관점에서 결과를 판단한다

자신의 삶을 되돌아보고 평가하지 않는다면 미래의 새로운 삶은 기대할 수 없습니다. 따라서 우리는 노트를 통해서 자신의 삶을 객관적으로 보고, 다양한 프레임을 사용하여 새로운 라이프스타일을 확립해야 합니다. 자신의 변화는 3I(혁신, 영향력, 통합)를 통해서 평가해볼 수 있습니다.

첫째, 혁신(innovation)은 지금 내가 하는 일과 만남, 보내는 시간은 과거와 비교할 때 얼마나 혁신되었는가를 살펴보는 것입니다. 둘째, 영향력(influence)은 행하는 일이나 다른 사람에 하나님의 탁월함과 능력을 얼마나 더 나타냈는가를 평가해보는 것입니다. 셋째, 통합(integration)은 가정, 직장, 교회, 문화생활에서 삶의 기준이 예수 그리스도 안에 얼마나 통합되었는가를 평가해보는 것입니다. 대부분의 경우 자신도 알지 못하는 사이에 자신의 처한 장소와 환경에 따라 다른 기준을 적용하고 있습니다. 예를 들어, 교회 안에서는 거짓말을 하면 안 된다는 윤리 기준을 가지고 있지만 직장에서는 필요하다면 거짓말을 해도 괜찮다는 윤리 기준을 가지고 있는 식입니다. 통합은 나 자신뿐만 아니라 다른 사람들에게 신뢰성과 도덕성을 보여주는 중요한 덕목입니다.

04

목표를 계획하고 이루어가는 법을 배우라

목적과 계획 없는 노력과 용기는
허공을 치는 분노의 주먹일 뿐이다.

목표를 달성하는 것은 비행기가 어떤 목적지를 향해 가는 것과 같습니다. 비행기가 어떤 목적지를 향해 출발할 때는 자동항법장치에 목적지, 도착시간, 비행경로에 대한 정보를 입력합니다. 일단 이 정보가 입력되면 비행기는 주위환경에 의해서 늘 본래 입력한 경로에서 이탈하지만 자동항법장치는 항상 재계산해서 그 경로에서 이탈하지 않도록 하며 속도를 조절하여 주어진 시간 내에 목적지에 도달하게 해줍니다. 이와 마찬가지로 우리는 이 땅에 살면서 주어진 비전을 이루기 위해서는 단기든 장기든 목표를 설정해야 하고, 언제까지 끝낼 것인가를 정해야 하며, 그 일을 행하기 위한 구체적인 실행계획을 세워야 합니다. 목표와 계획이 세워지면 매일 해야 할 일과 시간 즉 속도가 정해집니다.

목표를 이룰 준비가 되면 미래 기억을 잠재의식에 저장해야 합니다. 즉 이미 이루어진 것을 상상함으로써 그것을 이룰 구체적인 계획과 속도가 우리의 뇌 기억과 잠재의식에 프로그램 되도록 하는 것입니다. 그렇게 될 때 외부상황과 상관없이 그 프로그램은 자동적으로 계속 작동하게 됩니다. 실제로 우리 마음에 목표, 계획, 시간이 설정될 때 뇌의 활동이 극대화되고, 잠재의식은 우리의 표면의식과 상관없이 그 일을 이루고자 작동되는 것으로 밝혀졌습니다. 그리고 성령님의 도우심으로 계속적으로 목표를 향해 나아가는 것입니다. 성령님은 마치 자동항법장치와 같으신 분이십니다.

주의 말씀은 내 발에 등이요 내 길에 빛이니이다 시 119:105

사람이 마음으로 자기의 길을 계획할지라도 그의 걸음을 인도하시는 이는 여호와시니라 잠 16:9

또 이르시되 하나님의 나라는 사람이 씨를 땅에 뿌림과 같으니 그가 밤낮 자고 깨고 하는 중에 씨가 나서 자라되 어떻게 그리 되는지를 알지 못하느니라 막 4:26,27

목표를 정하고 계획을 세우는 구체적인 방법을 알아봅시다. 목표를 달성한다는 것은 "그렇게 간단하지 않아"라는 문제를 "간단해"로 만드는 것입니다. 미래의 목표만을 생각하면 그렇게 간단하지 않지만, 계획을 세우고 세분화하여 오늘 할 일로 만들면 목표를 달성하는 것은 보다 간단해집니다. 우리는 이미 목적이 수단이 되는 삶에 대해서 배웠습니다. 목표 달성의 핵심은 목표를 성취하기까지의 기간에 있는 것이 아니라 오늘에 있다는 사실을 알아야 합니다. 목적과 계획은 주어진 오늘 삶의 기초가 되기 때문입니다. 아래에 언급한 내용은 어떤 정해진 목표를 달성하는 방법에 대해 주안점을 두어서 기술한 것이고, 만약 한 해 목표를 만들고자 한다면 보다 포괄적인 접근이 필요할 것입니다. 그것을 위해서는 '하나하루'에서 나온 '라이프스타일북'을 참고하십시오.

하나님이 주신 비전에 따른 목표를 분명히 하라

① 목표를 가진다는 것은 하나님께서 나를 통해서 이루시고자 하는 일을 정의하는 것과 같습니다. 따라서 무엇보다도 자신이 원하는 목표가 주어진 비전과 자신의 핵심 가치관에 일치하는지, 그리고 왜 목표가 필요한지 확인해야 합니다.

② 당신의 목표는 아마 건강, 가족, 영성, 경제, 직업, 관계, 신앙, 공동체, 자기계발, 은사, 소유, 삶의 질과 수준 등에 대한 것일 것입니다.

③ 목표를 정한다는 것은 현실에 안주하는 것에서 벗어나 내 삶에 하나님께서 개입하시도록 하겠다는 것을 의미합니다. 그렇게 하기 위해서

는 외부에서 온 잘못된 정보들, 자신의 왜곡된 경험에 기초한 기억들, 달성하지 못할 때 올 수 있는 미래에 대한 두려움으로부터 벗어나야 하며, 목표가 이루어질 때까지 오직 주님만 의지해야 합니다.

④ 목표를 달성하지 못하고 실패를 경험할 수도 있습니다. 그러나 우리가 정말로 알아야 할 것은, 목표는 우리가 최선을 다해 언제까지 달성해야 할 그 무엇이 아니라 매일 하나님의 지혜와 능력을 더 나타내는 수단이라는 사실입니다. 따라서 목표를 향해 나아가는 동안 주님을 더 나타내는 삶을 살았다면 그것은 결코 실패라고 말할 수 없습니다. 우리는 하나님께 목표달성 여부에 따라 평가를 받는 것이 아니라 목표를 향해 나아가는 동안 주님을 얼마나 나타냈는가로 평가받습니다.

⑤ 목표를 설정하기 위해서 3단계를 적용해보십시오.
- 목표 발견 : 이 시점에서 주님께서 나를 통해서 행하시고자 하는 것이 무엇인가?
- 상황 분석 : 해야 할 일이 내가 가진 은사와 환경과 어떤 관계가 있는가?
- 목표 정립 : 구체적으로 행하고자 하는 것이 무엇인가?

목표를 종이에 적어라

① 상상한 것을 종이에 기록함으로써 마음을 밖으로 표출해야 합니다. 그리고 그것을 봄으로써 마음에 다시 기록해야 합니다. 종이에 기록하는 것과 단지 마음에 그리는 것은 하늘과 땅 차이입니다. 기록되지 않은 생각은 결코 목표가 될 수 없습니다. 목표(objective)를 적고, 실천내용(activities)과 시간계획(time schedule)을 세우고, 과정을 어떻게 평가할 것인가를 고려해야 합니다.

② 정한 목표가 효과적(SMART)인지 확인해보십시오.
- 구체성(Specific) : "글로 분명히 표현되었는가?"에 관한 것으로, 무슨 일을 행할 것인지 구체적으로 정확하게 표현되어야 합니다.
- 측정 가능성(Measurable) : "관찰, 측정, 평가가 가능한가?"에 관한 것으로, 목표를 달성하는 것이 정량적으로 측정 가능해야 합니다.
- 행동 지향성(Action-oriented) : "목표에 따른 구체적인 실천 계획을 세울 수 있는가?"에 관한 것으로, 해야 할 일들에 대한 행동 수칙이 있어야 합니다.
- 현실성(Realistic) : "만족할 만한 성취 수준이 설정되어 있는가?"에 관한 것으로, 불가능한 것이 아니라 현실적으로 목표를 달성할 수 있는 것이어야 합니다.
- 적시성(Timely) : "설정된 목표가 시간적/시기적으로 적절한가?"에 관한 것으로, 주어진 목표가 주어진 상황에 적절하고, 그 목표를 정한 기간

내에 달성할 수 있도록 합리적이고 적절한 시간이 주어져야 합니다.

③ 목표를 이루기(주님께서 나를 통해서 이루시기) 위해서는 하나님께서 보시는 것과 내가 보는 것이 일치되어야 합니다. 그것은 믿음으로 미래의 이루어진 일을 이미 이루어진 것으로 내 마음에 품는 것입니다. 그것을 미래 기억이라고 부르며, 달성된 목적을 믿음으로 실체화시키는 것입니다.

기한을 정하라

① 일반적으로 일이란 가용한 시간만큼의 시간이 걸리게 마련입니다. 한편, 우리가 생각하는 모든 일을 다 할 수는 없습니다. 따라서 자신에게 가장 중요한 일부터 집중력을 가지고 행함으로 생산성을 높이는 것이 필요합니다. 그것을 위해서 시간을 정하는 것이 절대적으로 중요합니다.

② 시간을 정하지 않으면 속도가 없으며 속도가 없으면 삶의 의미와 가치가 없어집니다.

③ 많은 경우, 시간을 정할 때 '달성하지 못하면 어떻게 하나'라는 생각을 가지게 됩니다. 걱정할 필요가 없습니다. 왜냐하면 목표달성은 내 자신과의 약속이 아니라 하나님을 더 나타내는 훈련이기 때문입니다. 만약 정한 그 시간까지 목표를 이루지 못했다면, 계획에 따른 하나님의 하

루를 점검해보고 다시 목표를 설정하면 됩니다.

필요한 리스트를 작성하라

① 그 목표를 달성하기 위해서 필요한 단계, 활동, 행동, 새로운 습관, 필요한 물건 등의 요구되는 리스트를 만들어보십시오.

② 리스트를 작성할 때는 현실성이나 가능성에 대해서 걱정할 필요가 없습니다. 도움이 되는 모든 것을 다 리스트해보면 됩니다.

③ 브레인스토밍(brainstorming)을 해보는 것도 좋은 방법입니다. 가장 손쉬운 방법은 목표를 정한 다음 5WHYS를 해보고, 그에 따른 5HMI(How might I…? 나는 어떻게 하면…을 해결할 수 있을까?)를 생각해보는 것입니다. 즉 일단 목표를 정했다면 '왜'라는 질문을 계속적으로 다섯 번을 해보는 것입니다.

예를 들어, "운동을 열심히 해야겠다"라는 목표를 정했다고 합시다. 그렇다면 "① 건강해야 하니까, ② 지금 체력이 약해서 오랫동안 집중하지 못하니까, ③ 규칙적인 식사를 하지 않으니까, ④ 항상 바쁜 일이 있으니까, ⑤ 매일 해야 할 일이 너무 많기 때문에" 식으로 나열해볼 수 있을 것입니다. 그리고 ⑤에서부터 ①로 가면서 그에 따른 HMI 질문에 대한 답을 달아보는 것입니다. 5WHYS가 왜 그 목표가 필요한지에 대한 원인을 분석하기 위한 과거 지향적 질문이라면, 5HMI는 그 분석에 기초해 새로운 방안을 모색하는 질문입니다. 이것을 통해서 목표를 이룰 단계와 계획, 방향성을 가질 수 있게 될 것입니다.

리스트를 정리하여 계획을 짜보라

① 목적지가 정해지고 시간이 정해졌으면 반드시 계획을 세워야 합니다. 그 계획은 장기, 중기, 단기 계획으로 만들 수 있을 것입니다. 어떤 계획이라도 그것은 계획일 뿐입니다. 우리는 자신이 만든 계획은 반드시 이루어야 한다는 사고방식 때문에 계획을 세우기를 두려워하거나, 자신의 능력 이하의 계획을 세우거나, 아예 무계획한 삶을 살기도 합니다.

② 계획은 달성하기 위해서 세우는 것이 아니라, 자신의 계획과 현실의 갭을 이해함으로써 지금 자신의 좌표와 어디로, 무엇을, 어떻게 해야 할지를 알기 위해서 세우는 것입니다. 만약 늘 계획을 100퍼센트 달성한다면 그것은 잘못된 계획일 것입니다. 왜냐하면 자신의 변화 없이 계획을 달성할 수 있었기 때문입니다.

③ "계획에 실패하면 실패를 계획하는 것이다"라는 말이 있습니다. 계획하는 데 들이는 시간은 소비가 아니라 투자입니다. 이 투자를 잘해야 시간 자산을 늘리고 만족감을 얻을 수 있게 됩니다.

④ 계획에는 연간 계획 수립, 월간 계획 수립, 주간 계획 수립, 일일 계획 수립, 시간 관리의 원칙 세우기 등이 포함되어야 합니다.

⑤ 어떻게 할 것인가를 고려해보십시오. 우선순위, 중요도에 따라 해야 할 일을 정리하면 계획이 만들어진 것입니다. 이를 위해서 우선순위 결정, 파레토 법칙 적용하기, 일관시 배분 프레임의 활용, 프라임 타임 활용하기, 업무 위임 등을 활용하면 좋을 것입니다.

매일 목표를 바라보고 계획된 대로 행하라

① 하나님으로부터 주어진 목표를 달성하는 데 가장 중요한 것이 무엇일까요? 바로 세운 목표를 종이에 기록하고, 그 기록한 것을 보고 선포하는 것입니다. 이 방법은 매우 과학적이고 합리적입니다. 왜냐하면 우리가 목표를 보고 말할 때 계속적으로 그 목표를 떠올리게 됨으로써 궁극적으로 자신의 잠재의식 내 프로그램을 강화시키는 것이기 때문입니다. 일단 뇌에 기억되고 잠재의식 내 프로그램화된 것은 우리의 의식과 상관없이 계속적으로 그것이 이루어지도록 작동됩니다.

이 율법책을 네 입에서 떠나지 말게 하며 주야로 그것을 묵상하여 그 안에 기록된 대로 다 지켜 행하라 그리하면 네 길이 평탄하게 될 것이며 네가 형통하리라 수 1:8

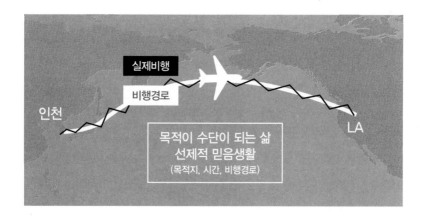

인천　실제비행　비행경로　LA

목적이 수단이 되는 삶
선제적 믿음생활
(목적지, 시간, 비행경로)

② 이미 언급한 바와 같이 비행기가 이륙하기 전에 자신의 좌표를 설정하고 목적지와 시간을 세팅하는 것을 생각해보십시오. 자동항법장치가 가장 이상적인 비행경로를 그려주는 것을 상상할 수 있을 것입니다. 이상적인 비행경로가 바로 계획에 해당합니다. 실제로 비행기는 본래 정한 비행경로 상에 있는 시간은 1퍼센트도 채 되지 않을 것입니다. 비행기는 거의 대부분 시간을 그 비행경로를 이탈하여 비행합니다. 그렇지만 그 경로가 있기 때문에 다시 방향과 속도를 조절하여 그 경로 안으로 들어가게 됩니다. 그것도 잠시이며 주위의 갖가지 기상변화 때문에 다시 경로를 벗어나게 됩니다. 그렇지만 그 비행경로(계획)가 있기 때문에 그것에 맞추기 위해서 끊임없이 재조정합니다. 그러는 과정 가운데 점점 더 목표를 향해서 가는 것입니다. 우리 내면의 자동항법장치도 그렇게 돌아갑니다. 즉 성령님께서 우리를 그렇게 도와주십니다.

③ 목표가 이루어진 것을 믿음의 눈으로 상상해보십시오. 어느 순간부터 내면에 기쁨이 올라올 것입니다. 그것은 실상과 증거가 잠재의식 내 프로그램화되어 작동하고 있다는 것을 알려주는 신호입니다. 즉 자동항법장치가 성령님에 의해서 정상적으로 작동한다는 뜻입니다.

④ 지금 당신이 매일 계획된 대로 하고 있다면(잘하든 잘하지 못하든) 당신은 목표를 향해서 가고 있습니다. 계획에서 벗어났다는 것은 내 자신을 어떻게 변화시켜야 하는가를 알 수 있는 기회이기도 합니다. 다른 말로 어떻게 하나님의 지혜와 능력을 더 나타내어야 하는지를 알게 되는 기회라는 것입니다. 계획에서 벗어난 것은 정죄해야 할 일이 아니라 감사해야 할 일임을 알아야 합니다.

⑤ 목표 달성을 위해서는 과업 중심적인 삶(task oriented life)과 해야할 일 중심적인 삶(to-do oriented life)을 구별할 줄 알아야 합니다. 과업 중심적인 삶은 이미 정해진 목표에 기초한 역산 스케줄링을 통해서 오늘 무엇부터 어떻게 해야 하는가에 초점을 맞추는 방식입니다. 해야 할 일 중심적인 삶은 매일 처리해야 할 업무와 일정에 기초한 것으로서, 일과 달성 스케줄링 때문에 언제까지 과업을 할 수 없는가에 초점을 맞추는 방식입니다. 따라서 하루 일정을 짤 때는 매일 해야 할 일(to do list)보다 과업(task list)을 우선순위에 두어야 합니다. 목표를 달성하는 일은 중요하지만 당장 긴급하지 않지 않기 때문에 늘 밀리기 십상입니다.

⑥ 목표를 달성하기 위해서는 과업 역산 스케줄링(backward task scheduling)을 하는 것이 좋습니다. 목표 달성을 위한 시간과 계획을 세웠다면 그 일을 이루기 위한 매일의 과업을 할당해야 한다는 뜻입니다. 매일 계속되는 업무와 일정보다 중요도와 우선순위가 높아야 하며, 성격상 투자 사분면에 위치해야 합니다.

⑦ 목표 달성에서 '계획(과업 역산 스케줄링) - 실행 - 평가 - 개선'은 네 발의자의 다리와 같습니다. 한 다리가 없어도 보기에는 문제가 없는 것 같지만, 막상 실제로 앉으면 쓰러집니다. 따라서 계획이 제대로 이행되었는지를 늘 확인해야 합니다. 이 과정이 매우 중요한데 핵심은 다음과 같습니다. 첫째, 계획과 현실을 비교하여 그곳에서 긍정적인 감정을 찾아내는 것입니다. 둘째, 계획에 미치지 못한 것에 대해서 자신을 정죄하거나 다른 사람이나 환경을 탓하지 말아야 합니다. 그리고 하나님의 지혜와 능력이 덜 나타나게 한 것이 무엇인지를 파악해야 합니다. 무엇보다도 내가 '일관시 배분 프레임'에서 원치 않는 어느 곳에 많이 머물렀는지를 확인해보아야 합니다. 그리고 하지 말아야 할 일에 매달리고 해야 할 일에 집중하지 못한 것이 있는지 살펴보아야 합니다. 셋째, 선택과 집중을 해야 합니다. 인생을 생각할 때 흔히 결과만을 가지고 이야기하는데, 정말 중요한 것은 어떤 결과를 성취하였는가보다는 어떻게 살아왔느냐는 것입니다. 꿈이나 목표를 달성하기 위해서 자신을 포기하고 다른 사람들에게 피해를 준다면 그 성공은 무슨 의미가 있는지 다시 한번 생각해보아야 합니다.

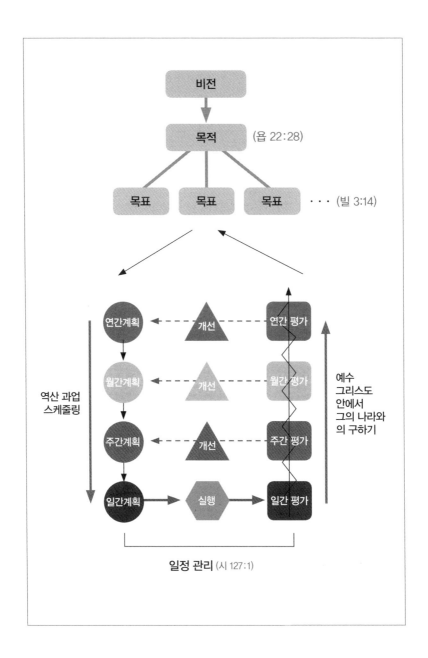

비전

목적 (욥 22:28)

목표　목표　목표 · · · (빌 3:14)

연간계획　개선　연간 평가

월간계획　개선　월간 평가

주간계획　개선　주간 평가

일간계획　실행　일간 평가

역산 과업
스케줄링

예수
그리스도
안에서
그의 나라와
의 구하기

일정 관리 (시 127:1)

⑧ 반드시 체크리스트(check list)를 만들어 확인해야 합니다. 체크리스트를 만들면, 자신의 변화 정도와 진도를 파악할 수 있으며, 계획 수정이 필요한지를 파악할 수 있습니다. 대부분 목표를 세웠지만 오래 지속되지 못하는 것은 계획은 세웠지만 구체적인 역산 매일 스케줄이 없기 때문이고, 끝까지 완주하지 못하는 것은 체크리스트가 없기 때문입니다.

> 네가 무엇을 결정하면 이루어질 것이요 네 길에 빛이 비치리라 욥 22:28

> 푯대를 향하여 그리스도 예수 안에서 하나님이 위에서 부르신 부름의 상을 위하여 달려가노라 빌 3:14

> 여호와께서 집을 세우지 아니하시면 세우는 자의 수고가 헛되며 여호와께서 성을 지키지 아니하시면 파수꾼의 깨어 있음이 헛되도다 시 127:1

⑨ 목표에 합당한 계획을 세우고, 매일 일정 관리에 따라 실행하고 평가하고 개선하면 목표 달성은 자연스럽게 이루어집니다. 평가 기준은 다음과 같습니다.

하나님의 지혜와 능력이 얼마나 더 나타났는가?
계획한 일이 몇 퍼센트 달성되었는가?
새로운 라이프스타일이 만들어지고 있는가?
의미, 가치, 만족감을 누리는가?

실천하기 시작하라

① 성공하는 자는 할 수 있는 방법을 찾기 위해서 애쓰고, 실패하는 자는 할 수 없는 핑계를 찾는 데 노력합니다.

② 완벽하지 않더라도 우선 시작하십시오. "천 리 길도 한 걸음부터"라는 말이 있습니다. 가장 중요한 것은 시작해야 한다는 것입니다.

③ 진행하는 가운데 수정할 필요성이나 첨가할 내용이 있으면 리스트 작성 단계로 돌아가서 시간을 들여 새로운 계획을 만들어보십시오.

④ 아무 생각 없이 해오던 대로 행하지 마십시오. 대부분의 일은 통상적이고 동일한 일들의 반복입니다. 그렇지만 무슨 일을 하더라도 먼저 시간을 들여 어떻게 하면 시스템화할 수 있을까를 생각해보아야 합니다. 시스템화한다는 것은 조직화, 체계화, 자동화를 통하여 새로운 라이프스타일을 만드는 것으로, 습관화시킨 만큼 시간 자산을 확보한다는 뜻입니다. 한편, 시스템화된 것이라도 환경이 변하면 또 변화되어야 합니다. 따라서 주기적으로 멈춤-확인-결정의 순서를 밟아서 보다 효율적인 시스템 및 새로운 시스템을 만들 수 있는지를 생각해보아야 합니다.

필요하다면 위임하라

목적을 이루는 데 걸림돌이 되는 생각, 일(기술)이 있다면 위임하십시오.

① 주어진 목적을 이루는 데 가장 치명적인 문제를 일으키는 것이 무엇인지를 살펴보십시오. 목적을 이루는 데 걸림돌이 되는 일이나 기술, 관계의 문제가 있다면 반드시 그 일을 해결해야 합니다. 이것은 최소율의 법칙(law of minimum)을 생각하면 쉽게 이해가 갈 것입니다.

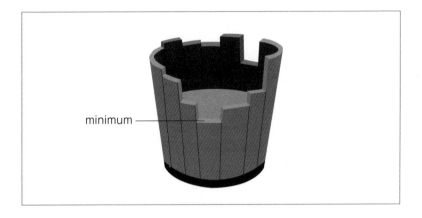

② 우리는 자신의 재능과 은사를 계발하기보다는 자신의 부족한 점을 메우는 데 대부분의 시간을 보냅니다. 하나님나라의 삶은 우리-서로-함께하는 삶이며, 각자 하나님으로부터 주어진 은사들이 풀어져서 하나님의 탁월함을 나타내는 것이고, 다른 지체들과 서로 부족함을 메워줌으로써 하나님의 온전하심을 드러내는 삶입니다.

③ 자신이 할 수 없는 일을 해결하는 가장 좋은 방법은 신뢰하는 사람에게 위임하는 것입니다. 따라서 함께할 사람을 찾아야 합니다. 나에게 주어진 은사적 일이나 핵심 역량(core competence)을 높이는 데 집중하고, 미숙한 영역이나 내가 할 수 없는 일들에 시간을 보내기보다는 함께하는 사람이 그 부분을 이루도록 해야 합니다. 어떠한 일도 혼자 하는 것은 개인의 만족감은 있을지 모르지만 인생의 참의미도 없고, 진정한 행복감도 주지 못합니다. 왜냐하면 하나님나라는 내가 아니라 '우리'이기 때문입니다. 물도 암석 절벽이 있어야 아름다운 폭포가 되고, 빛도 구름이 있어야 아름다운 노을을 만들게 되는 법입니다.

05

하나님의 뜻을 분별하도록 하자

심리적 시간과 상상에서 벗어날 때 하나님의 밝은 빛을 볼 수 있고,
그곳에서 나와 나의 길을 발견하게 된다.

성경은 이 세대의 가치관, 목표, 풍조와 그에 따른 세상적 사고방식에서
벗어나 하나님나라의 사고방식으로 내 마음을 변화시킨 후에야 우리를
향한 하나님의 뜻이 얼마나 선하고 기쁨이고 온전한 것인지를 알 수 있
다고 말씀합니다.

너희는 이 세대를 본받지 말고 오직 마음을 새롭게 함으로 변화를 받아 하나
님의 선하시고 기뻐하시고 온전하신 뜻이 무엇인지 분별하도록 하라 롬 12:2

하나님나라의 사고방식으로

하나님의 뜻을 분별하기 위해서는 먼저 세 가지 세상적 사고방식에서 벗어나야 합니다. 그것은 바로 무엇을 해야 하는가, 해야 할 일인가, 하지 말아야 할 일인가, 할 수 있는 일인가, 할 수 없는 일인가로 접근하는 사고방식입니다. 그와는 달리 하나님나라의 사고방식은 먼저 내가 누구인가를 알고, 둘째, 소명과 비전의 관점으로 문제를 바라보고, 마지막으로 하나님께서 기뻐하시고 함께하시는 일인가를 살펴보는 것입니다.

1) 나는 어떤 사람인가

하나님나라의 사고방식은 첫째, 무엇을 할 것인가에 대한 문제 이전에 근본적으로 내가 어떤 사람인가에 대한 관점의 문제를 다루어야 합니다.

> 그러나 너희는 택하신 족속이요 왕 같은 제사장들이요 거룩한 나라요 그의 소유가 된 백성이니 이는 너희를 어두운 데서 불러내어 그의 기이한 빛에 들어가게 하신 이의 아름다운 덕을 선포하게 하려 하심이라 벧전 2:9

문제를 해결하기 위해서 또는 그 상황과 처지, 느낌에서 벗어나기 위해서 하나님의 뜻이 무엇인지를 아는 것이 필요한 것이 아니라, 우리는 은혜와 진리로 이미 하나님의 자녀가 되었기 때문에 하나님의 유업을 이루는 관점에서 하나님의 뜻을 구하는 것이어야 합니다.

2) 소명과 비전에 일치하는가

둘째, 하나님나라의 사고방식은 해야 할 일인가 하지 말아야 할 일인가에 대한 문제적 접근이 아니라 나의 소명과 비전에 일치하는 일인가에 대한 것입니다.

> 너희 안에서 행하시는 이는 하나님이시니 자기의 기쁘신 뜻을 위하여 너희에게 소원을 두고 행하게 하시나니 빌 2:13

이 세상에는 좋은 일, 아름다운 일이 너무나도 많지만, 우리가 그 모든 일을 다 할 수는 없다는 것을 알아야 합니다. 하나님께서는 이 세상에 나만이 할 수 있는 일을 주셨으며, 나를 통해서 이루시고자 하시는 일이 있습니다. 세상적으로 볼 때 좋은 일과 아름다운 일이 아니라 나의 소명과 비전에 일치하는 일을 행하는 데 하나님의 시간을 사용해야 합니다. 안타깝게도 너무나 많은 사람이 자신이 아니라 다른 사람이 되고자 일평생을 보냅니다. 아무리 비싸고 아름다운 옷이라도 자기 몸에 맞지 않으면 태가 나지 않고 우스꽝스럽게만 보일 것입니다.

3) 하나님이 함께하시는가

셋째, 하나님나라의 사고방식은 내가 할 수 있는가 없는가에 대한 문제적 접근이 아니라 하나님이 함께하시는가 그렇지 않은가에 대한 것입니다.

> 나를 보내신 이가 나와 함께하시도다 나는 항상 그가 기뻐하시는 일을 행하므

로 나를 혼자 두지 아니하셨느니라 요 8:29

성공의 판단 요인을 새롭게 설정하라

우리는 어떤 일을 하기 전에 성공할 수 있을까 없을까 미리 예측해봅니다. 대체적으로 전문가들이 성공이나 가능성의 여부를 판단할 때는 그림에서 보는 바와 같이 내적 요인, 외적 요인, 변동적 요인, 고정적 요인으로 나누어 분석합니다.

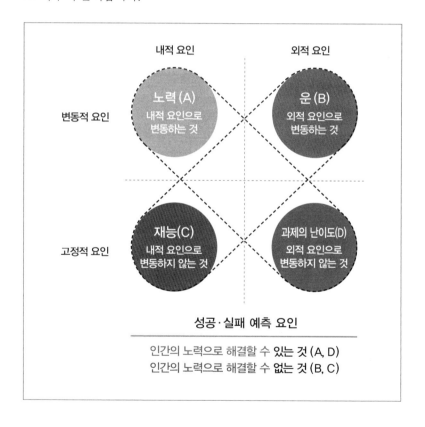

A의 내적 변동 요인은 자신의 힘으로 변동시킬 수 있는 것으로, B의 외적 변동 요인은 자신의 노력이나 힘으로 어떻게 할 수 없으며 때와 경우에 따라 변하는 운과 같은 것으로, C의 내적 고정 요인은 선천적 재능으로, D는 외적 고정 요인은 자신에 달린 것이 아니라 과제의 난이도나 문제의 어려움에 따른 것으로 나누어 생각합니다.

만일 어떤 일을 할 때 문제가 A나 D라면 사람의 노력이나 기술로 통제할 수 있지만, B나 C라면 인간의 힘으로는 어쩔 수 없는 영역이 되는 것입니다. 만약 이 경우에 속한 것이라면 더 이상 붙들지 말고 빨리 포기해야 한다는 것이 일반적인 생각입니다.

따라서 불신자들의 경우는 대부분 노력과 과제의 난이도에 따라 일의 성패를 결정짓습니다. 그러나 하나님의 자녀는 인간의 능력 이상의 것들을 볼 줄 알아야 하고 이룰 줄 알아야 합니다. 하나님의 자녀가 하나님의 뜻을 이루고자 할 때는 하나님의 은혜로 환경이 변화되고, 하나님의 은사와 지혜와 능력이 주어지기 때문입니다. 이러한 차이가 바로 하나님 자녀와 불신자들의 차이가 되어야 합니다. 그런데 안타깝게도 믿는 자들도 세상 사람들과 동일한 사고방식으로 살고 있습니다. 그리고 그 일을 더 잘 이루고자 기도합니다.

하나님의 자녀는 좀 더 노력하고 애쓰면 무엇인가를 이룰 수 있다는 사고방식에서 벗어나야 합니다. 이는 노력하고 애쓰지 말라는 뜻이 아닙니다. 시간의 축에서 자신의 노력과 능력을 더하면 어떤 일을 할 수 있다는 세상적 사고방식에서 벗어나야 한다는 것입니다. 우리는 하나님의 때에 하나님의 능력을 나타낼 수 있는 권한을 부여받은 자입니다. 하나님의 자녀는 인간이 할 수 있는 일 뿐만 아니라 인간이 할 수 없는 일을 행하는 자가 되어야 하며, 그것은 바로 B와 C에 믿음으로 도전하는 삶입니다.

　대부분의 그리스도인도 지금의 소유와 능력, 인맥 등을 고려하여 하나님의 뜻을 저울질합니다. 이러한 사고방식은 하나님의 마음을 아프게 하는 일임을 알아야 합니다. 하나님의 뜻은 하나님께서 우리를 통해서 이루시는 것이지 우리가 하나님을 이용해서 이루는 것이 아니기 때문입니다. 그 일에 하나님이 함께하시는가가 중요한 것이지 내가 할 수 있느냐 없느냐가 중요한 것이 아님을 알아야 합니다. 따라서 우리는 하나님의 때에 하나님께서 시키시는 일을 행하는 것을 배워야 합니다.

　　내게 능력 주시는 자 안에서 내가 모든 것을 할 수 있느니라 빌 4:13

하나님의 뜻을 알고 행하는 실제적인 방법

　자신의 마음의 생각과 감정은 단지 자신의 뇌 기억과 잠재의식 내 프로그램된 것에 대한 반응일 뿐이며, 그것은 그리스도 안에 있는 새로운 자아가 아님을 알아야 합니다. 그래서 성령의 능력으로 자신의 겉사람을 부인하고 십자가에 못 박는 것을 경험해야 합니다. 자신 마음의 생각이나 감정에 이끌리는 육적인 삶에서 벗어날 줄 알아야 합니다. 즉 그리스도 안에서 새로운 피조물, 영적 존재로서의 '나'와 '내 마음'을 구별할 줄 알아야 한다는 것입니다. 그리고 그 마음(모든 생각과 감정)을 예수 그리스도께 복종시킬 줄 알아야 합니다.

하나님 아는 것을 대적하여 높아진 것을 다 무너뜨리고 모든 생각을 사로잡아
그리스도에게 복종하게 하니 고후 10:5

주님의 인도함을 받는다는 것은 왜곡되고 변질된 뇌 기억과 잠재의식
내 프로그램으로 나와 세상을 보는 것이 아니라, 있는 그대로의 현실을
제대로 보는 것입니다. 또한 과학적 지식과 모든 발견은 하나님의 섭리
를 나타내는 수단이지 결코 하나님을 부정하는 수단이 아니라는 것을
알아야 합니다. 그리스도인일수록 과학적 지식과 발견을 통해서 하나님
을 더 알아가고 주의 뜻을 이루어갈 줄 알아야 합니다.

또한 그리스도인들이 범하기 쉬운 실수는 이성을 제대로 사용하지 않
고, 그냥 하나님께서 이렇게 하라 저렇게 하라고 말씀하실 것만을 기대
한다는 것입니다. 하나님은 우리에게 직접적으로 말씀하시거나 감동을
주시기도 하지만, 우리의 성화된 이성을 사용하십니다. 핵심은 세상적 지
식과 과학적 발견이 잘못된 것이 아니라 왜곡된 마음으로 잘못 보는 것
이 문제라는 것입니다.

혼란한 상황에서 문제를 풀어나가기 위해서는 다양한 '의사결정 모형'
을 이용하면 불필요한 생각이나 감정을 걷어내고, 있는 그대로의 사실에
초점을 맞출 수 있습니다. 물론 그러한 모형이 진실을 다 말해주는 것은
아니지만 적어도 우리의 심리적 시간이나 상상으로 빚어낸 잘못된 생각
이나 감정을 제거하는 데 크게 도움이 됩니다.

먼저 앞에서 언급한 것처럼 어떤 일에 다음 세 가지를 적용해보십시오.

① 지금 하나님의 자녀로서 생각하는가?

② 내가 해야 하는 일인가?

③ 하나님께서 함께하시는 일인가?

대부분은 이 세 질문을 통하여 해야 할 일과 하지 말아야 할 일을 분별할 수 있을 것입니다. 그러나 하나님의 뜻이라 할지라도 어느 것을 언제 어떻게 선택해야 하는가에 대한 문제가 여전히 남아 있습니다. 이러한 문제를 해결하는 데 도움이 되는 몇 가지 모델에 대해서 알아봅시다.

1) 자신의 생각을 정확히 파악하기

어떤 일에 대해서 선택하고 결정할 때 여러 가지 생각 때문에 정말로 자신이 해야 하고 원하는 것이 무엇인지를 파악하지 못하는 경우가 많습니다. 가장 좋은 방법은 노트에 기록함으로써 자기 생각을 보다 객관적이고 정확하게 파악해보는 것입니다.

① 스프레드시트 사고법

이를 위해서는 스프레드시트(spread sheet : 데이터를 가로세로 표 모양으로 나열해 놓은 것) 사고법을 활용하면 좋습니다. 자와 삼색 펜만 있으면 됩니다. 우선 파란색 펜으로 가로, 세로로 줄을 그어 필요한 만큼의 셀을 만듭니다. 그리고 왼쪽 위 칸에 주제를 적습니다. 그다음에는 녹색 펜으로 주제에 대한 답을 생각나는 대로 각 셀에다 적으면 됩니다. 필요하면 셀을 더 만들어 사용하면 됩니다. 마지막으로 빨간 펜으로 각 셀에 대한 평가를 해보는 것입니다.

② 멈춤-확인-결정

어떤 일이 주어졌을 때 해야 하는지 말아야 하는지를 알려면, 우선 멈춤-확인-결정(PCD)의 시간을 가지고 다음 세 가지를 생각해보는 것도 좋습니다. "필요한가?", "중요한가?", "시급한가?" 그 일이 이 세 질문에서 둘 이상의 긍정적인 답을 가진다면 하는 것이 좋습니다. 그러나 하나 이하로 해당된다면 시작하지 않고 기다리는 것이 좋을 것입니다.

2) 논리적이고 합리적으로 사고하기

우리의 가장 큰 문제는 자기중심적으로 외부환경과 자신을 동일시하고 심리적 시간과 상상에 묶여, 있는 그대로를 보지 못한다는 것입니다. 우리는 흔히 어떤 사실만을 가지고 선입관을 가지게 됩니다. 누군가에게 부정적인 말을 들었을 때, 특히 그 말을 한 사람이 권위자일 경우 아무런 의심 없이 그 사실을 인정하고 나름대로의 논리 즉 믿음을 가집니다. 그러나 자기 생각과 느낌에서 벗어나 합리적이고 논리적인 사고방식을 가질 줄 알아야 합니다. 머릿속의 생각이나 느낌으로 행하지 말고, 축적된 자료와 일어난 사실이나 현상을 가지고 나름대로 모의실험을 해보고 예측해볼 줄 알아야 합니다.

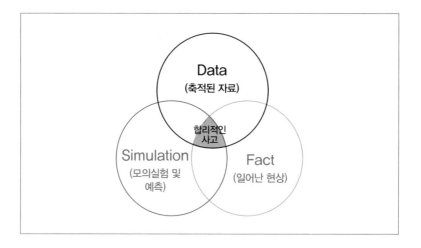

어떤 일이나 상황에 대해서 나름대로의 올바른 사고를 가지기 위해서는 반드시 팩트(사실과 현상) 뿐만 아니라 그에 대한 축적된 데이터를 가지고 여러 가지 상황을 예측해본 후 판단해야 합니다.

3) 매트릭스 방법으로 사고하기

어떤 상황을 세로축과 가로축으로 대비해봄으로써 더 구체적인 사항을 알 수 있게 하는 방법입니다. 가장 쉬운 예는 정사각형의 창문 모양

그림을 그리고, 세로축과 가로축에 필요한 조건이나 기준을 적고, 그 안에 해당되는 사항을 기록해보는 것입니다. 대표적인 예가 이미 언급한 일관시 배분 매트릭스입니다.

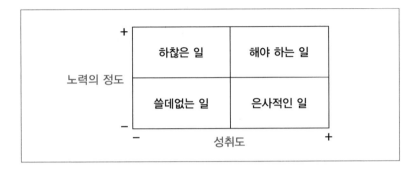

4) 가중평균법을 사용하여 결정하기

가중평균 의사결정 매트릭스라고도 부르며, 어떤 선택에서 가장 좋은 대안을 찾고자 할 때 사용하는 방법입니다. 우선 선택해야 할 요소를 가로축에 놓고, 결정에 영향을 미치는 요인을 세로축에 적습니다. 결정에 영향을 미치는 요인을 기도하면서 정하고, 그에 따른 가중치를 10점 만점으로 하여 상대적 중요도를 적어보십시오. 한편 각 요인에 대하여 요소를 10점 만점으로 하여 비교 점수를 매겨보십시오. 예를 들어, 새로운 사업장을 어디에 둘 것인지 결정해야 한다고 해봅시다. 두 요소를 각 칼럼의 맨 위쪽에 적고 요소를 결정하는 데 영향을 미치는 요인들을 왼쪽 세로칸에 기입합니다. 요인들 중에 제일 중요한 것을 10점으로 할 때 덜 중요한 것은 비교치를 기입하십시오. 예를 들어 요인 중 전철역(역세권)에 있어 압구정동이 10점이라면 신대방동은 5점을 각 칸에 기입하면 됩니다. 각 요인의 가중치와 요소의 점수를 곱하여 괄호 안에 쓰고, 총합산하여 아래쪽에 기입하십시오. 그 결과를 보면 머릿속이 혼란스러워 결정하지 못한 것들을 쉽게 분별할 수 있게 됩니다.

가중평균 의사결정법		
요인 (10) / 요소 (10)	압구정동 (역 근처)	신대방동 (보라매공원 옆)
전철역 (10)	10 (100)	5 (50)
주거단지 (5)	5 (25)	5 (25)
구입 비용 (10)	2 (20)	10 (100)
주위 환경 (8)	3 (24)	8 (64)
사람들의 인식 (5)	7 (35)	3 (15)
교통편 (8)	8 (64)	3 (24)
합계	35 (268)	34 (278)

5) 결정 후 기도하기

이것은 이미 정한 것을 가지고 기도한다는 뜻이 아닙니다. 최소한 우리의 주관적 경험이나 지식, 감정에 치우친 판단을 제외하고 주님께 그 문제를 올려드린다는 뜻입니다. 만약 이렇게 한 후에 당신의 마음에 감동이 있거나, 평안이 있으면 행하십시오. 설령 어떤 것을 선택하고 결정한 다음 상황이 좋지 않더라도 두려워하거나 후회하지 마십시오. 상황이 아니라 하나님께서 함께하시는가 함께하지 않으시는가가 훨씬 더 중요합니다. 우리는 하나님 덕분에 항상 나쁜 일 당하지 않고, 죄짓지 않고, 좋은 일만 선택해서 잘 사는 것이 목적이 아니라 주님의 뜻대로 나와 세상을 변화시키는 것이 목적인 것을 기억해야 합니다.

만약 판단한 결과를 놓고 기도했는데도 마음에 평안과 기쁨이 없다면 다음 세 가지를 생각해볼 수 있습니다. 내 마음을 비우지 않았든지, 상황을 잘못 판단했든지, 아니면 아직 하나님의 때가 아니든지 셋 중의 하나일 것입니다. 그럴 때는 계속 기도하면서 하나씩 점검해볼 필요가 있습니다. 주님이 정말 원하시는 것이 무엇일까 생각해보십시오. 우리는 지금 내 문제를 해결받기를 원하지만, 주님께서는 나를 변화시키셔서 하나님께서 나에게 의도한 계획을 이루려고 하십니다. 그리고 매일 맞이하는 일들을 통해서 하나님의 뜻을 더 알아가고 하나님을 더 나타낼 수 있는 기회를 주시는 것입니다.

06

지체의식을 가지고 자신의 역할을 온전히 감당하라

가장 아름다운 삶은 우리-서로-함께 사랑하며 변해가는 삶을 사는 것이다.
그 삶을 위해 우리는 being together, sharing together, working together 해야 한다.

삶은 일보다 관계(만남과 교제)이며, 그것은 역할에 기반을 두고 있습니다. 역할은 '나의 정체성'이 아니라 '우리의 정체성'을 구성하는 기본요소입니다. 우선 지체의식에 대한 기본적인 사고방식에 대해서 생각해봅시다.

너희는 그리스도의 몸이요 지체의 각 부분이라 하나님이 교회 중에 몇을 세우셨으니 첫째는 사도요 둘째는 선지자요 셋째는 교사요 그다음은 능력을 행하는 자요… 다 사도이겠느냐 다 선지자이겠느냐 다 교사이겠느냐 다 능력을 행하는 자이겠느냐 고전 12:27-29

예수님은 우리를 구원하시고 하나님의 자녀 즉 예수 그리스도 안에서 하나님의 의가 되도록 하셨습니다. 그 핵심은 바로 하나님께서 우리를 사랑하신 것처럼 우리도 이 땅에 하나님의 영광을 드러내기 위해서 예수 그리스도 안에서 성령님을 통해서 우리, 서로, 함께 사랑하고 변해가는 것입니다. 이런 관점에서 볼 때 많은 경우 하나님의 자녀로서 '나의 정체성'은 회복되었지만, 하나님의 가족으로서 '우리의 정체성'이 무엇인지를 잘 알지 못하고 여전히 과거의 사고방식대로 살아가고 있습니다.

> 사랑은 여기 있으니 우리가 하나님을 사랑한 것이 아니요 하나님이 우리를 사랑하사 우리 죄를 속하기 위하여 화목 제물로 그 아들을 보내셨음이라 사랑하는 자들아 하나님이 이같이 우리를 사랑하셨은즉 우리도 서로 사랑하는 것이 마땅하도다 요일 4:10,11

하나님 중심적 사고방식

타락한 인간은 자기중심적인 또는 내향적 사고방식(egocentric/ inward mindset)을 가지지만, 하나님의 자녀인 우리는 마음을 새롭게 함으로 하나님 중심적 또는 외향적 사고방식(theocentric/outward mindset)을 가져야 합니다. 전자는 다른 사람을 나의 목적을 이루기 위한 대상이나 수단으로 보는 관점이고, 후자는 함께 하나님의 영광을 드러낼 존재로 보는 관점입니다.

전자의 경우는 그리스도의 몸에 대한 관심보다는 남보다 더 나은 지체

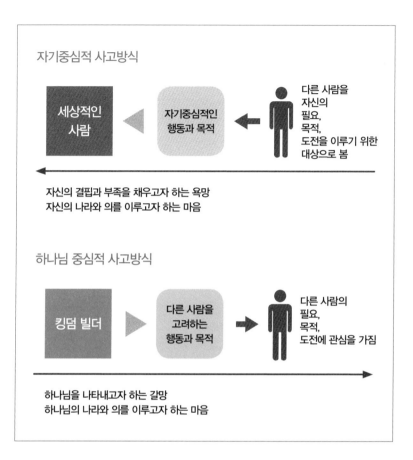

가 되는 데 관심이 있습니다. 따라서 남보다 뛰어난 역할을 해야 행복을 느끼게 되고 그렇지 못할 때는 늘 비교의식으로 괴로워하며 하나님께서 자신에게 주신 은사를 풀어내기보다는 남보다 뛰어나기 위해서 애쓰는 사람이 되고자 합니다. 자기중심적 사고방식을 가진 사람들의 모임에는 늘 분리와 경쟁, 시기와 질투, 분당과 대립이 존재합니다.

후자는 지체로서 그리스도의 몸을 이루어가는 데 관심이 있고, 자신의 역할이 지체의 어느 부분인가를 알고, 그 일을 행함으로써 전체(몸)가 건강해지고 자라가는 것으로 행복을 누리는 것입니다. 그러므로 남보다 뛰어난 역할이 아니라 자신에게 주어진 은사로 탁월함을 나타내는 것에 최선을 다하며 지체의 역할에 만족합니다. 다른 사람이 어떻게 되었든 내가 행복하면 그만이라는 생각이 아니라 우리가 행복해질 때 나도 행복해진다는 것을 아는 사고방식입니다. 하나님 중심적 사고방식을 가진 사람들의 모임은 점점 더 우리-서로-함께 사랑하며 변해가는 삶을 추구합니다.

지체의식과 자신의 역할

> 그에게서 온몸이 각 마디를 통하여 도움을 받음으로 연결되고 결합되어 각 지체의 분량대로 역사하여 그 몸을 자라게 하며 사랑 안에서 스스로 세우느니라
> 엡 4:16

우리 각자가 지체로서 머리 된 예수 그리스도와 연합되어 있을 때 주의 사랑 안에 지체들이 하나의 몸이 되어가는 것이 바로 성령 공동체의 삶이며 하나님나라의 삶입니다. 이 공동체 안에서도 세상의 공동체와 동일한 일들이 일어나지만 하나님의 개입하심으로 인하여 그 열매는 다릅니다. 예를 들면 다툼을 통해서 서로가 다를 뿐임을 알게 되고, 옳고 그름의 판단을 통해서 하나님의 뜻을 알게 되고, 미워하고 싫어함을 통해서 하나

님의 사랑을 경험하게 됩니다.

> 곧 내가 그들 안에 있고 아버지께서 내 안에 계시어 그들로 온전함을 이루어 하나가 되게 하려 함은 아버지께서 나를 보내신 것과 또 나를 사랑하심같이 그들도 사랑하신 것을 세상으로 알게 하려 함이로소이다 요 17:23

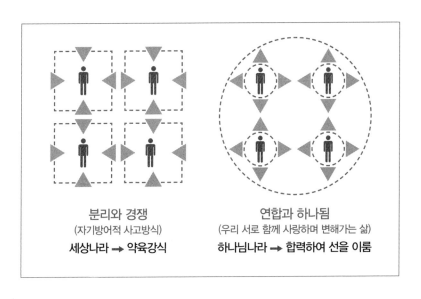

분리와 경쟁
(자기방어적 사고방식)
세상나라 ➡ 약육강식

연합과 하나됨
(우리 서로 함께 사랑하며 변해가는 삶)
하나님나라 ➡ 합력하여 선을 이룸

예수 그리스도와의 연합을 통하여 하나됨을 경험한 자녀들이 우리, 서로, 함께를 통하여 하나됨을 이루어가는 것을 보여주는 것이 세상 사람들에게 우리 안에 계신 예수 그리스도와 하나님의 나라를 증거하는 것입니다. 연합할 때 그 영향력은 점점 커지게 됩니다. 반면에 자기중심적인 사람은 늘 남과 비교하고 경쟁해야 하기 때문에 하나님나라에서 그 영향력은 점점 적어지고 고립됩니다.

한편, 우리는 매일 여러 가지 역할을 하면서 살고 있습니다. 그 말은 우리는 매일 다양한 몸(가정, 직장, 교회, 문화생활)의 일부분으로 자신의 역할을 감당하고 있다는 것입니다. 몸에 따라 그 역할이 다른데 역할 전환을 제대로 하지 못할 때는 문제가 생깁니다.

많은 사람이 최선을 다함으로 각자의 분야에서 뛰어난 업적을 성취합니다. 그렇지만 그 업적에 비해 관계는 그렇게 좋지 않은 사람들을 흔히 보게 됩니다. 어떤 일에 대해서는 위대한 일을 수행했을지 모르지만 한 인간의 측면에서 그 삶을 볼 때는 풍성한 삶이라고 하기 어렵다는 것입니다. 다른 말로 회사의 CEO로서, 위대한 연구자로서, 심지어는 훌륭한 목회자로서의 역할은 잘 했을지 모르지만 가정의 아버지 역할은 제대로 못 하는 경우가 얼마든지 있을 수 있습니다. 이런 경우 자신이 이룬 업적으로 자신이 다른 역할을 하지 못한 것을 보상받기 원하지만 그것은 손바닥으로 해를 가리고 해가 없다고 믿는 것과 같습니다. 하나님의 자녀는 남들이 이루지 못한 위대한 업적을 이루도록 부름 받은 것이 아니라 몸의 지체로서 각각 다른 온전한 역할을 하도록 부름 받았다는 것을 알아야 합니다.

우리는 매일 다양한 역할을 하기 때문에, 한 역할이 다른 역할에 반향 효과(echo effect)를 주기도 합니다. 예를 들어 직장에서 힘든 시간을 보내면 그 여파가 가정에도 파급되고, 그 반대도 얼마든지 일어날 수 있습니다. 또한 나에게 주어진 역할을 내가 정할 수 있는 것도 아닙니다. 구성원의 삶과 상황에 따라 내 역할이 변하기도 하기 때문입니다. 예를 들어 평상시 가족이 건강할 때는 직장에서의 역할에 더 많은 시간을 주고 집중할 수 있을 것입니다. 그러나 만일 가족 중 한 사람이 아프다면 직장에서의 역할을 줄이고 가족을 돌보는 역할에 더 많은 시간을 내고 충실해야 합니다.

가장 중요한 사실은 모든 역할을 다 완벽하게 잘 할 수 없다는 것입니다. 그러나 역할에 대해서 깨어 있고 정한 기준이 있다면 아무 생각 없이 구성원과 환경에 떠밀리면서 사는 것보다 상황에 따라 훨씬 알로스테시스할 수 있습니다. 우선 자신의 역할을 온전히 하기 위해서 역할을 정확히 파악하고, 현재의 역할을 평가하고, 그 역할이 해야 하는 목표를 정하고, 그 목표를 달성하기 위해서 해야 할 일을 결정하고 실행해 나가는 것입니다.

그러나 분명히 기억해야 할 것이 두 가지 있습니다. 하나는 우리는 모든 사람을 행복하게 해주기 위해서 사는 존재가 아니라 하나님의 자녀로서 하나님을 나타내기 위해서 사는 존재라는 것입니다. 따라서 내 역할과 목표는 내 소명과 비전, 핵심 가치관과 일치되어야 합니다. 또 다른 하나는 모든 역할을 다 잘하면 좋겠지만 그렇게 하는 것은 불가능에 가깝다는 것입니다. 어느 역할에 과부하가 걸리면 다른 역할에도 좋지 않은 영향을 미치게 됩니다. 따라서 우리에게 필요한 것은 상황과 시간의 흐름에 따라 알로스테틱 과부하가 걸리지 않는 상태에서 알로스테시스를 이루어가는 것이지 완벽을 추구하는 것이 아니라는 것을 깨닫는 것입니다.

다양한 역할은 마치 오디오의 이퀄라이저(equalizer, 음향기기에서 주파수대 각각의 상대 강도를 조정하는 장비)의 각 주파수대와 같아서 분위기와 상황에 따라 변화시켜 나가야 합니다. 우리의 삶은 마치 지휘자가 지휘봉을 잡고 다양한 악기를 통해 자신의 이야기를 풀어내는 것처럼 상황과 시간에 따라 자신의 다양한 역할의 높낮이를 조정해 가며 하나님께서 의도하신 꿈을 드러내는 것이어야 합니다. 따라서 역할과 목표는 주기적으로 재조정해 나가는 것이 필요합니다.

KINGDOM BUILDER LIFESTYLE

PART 5

하나하루
실천편

01

취침 전과 기상 후 관리

~

매일 어떻게 자고 어디에서 일어났는지가
인생의 성공과 실패를 결정짓는다.

5부에서는 지금까지 기술된 내용을 토대로 한 저의 일상관리를 소개함
으로 독자들에게 한 예를 주고자 합니다. 모든 사람이 이 내용대로 똑같
이 해야 하는 것도 아니고 다 할 수 있는 것도 아니라고 생각합니다. 그
렇지만 마음에 감동이 되는 작은 일부터 모방하여 해보고, 해 나가면서
자신의 일상과 스타일에 맞게 최적화시키는 것이 가장 좋은 시작일 것입
니다. 그리고 그것이 자신의 라이프스타일이 되도록 해야 합니다. 이해
가 되지 않는 부분이 있으면, 앞쪽에 언급된 관련 내용을 다시 읽어보기
를 권합니다.

오늘 관리의 핵심은 취침 전 40분과 기상 직후 14분

① 잠자는 시간

최소한 6-7시간이 되도록 하십시오. 잠시간을 줄이지 말고 하나님과 함께 잠을 자도록 해야 합니다.

> 내가 잘지라도 마음은 깨었는데 나의 사랑하는 자의 소리가 들리는구나 문을 두드려 이르기를 나의 누이, 나의 사랑, 나의 비둘기, 나의 완전한 자야 문을 열어다오 내 머리에는 이슬이, 내 머리털에는 밤이슬이 가득하였다 하는구나
>
> 아 5:2

② 취침 시각

건강상 10시에서 11시가 가장 좋습니다. 능률도 오르지 않는 밤에 중요하지도 않은 일을 시작함으로써 취침 시간을 지연시키지 마십시오. 꼭 필요한 일이 아니라면 일찍 자는 것이 허비의 시간을 줄이는 가장 좋은 방법입니다.

③ 취침 전 준비 시간

역산해서 40분 전부터 하나님과 대화하면서 오늘 못다 한 일을 마무리하고 한 일을 평가하고 내일을 준비하십시오.

여호와여 내 마음이 교만하지 아니하고 내 눈이 오만하지 아니하오며 내가 큰 일과 감당하지 못할 놀라운 일을 하려고 힘쓰지 아니하나이다 실로 내가 내 영혼으로 고요하고 평온하게 하기를 젖 뗀 아이가 그의 어머니 품에 있음 같게 하였나니 내 영혼이 젖 뗀 아이와 같도다 시 131:1,2

④ 기상 시각
5시에서 5시 30분이 최적입니다.

⑤ 기상 후 준비 시간
잠에서 깬 후에는 잠자리에서 14분 이내의 아침 의식을 가지십시오.

나는 주의 힘을 노래하며 아침에 주의 인자하심을 높이 부르오리니 주는 나의 요새이시며 나의 환난 날에 피난처심이니이다 시 59:16

☑ 왜 일찍 일어나는 것이 힘든가?
① 하루에 대한 개념이 다르기 때문이다.
② 일찍 자지 않기 때문이다.
③ 일찍 일어나야 할 좋은 이유가 부족하기 때문이다.

취침 40분 전에 행하는 실제적인 일들

잠자는 시간을 정했으면, 그 시간부터 역산해서 대략 40분 전부터 준비를 해야 합니다. 반드시 하루의 삶을 기록한 노트를 토대로 하여 자기를 돌아보는 시간을 가져야 합니다. 자신을 평가하는 시간 없이는 새로운 삶이란 있을 수 없기 때문입니다. 누가 우리 자신의 삶을 평가해야 합니까? 그것은 우리와 함께하시는 성령님과 말씀입니다.

1) 하지 못한 일의 마무리와 기록

하루를 되돌아보며 기록했던 일을 보고, 했어야 했는데 하지 못한 일을 마무리하고, 미처 기록하지 못한 일을 기록합니다.

2) 자기 전 노트할 때 반드시 포함시킬 것들

잠자리에 들기 전 하루의 일을 기록하는 것은 자신의 삶을 변화시키는데 절대적으로 중요한 일이며, 일종의 로그 힐링(log-healing : 예수 그리스도 안에서 자신의 삶을 기록하면서 자신을 다시 보고 치유받는 일)입니다. 의학적으로 볼 때도 자기 마음의 상태를 기록할 때 자율신경계의 교감신경과 부교감신경의 균형이 잡히고, 혈관계와 면역체계가 정상적으로 돌아가게 됩니다. 이때 반드시 다음 세 가지를 포함해야 합니다.

① 은혜를 찾아서 주님께 감사하기

세상에 우연이란 없습니다. 눈에 보이는 모든 것은 눈에 보이지 않는 영적 세계의 반영물일뿐입니다. 즉 우리의 매일은, 다 알 수는 없지만, 내 자신의 생각과 느낌, 다른 영혼들과의 교류, 그들과 함께하는 환경과의 교류, 그리고 성령님의 역사뿐만 아니라 마귀의 역사 등이 어우러진 영적 세계의 반영입니다. 우리는 그 삶 가운데 하나님께서 우리에게 행하신 일들을 찾아내고 감사하고 기뻐하고 그러한 일들이 더 일어날 것을 믿음으로 기대해야 합니다. 우리 마음에 긍정적인 감정을 가지고 하나님께서 행하신 일들을 기억하며 앞으로 행하실 일들을 기대할 때, 더 큰 믿음이 형성되고 그 믿은 대로 더 풍성한 은혜가 주어집니다.

계획을 세우고 일정관리를 하다보면 자칫 이미 주어진 것에 감사하지 못하고 늘 부족하고 없는 것, 앞으로 주어질 것에만 초점을 맞추게 됩니다. 그렇게 될 때 이미 주님께서 행하시고 주신 것들을 알지 못하고 늘 부족함에 시달리게 됩니다. 열심히 살지만 누리지 못하는 것만큼 어리석은 삶은 없습니다. 당신이 하나님의 자녀라면 하나님의 은혜가 이미 차고 넘칩니다.

만약 당신에게 은혜가 없다고 느낀다면 다음 두 가지를 생각해보십시오.

첫째, 모든 말에나 일에나 예수 그리스도의 이름으로 하나님 아버지께 구하고 행했습니까? 그리고 "예수 그리스도의 이름으로 주님이 주실 것을 믿습니다"가 아니라 "예수 그리스도의 이름으로 주의 말씀이 이루어졌습니다"라고 선포해본 적이 있는지요?

> 그러므로 우리는 예수로 말미암아 항상 찬송의 제사를 하나님께 드리자 이는 그 이름을 증언하는 입술의 열매니라 히 13:15

둘째, 하루에 하나님이 행하신 은혜를 찾아보는 데 얼마의 시간을 투자했는지요? 문제는 하나님께서 나에게 은혜를 베푸시지 않은 것이 아니라 당신이 그 은혜를 찾아내지 못한 것뿐입니다. 하나님께서는 자녀들이 아버지께서 행하신 일들을 발견하고 기뻐하고 하나님께 영광 올려드리는 것을 가장 기뻐하십니다. 그렇게 할수록 더 많은 은혜를 발견하게 되고, 매사에 우연 이상의 하나님의 호의(divine favor, 은총, 은혜)가 내 삶에 나타나는 것을 경험하게 될 것입니다. 이것이 자녀가 하나님나라의 삶에서 누리는 축복입니다.

> 대답하여 이르시되 천국의 비밀을 아는 것이 너희에게는 허락되었으나 그들에게는 아니되었나니 무릇 있는 자는 받아 넉넉하게 되되 없는 자는 그 있는 것도 빼앗기리라 마 13:11,12

매일 취침 전에 하나님의 은혜를 찾아 기록하고 감사하고 하나님께 영광을 올려드리십시오.

☑ 은혜를 기록해야 하는 이유

① 하나님과의 친밀함이 깊어지기 때문이다.
② 은혜의 감사는 더 큰 은혜를 누리게 하기 때문이다.
③ 예수 그리스도 안에 있는 믿음이 성장하기 때문이다.
④ 마음에 심은 대로 거두게 되기 때문이다.

---

② 마음을 상하게 한 부정적인 일을 기도하는 마음으로 기록하기

매일 잠자기 전에 자신의 감정을 확인해야 합니다. 그리고 슬픔과 괴로움과 부정적인 감정을 감사와 기쁨과 같은 긍정적 감정으로 바꾸어야

합니다. 그렇지 않으면 잠자는 동안에 그 감정들이 장기 기억에 연합되어 잠재의식 내 조건화된 프로그램으로 정착됩니다. 이를 방지하기 위해서는 그리스도 안에서 떠오르는 모든 감정을 예수 그리스도의 이름으로 회개하고 용서를 구하고 주님의 사랑을 부어 마음을 정화시켜야 합니다.

실패를 통해서 배운 것을 기록으로 정리해야 합니다. 그리고 그 실패를 걸림돌이 아니라 디딤돌로 만들어야 합니다. 누구나 실패를 두려워하거나 고통스러워합니다. 그러나 문제는 실패를 한 다음 우리 마음의 태도입니다. 실패는 성공의 확률을 높이는 가장 좋은 방법이며, 성공의 과정일 뿐입니다. 따라서 실패를 통해서 무엇인가를 배우고 자신을 변화시킬 수 있다면, 그것은 온전한 삶을 위한 가장 큰 자산이 됩니다.

③ 하나님께서 일관시에 더 개입하신 것을 찾아 기록하고 영광 돌리기

은혜가 어떤 일의 결과를 말한다면, 이것은 하나님께서 내 사고방식에 개입하셔서 나에게 새로운 라이프스타일을 가지게 하신 것에 대한 것입니다. 하나님 자녀의 삶은 내일을 위해 오늘을 희생하는 삶이 아니라 지금 여기에서 영원하신 하나님의 생명을 드러내는 삶입니다. 따라서 오늘 일관시에 대해서 새로운 관점과 사고방식을 보고 느끼고 깨닫게 한 것이 있다면 그것은 반드시 기록해서 더 강력한 프로그램으로 내재되도록 해야 합니다.

일을 숨기는 것은 하나님의 영화요 일을 살피는 것은 왕의 영화니라 잠 25:2

대답하여 이르시되 천국의 비밀을 아는 것이 너희에게는 허락되었으나 그들

에게는 아니되었나니 무릇 있는 자는 받아 넉넉하게 되되 없는 자는 그 있는 것도 빼앗기리라 마 13:11,12

3) 내일 업무와 일정의 구상과 점검

① 업무, 프로젝트, 활동 등 기록한 일을 일관시 배분 프레임에 분류해봅니다. 낭비와 허비 사분면에 속한 것을 줄이거나 위임하거나 없앱니다. 투자 사분면(중요하지만 긴급하지 않은 일/자신의 목표를 성취하는 데 관련된 일)에 속하는 것을 내일 일정 중 어느 시간에 넣어야 할지 결정합니다. 저는 대부분의 새벽 시간에 투자 사분면에 속한 일들을 행합니다.

② 소비 사분면(중요하고 긴급한 일)에 속한 일들이라 해도 모든 것을 다할 수 없습니다. 소비 사분면에 속한 일들은 중요도에 따라 우선순위를 정해야 합니다. 이것은 어떤 일에 선택과 집중을 할 것인가에 대한 것이기도 합니다.

각각의 일에 대해서 멈춤-확인-결정(PCD)의 절차를 거치면서 다음 사항을 고려해보십시오. 포괄적인 판단기준은 첫째, 당신의 가치관 순서에 따라 결정해야 합니다. 예를 들어 친구들과 소풍을 가기로 한 날 중요한 업무 초청을 받았다고 생각해봅시다. 여기에는 옳고 그름이 없습니다. 어느 것을 해야 할 것인가는 당신의 가치관 순서에 따라 결정하면 됩니다. 둘째, 올해에 정한 목표에 부합하는 일이 우선되어야 합니다(가치관을 정하는 것은 '하나하루'의 '라이프스타일북'을 참고하십시오).

세부적 판단기준은 ① 이 일을 지금 하지 않으면 어떤 결과가 오게 되는가로 판단해보십시오. 중요한 일부터 먼저 하십시오. ② 이 일을 하지 않으면 다른 일에 어떤 영향을 주는지 판단해보십시오. 그 일 때문에 어렵게 되는 다른 일이 있는지요? 최소율의 법칙(law of minimum)을 고려하여 제한요인부터 먼저 처리하십시오. ③ 파레토의 법칙(Pareto's law)을 적용해보십시오. 20퍼센트의 시간 투자로 80퍼센트의 결과를 얻을 수 있는 것부터 하십시오. ④ 내 인생이 오늘 끝난다면 무엇부터 먼저 할 것인가요? 똑같이 급한 일이라 하더라도 의미 있는 일부터 먼저 하십시오. ⑤ 오늘 당신에게 부여된 역할(부모의 역할, 교회 직분자의 역할, 회사 직급의 역할 등)을 충실히 하는지 확인해보십시오. ⑥ 일일 계획을 세울 때는 시간 계획의 원칙인 60:40 원칙을 지키십시오. 즉 계획된 일을 행하는 시간은 전체 가용 시간의 60퍼센트가 넘지 않도록 하는 것입니다. 나머지 시간은 예상치 못한 일, 다른 사람을 위한 일, 주님과 함께하는 시간, 그리고 기쁨을 주는 일을 위해 남겨놓아야 합니다.

③ '할 일 목록'을 '일정표'로 만드십시오. 할 일들이 정해졌다면, 이제 그것을 오늘이라는 시간 안에 적절하게 배치해야 합니다. 일의 중요성, 시급성, 투자해야 할 시간과 노력, 자신의 에너지 패턴을 고려하여 어떤 시간에 어떤 일을 할 것인가를 결정하는 것입니다.

④ 못다 할 일들은 위임하거나 연기하거나 다음 날 혹은 다음 주로 넘길 것을 정해야 합니다.

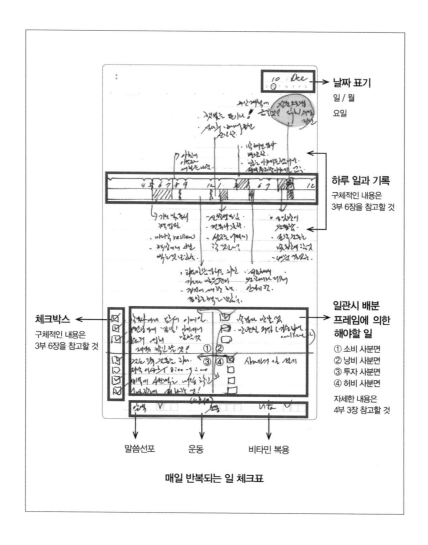

날짜 표기
일 / 월
요일

하루 일과 기록
구체적인 내용은
3부 6장을 참고할 것

일관시 배분
프레임에 의한
해야할 일

① 소비 사분면
② 낭비 사분면
③ 투자 사분면
④ 허비 사분면

자세한 내용은
4부 3장 참고할 것

체크박스
구체적인 내용은
3부 6장을 참고할 것

말씀선포   운동   비타민 복용

매일 반복되는 일 체크표

⑤ 당장 하지 않아도 되는 일, 미루어야 할 일, 프로젝트화 해야 할 일들은 다른 곳으로 옮겨야 합니다. 이것들은 월별 스케치나 주간 계획 등에 옮겨 적어야 합니다.

⑥ 저의 평상시 일정표를 소개합니다. 매일의 일정표는 주간 계획표와 연동해서 작성해야 합니다. 우선 내일 할 일과 과업, 스케줄 등을 생각나는 대로 일단 일관시 사분면에 기록한 다음, 멈춤-확인-결정을 통하여 위치를 바꾸게 됩니다. 그리고 중요도와 우선순위에 따라서 해야 할 일들을 하루 일과표에 표시합니다.

4) 말씀 한 구절 묵상

오늘 읽었던 책이나 들었던 설교말씀이나 다른 사람과 나누었던 대화 중에서 오늘 내 삶을 변화시킬 말씀을 찾으십시오. 필요하다면 성경 프로그램을 이용해서 관련 단어를 검색해볼 수도 있습니다. 노트에 기록하고 잠자기 5분 전에 반드시 읽고 묵상하십시오. 그리고 잠자는 동안 성령께서 이 말씀을 내 뇌와 잠재의식에 기록해주시고, 이 말씀이 믿어지고 이 말씀대로 생각하고 행동하게 해달라고 기도하십시오. 거창하게 기도하는 것이 아닙니다. 그 말씀에 따라 이루어진 것들을 마음에 품기만 하면 됩니다. 굳이 그 말씀을 외우려고 애쓸 필요도 없습니다.

5) 잠들기 전 최상의 컨디션으로 들어가기

저는 잠자기 전에 누워서 발끝치기를 300-500번 합니다. 왜냐하면 다리는 제2의 심장 역할을 하기 때문입니다. 대충 한두 번 쉬어도 3-4분 정도만 하면 가능합니다. 발쪽으로 모여 있던 피가 온 몸을 통해서 흐르는 것을 느낄 수 있을 것입니다. 이때 피가 심장에서부터 머리끝까지 그리고 발끝까지 새롭게 힘차게 흘러서 막혔던 혈관이 뚫리고 모든 미세혈관까지 에너지와 산소가 공급되는 것을 그려봅니다.

내일을 염려하는 상태로 잠자리에 들지 말아야 합니다. 어떤 일이 원하는 대로 이루어지지 않았거나 혹은 어떤 문제에 대처하기 위한 적절한 방법이 마련되지 않았으면 잠자리에 들기 전에 염려가 스멀스멀 들어오게 됩니다. 그럴 때마다 주의 말씀을 믿어야 합니다.

> 그러므로 내일 일을 위하여 염려하지 말라 내일 일은 내일이 염려할 것이요 한 날의 괴로움은 그날로 족하니라 마 6:34

내가 할 일은 하나님 아버지를 신뢰하고 그분을 경배하는 일이지 염려하는 것이 아니기 때문입니다.

> 아무것도 염려하지 말고 다만 모든 일에 기도와 간구로, 너희 구할 것을 감사함으로 하나님께 아뢰라 그리하면 모든 지각에 뛰어난 하나님의 평강이 그리스도 예수 안에서 너희 마음과 생각을 지키시리라 빌 4:6,7

하나님의 통치(나라)와 의(온전한 관계)를 구하면 그 나머지는 주님께서 해결하신다는 믿음을 가져야 합니다.

> 그런즉 너희는 먼저 그의 나라와 그의 의를 구하라 그리하면 이 모든 것을 너희에게 더하시리라 마 6:33

☑ 자신의 스케줄에 묶이지 말라

어떤 사람은 자신이 스케줄을 철저히 짜고 그것에 의해서 살아가기 때문에 스케줄에 없는 일은 하지 않는 것이 최고의 삶이라고 생각합니다. 물론 기도하면서 정한 것이겠지만, 하나님께서 개입할 수도 없다는 말인가요? 우리가 스케줄을 짜고 그 일정에 따라 사는 것이 가장 좋다고 말했지만, 삶은 하나님과 나와 다른 사람과의 관계입니다. 정해진 일정에 따라 해야 할 일을 하나씩 하고 표시하는 것이 삶의 기쁨이 될 수 있지만, 잘못하면 우리는 스케줄의 종노릇을 하게 되고, 하나님의 음성에 둔해집니다. 스케줄에 있는 일의 성취에 마음이 묶이는 것은 어리석은 일입니다. 우리는 우리 마음 관리와 활력 관리를 위해서 스케줄이 필요하지만, 그것이 우리를 통치하도록 허용해서는 안 될 것입니다. 스케줄은 우리 마음 관리를 위한 도구일 뿐이지, 그것이 나를 지배할 수는 없습니다.

자신의 스케줄을 완성시키기 위해서 하나님을 이용하는 어리석은 삶을 살지 말아야 합니다. 따라서 우리는 다른 급박한 일이 생겼을 때 항상 기도해야 합니다. 그 일을 행하지 않으면 어떤 일이 생길 것인가를 하나님께 여쭈어보아야 하고, 그 음성에 민감하게 반응할 줄 알아야 합니다. 다시 한번 기억하십시오. 우리는 자신의 목적을 달성하기 위해서 일하는 것이 아니라 하나님을 뜻을 이루기 위해서 일한다는 사실을….

인생은 자신의 하루를 잘 보내는 것이 아니라 하나님의 하루를 잘 보내는 것입니다. 그렇게 살기 위해서는 하나님과의 직통전화가 언제나 열려 있어야 하며, 언제라도 작전타임을 가질 수 있어야 합니다. 주어진 시간에 최대한의 능률을 올리는 것이 좋은 인생이 아니라, 하나님의 때에 시키는 일을 행하는 것이 좋은 인생입니다.

☑ 자신을 변화시킬 수 있는 가장 놀라운 방법

만약 당신의 삶에 기적이 없다고 믿는다면 기적이 일어날 확률은 제로입니다. 그러나 매일 당신의 삶에 기적이 있다고 믿는다면 기적이 일어날 확률은 100퍼센트입니다. 성령 안에서 말씀에 따라 상상하고, 느끼고, 선포해보십시오. 그리고 잠자는 동안 성령님께서 당신의 문제에 대해서 지혜와 능력을 주시고, 그 일에 친히 개입하신다는 것을 믿으십시오.

기상 후 행하는 실제적인 일들

1) 꿈 내용 녹음하거나 기록하기

잠자리에서 눈을 뜨면 제일 먼저 할 일은 자신이 꾼 꿈을 기록하는 것입니다. 꿈은 자신의 내면의식이 어떻게 흘러가고 있는지를 알려주는 가장 좋은 정보입니다. 꿈을 계속적으로 기록해 놓고 일주일 단위로 그 꿈을 살펴보면, 자신의 잠재의식이 어디에 초점을 두고 어떻게 돌아가고 있는지를 알 수 있게 됩니다.

그렇지만 이 귀중한 정보를 활용하는 것은 생각보다 쉽지 않습니다. 왜냐하면 잠 속에서 꿈은 선명하지만 표면의식이 깨어나 환경을 의식하면 꿈을 기억할 수 없기 때문입니다. 따라서 눈뜰 때 제일 먼저 꿈을 기억하고 기록하는 훈련을 해야 합니다. 가장 좋은 방법은 휴대폰의 녹음기 기능을 사용해서 자리에 누운 채로 꿈의 내용을 음성으로 녹음하고, 나중에 일어나서 노트에 정리하는 것입니다. 저는 좋지 않은 꿈을 꾸었을 때도 그대로 기록하지만, 그럴 경우 자리에 누운 채로 그 꿈을 다시 그려보고 그 상황을 바꾸어봅니다. 그리고 그 바꾼 상황이 내 잠재의식에 기록된 것을 믿음으로 취합니다.

2) 그리스도 안에서 새로운 피조물의 정체성 느껴보기

다른 말로 성령 안에서 하나님 자녀의 정체성을 확립하기 전까지는 오늘 일어날 어떠한 세상일도 자신의 마음에 들어오지 못하도록 하라는 뜻입니다. 첫 단추를 제대로 끼워야 합니다. 첫 단추를 잘못 끼우면 끝까지 잘못될 수밖에 없습니다. 눈뜰 때 당신이 누구인가는 잠들 때까지 당신이 누구인가를 결정짓게 됩니다. 또한 눈뜰 때 어디에서 깨는가가 잠들 때까지 당신의 삶터를 결정짓게 됩니다. 눈뜨고 난 다음 제일 먼저 당신이 누구인가와 어디에 있는가를 정하는 것이 당신이 최선을 다하는 하루를 살든지 하나님의 최선이 나타나는 하루를 살든지를 결정합니다.

우리는 의식적이든 무의식적이든 아침에 눈뜰 때 자신이 어떤 존재인지를 결정하게 됩니다. ① 누군가를 만나야 하고, 하기 싫은 일을 해야 하고, 몸이 편치 않은 부정적인 나, ② '상황은 이렇지만 참고 일어나야지, 그렇지 않으면 어떻게 하겠어'라는 긍정적인 나, ③ '하나님께서 새 하루를 주셨고, 나를 통해서 새 역사를 쓰시기를 원하시니 상황과 상관없이 주의 기쁨이 되는 하루를 보내자'라는 하나님의 자녀인 나, 이렇게 세 타입으로 나눌 수 있습니다.

많은 경우 아침에 눈을 뜨면, 밤새 무슨 일이 일어났는가, 오늘 무슨 일이 일어날까, 세상은 어떻게 돌아가는가, 오늘 어떤 일을 해야 하나 등의 생각들이 마음에 채워지게 됩니다. 내 마음은 세상을 향해 있고, 세상의 소식에 따라 내 마음이 변화되도록 맡기는 것입니다. 가만히 생각해 보면 매일 새벽 눈뜨자마자 마귀에게 문안인사 드리고 아침을 시작한 것과 같습니다. 우리가 하나님 자녀이고 우리의 본향이 하나님나라라면 눈뜨자마자 세상이 아니라 하늘나라의 소식이 먼저 궁금해지는 것이 당연하지 않을까요?

당신이 오늘도 눈뜨는 이유는 하나님의 자녀로서 하나님을 더 나타내기 위해서입니다. 인류의 역사는 인간 스스로의 능력을 최대로 발휘한 것에 대한 이야기이지만, 하나님의 역사는 인간을 향한 하나님의 최선에 대한 이야기입니다. 주의 말씀에 일치하지 않는 그 어떤 생각, 인식, 고정관념도 우리 마음의 기초가 될 수는 없습니다. 우리에게 자유의지를 주셨지만, 아무것이나 다 생각하는 것이 좋은 것은 아닙니다. 당신의 모든 생각과 감정은 마귀에 의해서, 부모로부터, 이 세상으로부터 형성된 것입니다. 우리는 모든 일과 상황에 대해서 정확한 답을 가질 수 있는 존재가 아닙니다. 만약 그렇다면 우리가 신일 수밖에 없을 것입니다. 그렇지만 우리가 가져야 할 올바른 생각, 올바른 사고방식은 어려운 상황에서 하나님을 신뢰하고 주의 말씀을 믿음으로 나아가는 것입니다.

지금 당신의 존재를 자신의 생각과 느낌에 기초한다면 당신은 여전히 겉사람의 삶을 사는 것입니다. 당신은 지금 자신의 상황과 처지로 인하여 하나님에 대한 생각이 변했을지 몰라도 당신에 대한 하나님의 마음은 털끝 하나도 달라진 게 없습니다. 상황이나 느낌에 자신의 마음을 빼앗기지 마십시오. 거짓자아를 부정하고 자기 십자가를 지고, 그리스도 안에서 세상에 따라 제멋대로 춤추고 있는 자신의 마음을 보십시오.

갇혀 있으나 소망을 품은 자들아 너희는 요새로 돌아올지니라 내가 오늘도 이르노라 내가 네게 갑절이나 갚을 것이라 슥 9:12

☑ 어떻게 행복한 하루를 보낼 수 있을까요?

위기(危機)는 위험일 뿐만 아니라 새로운 기회이기도 합니다. 따라서 절망과 포기는 어떤 면에서는 새로운 삶의 재료입니다. 그저 주어진 대로 평범한 삶을 사는 것보다는 차라리 절망이 나을 수도 있습니다. 왜냐하면 절망은 변화와 기적을 경험할 원료가 되기 때문입니다.

세상에는 성공하기 위한, 행복해지기 위한, 절망에서 빠져나오기 위한 수많은 자기계발서들이 있습니다. 그 책들은 자신의 잘못된 생각과 습관을 변화시키고 자신이 가지고 있는 모든 자원과 능력을 최대한으로 이끌어내는 데 초점을 맞추고 있습니다. 모든 사람은 자신이 행복해지기를 바라고, 어떻게 하면 행복해질 것이라는 생각은 가지고 있지만, 막상 바쁘게 살기 때문에 그렇게 할 수 없다고 생각합니다. 그렇다면 무엇 때문에 바쁜가요? 사실은 행복해지기 위해서 애쓰느라 바쁜 것입니다. 그 말은 그런 식으로 바쁘게 살아봐야 자신이 행복해지지 못한다는 것을 반증하고 있을 뿐입니다.

사실은 행복한 일을 해야 하는데, 지금은 행복해지기 위해서 일을 해야 한다고 생각하는 것입니다. 다른 말로, 보내는 시간이 행복해야 하는데, 지금 주어진 일을 열심히 함으로써 행복을 살 수 있다고 생각하는 것입니다. 행복을 시간과 일로서 살 수 있다고 생각하는 것은 자신을 속이는 것입니다. 지금 보내는 시간과 일이 행복해야 합니다.

---

3) 성령의 임재 느끼기

잠자리에서 일어나기 전에 하나님의 생명을 온몸으로 느껴보십시오. 그분은 항상 우리와 함께하십니다. 우리의 생각과 느낌을 자신과 동일시하는 거짓자아에 속지 말고, 그것을 떠나 자신의 몸에 이미 임하신 하나님의 생명 에너지를 받아들이십시오. 천천히 호흡하면서 묵상해보십시오. 숨을 들이쉬면서 '예수 그리스도 안에서'를 묵상하면서 자기를 부인하고 그리스도 안에 있는 자신을 그려보고, 숨을 천천히 내뱉으며 '아버지의 사랑으로'를 묵상하면서 자신의 마음에 하나님의 사랑이 충만한 것을 그려보십시오.

> 다만 이뿐 아니라 우리가 환난 중에도 즐거워하나니 이는 환난은 인내를, 인내는 연단을, 연단은 소망을 이루는 줄 앎이로다 소망이 우리를 부끄럽게 하지 아니함은 우리에게 주신 성령으로 말미암아 하나님의 사랑이 우리 마음에 부은 바 됨이니 롬 5:3-5

> 그러나 진리의 성령이 오시면 그가 너희를 모든 진리 가운데로 인도하시리니 그가 스스로 말하지 않고 오직 들은 것을 말하며 장래 일을 너희에게 알리시리라 그가 내 영광을 나타내리니 내 것을 가지고 너희에게 알리시겠음이라
>
> 요 16:13,14

☑ 속도보다 방향, 방향보다 타이밍

오늘날과 같은 경쟁사회에서 '더 빨리'는 모든 사람의 마음에 기록되어 있습니다. 그래서 우리가 많이 듣는 이야기 중 하나는 "성공하기 위해서는 속도가 아니라 방향이다"라는 말입니다. 속도란 단위 시간당 이루어지는 량, 즉 효율성을 나타내는 것이며, 방향은 올바른 목표 즉 효과성을 의미합니다. 주어진 시간 내에 효율성을 더 높이기 위해서 최선을 다하지만 제대로 된 목표와 계획 없이 무작정 최선을 다하는 것만으로는 성공할 수 없다는 뜻일 것입니다.

그러나 속도와 방향보다 더 중요한 것은 타이밍(timing)입니다. 시간에는 시계 시간뿐만 아니라 하나님의 시간도 있습니다. 세상적으로는 어떤 일이 이루어질 수 있는 타이밍이라고 생각할 수 있지만, 영적으로 볼 때는 하나님께서 이 땅의 일에 우리를 통해서 개입하시는 시간을 말합니다. 세상 사람들은 그 타이밍을 알기 위해서 모든 지식과 정보를 다 동원하고, 심지어 컴퓨터의 빅 데이터를 사용하기도 합니다. 그렇지만 그 어느 것도 세상의 모든 것을 다 알 수는 없습니다. 오직 그 시간은 하나님의 모든 것을 통달하시는 성령님에 의해서 우리에게 주어질 수 있습니다. 따라서 기도하지 않는 자는 그때를 알 수 없지만, 늘 성령 안에서 기도하는 삶을 사는 자는 자연스럽게 그때를 알 수 있게 됩니다.

4) 'Made in heaven' 정체성의 회복약 복용

저는 예수 그리스도 안에서 새로운 정체성을 확립하기 위해서 매일 다섯 가지 알약을 복용합니다. 이 알약들은 하루에 5번씩 복용합니다. 밤에 잠자기 전, 아침에 눈뜨고 난 다음, 그리고 식전 세 번입니다. 하루 식전에는 복용하지 못할 때가 많지만 잠자기 전과 깨어날 때는 반드시 먹습니다. 만약 효과가 적다면 복용량을 늘리면 됩니다. 반드시 자신의 목소리로 읊조리거나 선포해야 합니다. 이 일은 마치 컴퓨터의 운영체계(operating system)를 새롭게 까는 것과 같습니다. 아무리 좋은 프로그램도 운영체계가 맞지 않으면 아무 소용이 없게 됩니다. 즉, 하나님의 말씀을 아무리 읽고 암송해도 운영체계가 제대로 작동하지 않으면 말씀의 실체를 제대로 경험할 수 없습니다.

> 사람이 마음으로 믿어 의에 이르고 입으로 시인하여 구원에 이르느니라 롬 10:10

나는 예수 그리스도 안에서 태생적인 하나님의 사랑을 누리는 자이다.

나는 예수 그리스도 안에서 항상 기뻐하는 자이다.

나는 예수 그리스도 안에서 말할 수 없는 은혜를 누리는 자이다.

나는 예수 그리스도 안에서 하나님의 말씀을 이 땅에 이루는 자이다.

나는 예수 그리스도 안에서 당연히 하나님의 음성을 듣는 자이다.

☑ 정체성 회복용 알약을 먹는 이유

매일 하나님의 나라와 의를 구하기 위해서

매일 하나님나라에서 눈뜨기 위해서

매일 하나님의 하루가 되도록 하기 위해서

매일 기적을 경험하기 위해서

---

5) 전날 밤의 기록 떠올리기

누운 채로, 전날 밤에 기록한 오늘 업무와 일정 등을 믿음의 눈으로 바라보십시오. 우선 하나님께서 업무와 일정 등에 새로운 아이디어를 주시는 것이 있는지 떠올려보십시오. 밤에 기록할 때 생각하지 못한 아이디어나 계획이 떠오르거나 추가해야 할 일들이 생각날 수 있습니다. 그리고 업무와 일정에 대해서 선제적 믿음을 가지십시오. 그것은 하나님 안에서 온전히 이루어진 것을 믿음의 눈으로 보고, 하나님께 감사하는 것입니다.

믿음은 바라는 것들의 실상이요 보이지 않는 것들의 증거니 히 11:1

6) 워밍업

누운 채로, 육신을 일깨우기 위해 워밍업(몸을 따뜻하게 데우기)을 하십시오. 사람의 신체 온도는 새벽 3시에서 5시 사이에 가장 낮습니다. 체온이 낮으면 면역력이 떨어지고 생체 저항력도 낮아집니다. 따라서 신체의 온도를 올리지 않은 채 바로 일어나 움직이면 신체에 각 부분에 무리를 주고 면역력이 정상적으로 작동하지 못하게 됩니다. 또한 신체온도가 내려가면 제대로 사용되지 못한 에너지가 지방과 노폐물로 혈액에 남게 되어 혈액이 오염됩니다. 혈액은 온몸을 순환하면서 모든 세포와 장기에 산소와 영양분을 공급하고, 이산화탄소와 노폐물을 수거하는 일을 합니다. 우리가 활력을 느끼고 활발하게 활동할 수 있는 것은 모든 혈관을 통해서 혈액이 정상적으로 순환하고 있기 때문입니다. 따라서 체온이 상승하면 면역력이 높아지고 신진대사가 원활해지고 오염된 혈액이 정화되고, 몸에 쌓였던 불필요한 수분이 배출되고, 불필요한 지방을 연소시키게 됩니다. 조사에 따르면 체온이 1도만 내려가도 신체기능이 30퍼센트 정도 감소하고, 반대로 1도만 올라가면 면역력이 5-6배나 증가한다고 합니다. 따라서 아침에 일어날 때 잠자리에서 약간의 시간을 보내며 체온을 높이는 것은 매우 유익한 건강법입니다.

아침에 잠자리에서 일어나기 전에 누운 상태에서 신체의 온도를 높이는 일은 마치 추운 새벽에 차 시동을 걸고 바로 운전하지 않는 것과 같습니다. 시동을 건 후 잠시 동안 공회전을 시켜 모든 부품과 오일 등이 정상적으로 작동할 때까지 기다리는 것입니다. 우리가 활동하는 낮 동안에는 교감신경이 활성화 되는 반면 잠자는 동안에는 부교감신경이 활성화됩니다. 따라서 아침에 일어나는 것은 부교감신경이 작동하는 상태에서 교감신경이 작동하는 상태로 변환시키는 것과 같습니다. 이럴 때 전환되는 과정 동안 몸의 여러 기관이 다시 적정하게 조율되도록 시간을 주지 않고 바로 일어나 활동하게 되면 약한 부분에 문제가 생기게 됩니다. 워밍업은 스트레치와 몇 가지 간단한 움직임으로 할 수 있습니다. 이것은 몸을 깨우고 신체온도를 높이기 위한 것이지 육체를 단련하기 위한 운동이 아닙니다. 하나님의 생명이 온 몸에 운행하시는 것을 느끼는 시간이며, 허리를 뒤틀고 손과 발을 뻗어 길게 이완시키는 동작들을 말합니다. 기껏해야 3-4분이 걸릴 뿐입니다.

위에 언급한 이 일을 하는 데 걸리는 시간이 대충 10-14분 정도가 걸립니다. 눈뜨자마자 급하게 일어나지 말고, 천천히 준비해서 일어납시다. 워밍업은 이렇게 해보십시오.

☑ 워밍업은 어떻게 하나요?

손으로 배를 문지르세요. 시계방향으로 20번, 시계반대방향으로 20번 정도 문지르면 복부의 온도가 상승합니다. 복부와 뇌는 직접적인 연관이 있으며, 면역세포의 70퍼센트가 복부에 있습니다. 잘 알려져 있지 않지만 복부가 깨어나야 뇌가 활성화됩니다.

아이소매트릭 운동(정적인 근수축 운동)을 시작하십시오. 힘을 주는 모든 동작은 숨을 내쉬면서 하고, 약 5~6초간 하면 됩니다. (그림 참조)

① 누운 채로 가슴 앞에서 양손을 모으고 숨을 들이마시고, 천천히 내뱉으며 양손을 서로 밀어 힘을 줍니다. 이때 중요한 것은 어깨가 아니라 배에 힘이 들어가도록 하는 것입니다.

② 다시 숨을 들이쉬면서 가슴 앞에서 양손을 고리 형태로 꽉 쥐고 숨을 내쉬면서 양팔을 반대방향으로 잡아당깁니다. 이때도 동일한 방식으로 하면 됩니다.

③ 다시 숨을 들이쉬면서 두 손을 가슴 앞에서 합장합니다.

④ 숨을 내쉬면서 두 손에 힘을 준 상태로 머리 위로 교회 첨탑 모양으로 올립니다.

⑤ 다시 숨을 들이쉬면서 양손을 깍지 끼고, 양발은 붙인 채 발가락은 위로 제쳐 다리의 아래쪽 근육이 늘어나도록 해서 기지개를 켜듯 숨을 내쉬면서 온몸을 쭉 늘입니다.

⑥ 다시 숨을 들이쉬면서 손을 내려 가슴에서 합장합니다. 이 동작들을 세 번 정도 반복합니다.

⑦ 누운 상태로 다리를 구부린 다음

⑧ 엉덩이와 허리, 배에 힘을 주면서 복부를 들어올려 5초 정도 유지합니다. 이때도 숨을 내쉬면서 합니다. 이 동작도 세 번 정도 하면 됩니다.

⑨ 동일하게 다리를 구부린 상태에서 양다리와 몸통이 서로 엇갈리도록 합니다. 이때 가능하면 양어깨는 바닥에 붙이고 허리가 돌아가도록 해야 합니다.

⑩ 좌우 번갈아가며 세 번 정도 합니다.

⑪ 그림에서 보는 바와 같이 엎드린 자세에서 양팔로 바닥을 밀어 몸통을 일으켜 세웁니다.

⑫ 이때 가능한 한 허리가 꺾이고 복부가 당겨지는 느낌이 있도록 합니다. 이 동작도 세 번 정도만 하면 됩니다.

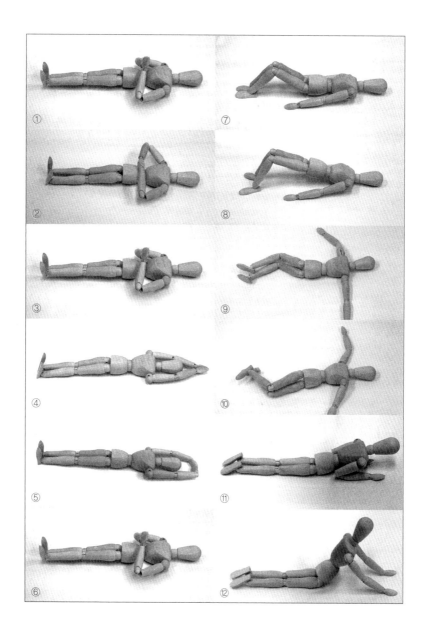

7) 속 목욕 하기

이제 일어나서 물을 마시고 화장실을 다녀옵니다. 저는 이것을 샤워 전에 하는 것이기 때문에 속 목욕이라고 부릅니다. 저는 자기 전에 대략 300밀리리터 정도의 물을 책상에 두었다가 아침에 마십니다. 밤새 몸속에 있는 수분이 제 역할을 한 다음 방광으로 이동하므로 자고 나면 체내에는 수분이 고갈됩니다. 따라서 이렇게 바로 물을 마셔서 수분을 보충해주면 몸이 상쾌하고 활력이 넘치게 됩니다.

☑ 아침에 제일 먼저 물을 마시면 좋은 이유

① 체내 독소를 제거해줍니다. 쌓였던 체내 독소들이 물을 마심으로써 희석되거나 오줌으로 배설됩니다.
② 신진대사를 활성화합니다. 체내 모든 반응은 물에서 이루어집니다. 따라서 물이 몸의 모든 세포에 충분할 때 신진대사도 높아지고 과잉의 칼로리를 태우게 됩니다. 체중을 줄이고 싶다면 아침 공복에 물을 마시는 것이 좋습니다.
③ 속 쓰림 증상을 완화시켜 줍니다.
④ 두뇌에 연료를 공급해줍니다. 두뇌의 75퍼센트가 물입니다. 따라서 물을 공급하는 것은 두뇌가 정상적으로 작동하게 만드는 것입니다.
⑤ 소화기능을 개선하고, 변비를 예방합니다.
⑥ 건강한 피부를 유지할 수 있습니다.

---

8) 일상을 시작하라

이제 자신의 일상을 시작하십시오. 저의 경우는 아침에 일어나 두 가지 중 하나를 번갈아 합니다. 먼저 기도하든지 아니면 주방에 나가 물을 끓이고 원두커피를 갈며 향기를 맡으면서 새벽을 깨우든지 말입니다. 커피를 마시기 전에는 바나나 반쪽을, 커피를 마시면서는 약간의 빵에 꿀을 발라 먹으며 당분을 공급합니다. 아침에 뇌가 활동하기 위해서는 당분이 필요하기 때문입니다.

☑ 이른 아침에 당분을 섭취하는 것이 중요한 이유

뇌의 무게는 체중의 2퍼센트밖에 되지 않지만 사용하는 에너지는 전체 소요 에너지의 20퍼센트를 차지합니다. 이 뇌는 시간당 5g의 포도당을 소비하는데 간에 비축되는 글리코겐의 양은 기껏해야 60g이기 때문에 최대 12시간 정도 에너지를 공급할 수 있습니다. 아침은 전날 저녁 먹은 시간부터 생각하면 최소 10시간 이상 경과되었습니다. 따라서 아침에는 간에 비축된 글리코겐은 다 소모되고 그 결과 혈당치도 떨어집니다. 새벽부터 뇌의 활력을 높이려면 뇌에 에너지 투입이 필요합니다. 포도당을 섭취한 후 뇌의 활성화가 일어나기까지는 대략 1시간 정도 걸리는 반면, 탄수화물의 형태로 당분을 섭취하면 포도당으로 분해되어 뇌에 도달하기까지 대략 2시간 정도 걸린다고 합니다. 따라서 아침 6–9시까지 뇌의 활성화를 높이려면 아침에 일어나 속 목욕을 한 후 꿀과 같은 당분을 섭취하는 것이 좋습니다.

---

9) 하루 일과 시작하기

저는 5시 15-20분 사이에 책상에 앉아 7시 30분까지 투자 사분면에 속하는 하루 일과를 시작합니다. 개인적으로 저는 이 시간에 목적이 수단이 되는 일을 합니다. 주로 기도, 말씀 읽기와 묵상, 그리고 글쓰기 등입니다.

얼마의 시간을 가질 수 있는가는 자신의 직업이나 출근 시간에 따라 달라질 것입니다. 그렇지만 아침에 최소한 1시간 정도 투자 사분면의 일을 행한다고 생각해보십시오. 1년이면 365시간을 버는 것이고, 효율성

측면에서 볼 때 새벽 시간이 낮 시간의 3배라는 것을 고려하면 1,095시간(365×3)을 버는 것이며, 날수로 치면 대략 46일을 더 사는 것이 됩니다. 얼마나 놀라운 일인가요!

☑ 새벽기도는 어떻게 해야 합니까?

저는 오랫동안 새벽기도를 해왔습니다. 그러나 지금은 오고가는 시간 때문에, 그리고 책을 써야 하기 때문에 집에서 기도하고 있습니다. 새벽기도를 교회에서 하기 원하고 다시 집으로 돌아와야 한다면 집에서 가장 가까운 교회에 나가서 새벽기도 하는 것을 추천합니다. 만약 본 교회가 멀리 있다면 갈 때 항상 차에서 CD 등으로 주의 말씀을 듣도록 하고, 새벽기도를 끝낸 후에는 곧바로 회사에 출근하든지 아니면 회사가 가까운 커피숍에서 투자 사분면의 일을 최대한 할 수 있는 방도를 찾기를 권합니다.

02

일상 관리를 위한 핵심 조언

특별한 삶은 어제의 나도 내일의 나도 만들어내지 못한다.

오직 오늘의 내가 만들어갈 뿐이다.

당신은 하나님을 위해서 삽니까, 아니면 하나님을 나타내기 위해서 삽니까? 이 말은 하늘과 땅만큼 큰 차이가 있습니다.

누구와 함께하는가?

우리는 하나님의 형상을 나타내기 위해 존재하는 하나님의 자녀들이기 때문에 예수 그리스도 안에서 우리 가운데 하나님나라가 이루어지도록 해야 합니다. 그 일을 위해서는 우리, 서로, 함께 사랑하고 변해가는 영적 공동체가 있어야 합니다. 매일 같은 목적을 가지고 함께 존재하며

(being together), 함께 나누며(sharing together), 함께 일하는(working together) 것은 축복 중의 축복입니다. 우리는 이러한 직장이나 공동체를 찾고 그곳에 들어가려고 애쓰지만 정작 자신이 그러한 직장이나 공동체를 만들고자 애쓰지는 않습니다.

다음 세 가지를 묵상해보십시오.

> 당신 마음의 생각은 당신의 삶으로 드러납니다.
> 24시간 당신이 무슨 생각을 하는지가 당신의 인격을 결정합니다.
> 서로가 서로에게 영향을 미치는 닮아감의 법칙이 작동합니다.

생활하면서 가장 힘든 것은 일 자체보다는 자신을 변화시키는 것과 다른 사람과의 관계를 잘하는 것입니다. 연구 결과에 따르면 가장 많은 시간을 함께 보내는 사람은 평균 다섯 명이라고 합니다. 이 다섯 명이 누구인가가 당신의 삶의 질을 결정한다고 해도 과언이 아닙니다. 당신 주위에 누가 있는지를 생각해보십시오. 사랑하고 믿을만한 사람이 있다면 하나님의 은혜입니다.

> 철이 철을 날카롭게 하는 것같이 사람이 그의 친구의 얼굴을 빛나게 하느니라
> 잠 27:17

함께하기 어려운 상사나 혹은 아랫사람이 있다면 생활 자체가 지옥처럼 여겨질 수도 있습니다. 그래서 기도해야 합니다. 상대방을 위해서가

아니라 나를 위해서 말입니다. 우리는 업무를 위해서는 기도하지만 함께 하는 사람들을 위해서는 잘 기도하지 않습니다. 그러나 업무보다 더 중요한 것이 바로 함께하는 사람들입니다. 매일 출근하면 늘 함께 지내는 가까운 다섯 사람을 위해서 기도하십시오. 우리는 하나님나라를 찾는 자가 아니고 지금 내가 있는 곳에 하나님나라를 이루어가는 하나님의 자녀입니다.

> 종들아 두려워하고 떨며 성실한 마음으로 육체의 상전에게 순종하기를 그리스도께 하듯 하라 눈가림만 하여 사람을 기쁘게 하는 자처럼 하지 말고 그리스도의 종들처럼 마음으로 하나님의 뜻을 행하고 기쁜 마음으로 섬기기를 주께 하듯 하고 사람들에게 하듯 하지 말라 이는 각 사람이 무슨 선을 행하든지 종이나 자유인이나 주께로부터 그대로 받을 줄을 앎이라 상전들아 너희도 그들에게 이와 같이 하고 위협을 그치라 이는 그들과 너희의 상전이 하늘에 계시고 그에게는 사람을 외모로 취하는 일이 없는 줄 너희가 앎이라 엡 6:5-9

> 모든 기도와 간구를 하되 항상 성령 안에서 기도하고 이를 위하여 깨어 구하기를 항상 힘쓰며 여러 성도를 위하여 구하라 엡 6:18

나만의 검색 방법을 고안하라

우스갯소리로 '적자생존'입니다. 그러나 기록보다 중요한 것은 검색입니다. 필요한 내용을 제때 검색할 수 없다면 모든 기록은 무용지물이 될 것이기 때문입니다. 흔히들 필요한 내용을 휴대폰의 카메라로 찍어 보관하든지, 프린트해서 노트에 붙이든지 다양한 방법을 사용합니다. 그러나 가장 체계적인 방법은 모든 내용은 노트에 기록하고, 색인(Index)을 만들어 정보가 있는 곳을 쉽게 찾아 볼 수 있도록 하는 것입니다. 3부 6장에서 언급한 바와 같이, 노트 앞쪽에 색인란을 만들어 모든 내용을 검색할 수 있도록 하는 것이 제일 좋습니다. 예를 들어, 자료를 보관하든지 사진을 찍어두었다면 그 기록한 내용 옆에 적절한 체크박스 표시를 해두고, 그것을 앞쪽 검색란에 기록하는 것입니다. 색인에 적절한 분류표를 만들어 기록해두면 언제든지 필요한 정보를 쉽게 찾을 수 있을 것입니다. 예를 들어 C 는 캐비닛에 보관되어 있다는 표시이고, Q 는 색인에 기록했다는 표시입니다.

색인에는 적당한 분류를 한 다음 '제목/날짜/페이지'순으로 기록해둡니다.

☑ 자신의 삶을 기록해야 하는 이유는?

① 기록할 때 삶을 보다 명확하게 하고 객관화, 구체화시켜 자신의 생각을 정리할 수 있기 때문이다.

② 기록할 때 비로소 off-line 공간, 개인적인 공간, 내면의 공간으로 이동할 수 있기 때문이다.

③ 기록할 때 호흡이 느려지고 자율신경계가 균형을 잡음으로써 건강을 유지할 수 있기 때문이다.

④ 내 자신에게 인생 이야기를 들려주고, 위대한 작품을 보여줄 수 있기 때문이다.

⑤ 매일 계획(plan) — 실행(do) — 평가(evaluate) — 개선(refine)함으로써 자신의 라이프스타일을 지속적으로 변화시킬 수 있기 때문이다.

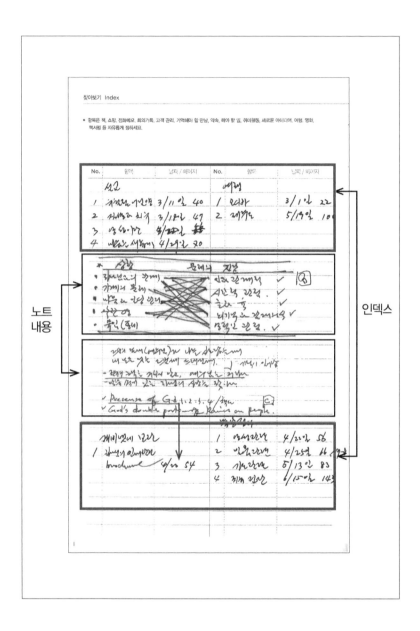

이메일 체크의 기준을 정하라

1) 이메일 체크는 하루에 3번만

아침에 사무실에 출근하면 대부분은 이메일부터 확인합니다. 그러다 보면 오전의 프라임 타임을 중요하지도 급하지도 않은 일에 쓰게 됩니다. 업무상 오전에 이메일을 체크해야 한다면, 우선 이메일의 제목부터 훑어보고 당장 급하게 처리해야 할 메일만 열어서 즉시 해결하십시오. 이메일은 수시로 보는 것이 아니라 하루 세 번 정도 시간을 정해서 체크하는 것이 좋습니다. 그래야만 낭비와 허비 사분면의 일관시를 피할 수 있기 때문입니다.

2) 즉답할 것과 즉답하지 않아도 될 것을 구분하라

일단 열어서 보고 3분 안에 끝낼 수 있는 일은 미루지 말고 그 자리에서 끝내는 것이 좋습니다. 예를 들어, 메일 중에는 그냥 답장을 쓸 수 있는 것도 있고 생각한 후에 답장을 써야 할 경우도 있을 것입니다. 만약 전자라면 미루지 마십시오. 메일을 읽고 나중에 하겠다고 생각하면, 그 메일을 다시 읽어야 합니다. 물론 심사숙고해야 할 내용도 있겠지만, 그렇지 않다면 보는 즉시 실행해서 처리하는 것이 최상의 방법입니다.

3) 4D1F 기준으로 행하라

실행(Do): 즉시로 해치운다.

위임(Delegate): 다른 사람에게 전달하든지 맡긴다.

연기(Defer): 다음에 하도록 표시해둔다.

삭제(Delete): 메일을 본 후에 혹은 보지 않고 지워버린다.

보관(File): 나중을 위하여 디렉토리를 만들어 보관한다.

관련 키워드를 마음에 기록하여 필요한 정보를 수집하라

우리는 매일 정보의 홍수 속에서 삽니다. 수많은 정보 중에서 나에게 필요한 정보를 어떻게 빠르게 수집할 수 있을까요? 우리는 눈에 보이는 것을 자연스럽게 받아들인다고 생각하지만, 사실은 우리의 잠재의식 속에서 일어난 일들에 반응할 뿐입니다. 다른 말로, 우리는 보이는 대로 보는 것이 아니라 마음에 보고 싶은 대로 보는 것입니다. 예를 들어 자신이 찾고 있는 책이 있는데 서점에서 책을 둘러볼 때 놀랍게도 그 책이 눈에 띈 적이 없었는지요? 내가 어떤 차를 구입하고자 마음에 품고 난 다음부터는 운전할 때마다 계속적으로 그 종류의 차만 보인 적이 없었는지요? 반대로 딴 생각을 하면서 어떤 물건을 찾을 때 그곳에 있었음에도 불구하고 보지 못한 적이 없었는지요?

필요한 정보를 수집하기 위한 가장 좋은 방법은 사전에 관련된 키워드를 의식적으로 마음에 새겨두는 것입니다. 그럴 때 우리 잠재의식은 주입된 그 키워드에 기초해서 작동하여, 우리로 하여금 자연스럽게 관련된 정보에 접근하게 합니다. 이것을 이미 앞에서 언급한 확증 편향이라고 합니다. 오늘 당신에게 필요한 정보를 얻기 위해서는 관련된 키워드를 마음에 품고 하루를 시작해보십시오. 신문을 읽을 때, 길을 걸으며 주위를 볼 때, 인터넷을 할 때, 책을 읽을 때, 대화를 할 때, SNS를 할 때 놀랍게도 필요한 정보들을 자연스럽게 보게 될 것입니다.

클라우드 스토리지 서비스의 활용

우리는 자신의 컴퓨터 내에 있는 HDD나 어떤 컴퓨터에서나 자신의 정보를 볼 수 있도록 고용량의 USB를 들고 다니지만, 클라우드 스토리지를 사용하면 여러 가지 장점이 있습니다. ① 파일을 한 곳에서 편리하게 관리할 수 있습니다. ② 모든 장치에서 파일이 안전하게 동기화됩니다. ③ 휴대폰이 터지는 곳이면 언제 어디서나 엑세스할 수 있습니다. ④ 어디를 가든 자신의 정보와 자료 전체를 가지고 다니게 됩니다.

참고로 저는 드롭박스(Dropbox)를 사용합니다. 드롭박스의 장점은 사무실이나 집 컴퓨터, 휴대폰 등에서 내가 작업하던 파일을 바로 업로드할 수 있고, 어느 곳에서라도 다시 다운로드해서 곧바로 작업할 수 있다는 점입니다.

건강 관리를 하라

우리의 몸과 마음에는 일종의 에너지 사이클이 있으며, 에너지 사용에 제한이 있습니다. 육체든 마음이든 계속적으로 쉼 없이 사용하면 망가지게 됩니다. 육적 에너지를 위해서는 잠, 운동, 식사를 늘 체크해야 하며, 혼적 에너지를 위해서는 자신의 기분을 체크해야 합니다. 무엇보다도 자신의 혼과 육이 늘 하나님과의 생명에 연결되도록 해야 합니다. 그것을 위해 일정 시간을 정해놓고 기도해야 합니다. 그리고 하루 동안 자신의 생체 에너지 리듬을 알아야 하고, 그 리듬에 일하는 시간을 맞추어야 합니다. 에너지가 충만할 때 일하고, 그렇지 못할 때는 안식을 취하며 재충전하는 시간을 가져야 합니다.

아무리 많은 시간이 주어져도 졸리거나 멍하니 보낸다면 무슨 의미가 있겠습니까? 활력을 유지하기 위해서는 일정한 주기에 따라 집중과 휴식을 반복하는 것이 필요합니다. 계속적으로 집중하면 에너지가 쉽게 회복되지 못할 정도로 방전되기 때문입니다. 차를 생각해보십시오. 자동차 배터리가 완전히 방전되었을 때는 충전시키기 위해서 외부의 도움을 받아야 합니다. 그렇지만 일상의 경우는 약간 방전되었다 할지라도 운행하면 다시 배터리가 충전됩니다.

우리가 흔히 범하는 실수는 우리는 어떤 일을 해치우는 데 만족을 느끼기 때문에 끝날 때까지 쉬지 않고 집중하려는 것입니다. 그런 경향은 단지 우리 마음의 태도일 뿐 실제로는 여러 면에서 손해를 보게 됩니다. 예를 들면 지나친 긴장은 교감신경의 지나친 활성화로 자율신경계의 균형을 무너뜨려서 지나치게 에너지를 소모합니다. 그 결과 창의력과 집중력이 떨어지고, 다시 에너지를 충전시키기까지 많은 시간이 필요합니다. 몸의 활력도 떨어지고 면역력이 약해져 쉽게 질병에 노출됩니다. 그리고 무엇보다도 하나님과의 관계가 끊어짐으로 하나님의 일이 아니라 자신이 해치워야 하는 일이 됩니다.

사랑하는 자여 네 영혼이 잘됨같이 네가 범사에 잘되고 강건하기를 내가 간구
하노라 요삼 1:2

가장 좋은 방법은 에너지의 70퍼센트까지만 쓰고 휴식을 취하는 것입
니다. 그럴 때 에너지를 쉽고 빠르게 충전할 수 있으며, 미처 다하지 못
한 것에 다시 도전하고자 하는 의지가 더 강력하게 발동됩니다.

또한 활력은 집중력과도 직결되어 있습니다. 일에 집중하고 몰입할 때
창조적이 되고 자신의 능력 이상의 것들이 나타납니다. 사람에 따라 다
르겠지만 25분, 50분, 또는 90분 집중적으로 일한 다음 5-15분간 휴식
을 취함으로 에너지를 재충전하는 것이 필요합니다. 아무래도 나이가 들
수록 집중할 수 있는 시간이 짧아지는 것이 당연할 것입니다. 따라서 정
신력으로 버티기보다는 순응하며 각자의 최적 주기를 찾아내는 것이 좋
습니다. 또한 3부 1장에서 언급한 것처럼, 일과 중 오전과 오후에 적어도
한 번씩 정도는 자기 일을 노트에 기록함으로 하나님과 자연스럽게 대화
하고, 또한 업무 30분마다 최소 30초에서 1분 정도씩 심호흡 묵상기도
를 함으로써 주 안에서 안식하는 습관을 만드는 것이 필요합니다. 만약
습관화되어 있지 않다면 휴식 시간을 자신이 원하는 대로 정할 수도 있
고, 알려주는 앱을 이용하는 것도 좋습니다.

새벽 시간을 활용하는 사람은 낮잠을 자는 것이 좋습니다. 생체리듬
에 따른 에너지 곡선을 보면 하루 중 대체로 1-3시 정도에 에너지가 가장
감소하기 때문에 그때 피곤이 몰려오며 집중력과 기억력이 급격히 떨어집
니다. 따라서 점심식사 후 15-20분 정도의 낮잠은 오후에서 밤사이의 에

너지 향상과 기억력 향상에 매우 효과적입니다. 조사에 따르면 업무 효율을 60퍼센트 이상 높일 수 있다고 합니다. 식사 후 혈액이 위장으로 몰려 식곤증이 오기 때문에 자연스럽게 눈을 붙일 수 있습니다. 또한 식사 후 커피 한 잔도 괜찮은 방법입니다. 카페인의 각성작용은 체내에 흡수된 후 30분 정도 지나야 효과가 나타나기 때문입니다. 주의할 사항은 밤에 잠자리에 들 때처럼 하면 안 되고 리클라이너 의자를 이용하든지 책상위에 엎드리든지 해서 조금은 불편하게 하여 길어도 20분이 넘지 않도록 쪽잠처럼 자야 한다는 것입니다. 그렇지 않고 깊이 잠들어 눈뜨기 어렵게 되면 깨어나서도 기분이 언짢게 됩니다. 또한, 오후 3시 이후에 잠을 자면 체내시계가 흐트러져 밤에 잠을 자지 못하기 때문에 금해야 합니다.

만약 잠이 오지 않으면 밖에 나가 20-30분 정도 걸으며 햇볕을 쬐는 것도 좋습니다. 햇빛은 인간의 삶에 절대적으로 필요한 일종의 천연영양제입니다. 무엇보다도 비타민 D는 피부를 통해서 햇빛을 받을 때 체내에서 만들어지는데, 이 비타민이 부족하면 비만, 당뇨, 심장병, 골다공증, 자가면역질환, 암(특히 대장암과 유방암) 등의 발생률이 높아집니다.

그리고 햇빛을 보게 되면 뇌는 행복감을 느끼게 하는 세로토닌을 많이 분비시켜 우울증 증세를 없애줍니다. 또한 낮 동안에 합성된 세로토닌은 밤에 멜라토닌으로 합성되어 잠을 자게 하기 때문에 햇볕을 쬐는 것은 잠을 깊이 자는 데도 필요합니다.

일정을 여유 있게 짜라

우리는 할 수 있는 일과 해야 하는 일을 더 많이 하기 위해서 일정을 짜고 육체와 마음이 녹초가 되도록 일한 다음, 휴식하기 위해서 쉬는 시간이 필요하다고 생각합니다. 그것은 어리석은 마음 관리입니다. 심지어는 시간을 줄이기 위해서 일정을 분 단위로 짜는 사람도 있습니다. 물론 단기간에는 그러한 일정이 가능할 수 있을 것입니다. 그러나 시간이 지날수록 자신은 점점 일정에 묶이게 되고 에너지를 과도하게 소진해 능률은 떨어지고 장기적으로 볼 때 자신을 스스로 파괴하게 될 뿐입니다. 이것은 마치 스트레스 중독과 같습니다. 스트레스를 받을 때 아드레날린이 일시적으로 급상승하기 때문에 혈관이 수축하고 에너지가 폭발적으로 증가하게 됩니다. 그러나 일시적이 아니라 그러한 상태가 계속되면 혈관에 무리가 오고 장기의 불균형이 생겨 결과적으로 자신을 파괴하게 됩니다.

하나님의 자녀가 계획을 세우고 일정을 짜는 것은 하나님과의 교제 가운데 하나님의 때에 하나님께서 시키시는 일을 잘 행하기 위해서입니다. 따라서 비어 있는 시간대에 일정을 빼곡히 집어넣는 것이 아니라 가능한 한 주님 안에서 더 많은 안식을 누리기 위해서 일정을 짠다는 마음을 가져야 합니다. 안식은 주님의 때에 주님의 지혜와 능력을 더 나타내기 위한 최고의 방법입니다. 가장 좋은 방법은 하루 가용 시간의 60퍼센트 정도만의 일정을 짜고 나머지는 비워두는 것입니다. 나머지 40퍼센트의 시간 동안에는 다음과 같은 일들을 처리할 수 있습니다.

하나님과 더 자주 교제할 수 있습니다.

다른 사람에게 관심을 가지고 섬길 수 있습니다.

특별하고 갑작스러운 일을 처리할 수 있습니다.

자신의 행동과 태도를 되돌아볼 수 있습니다.

선제적 믿음생활을 할 수 있습니다.

필요한 자료와 정보를 수집, 정리할 수 있습니다.

시간 낭비 원인을 파악하고 제거하라

나무를 정상적으로 아름답게 키우기 위해서는 안쪽에서 제멋대로 자라난 가지를 솎아주어야 합니다. 그래야만 햇빛과 바람이 잘 들어가 정상적인 광합성이 이루어지고, 병에도 걸리지 않게 됩니다. 하루도 마찬가지입니다. 열심히 일하는 것보다 더 중요한 것은 하지 않아도 될 일, 하지 말아야 할 일, 시간을 낭비하는 일들을 제거하는 것입니다.

시간 낭비의 주요 원인으로 판단되는 것의 예를 몇 가지 들어보았습니다. 자신에게 해당되는 내용이 있다면 제거하도록 합시다.

- 목표가 없다.

- 무슨 일부터 먼저 해야 할지에 대한 계획이 없다.

- 모든 일을 다 하려고 한다.

- 서류와 자료를 체계적으로 정리하지 않아 찾는 데 많은 시간을 허비한다.

- 일하고 싶은 의욕이 없다.

- 함께 일하는 동료들과의 관계가 좋지 않다.

- 불필요한 일로 방해를 받는다.

- 한 가지 일에서 다음 일로 넘어가는 데 지나치게 시간을 소요한다.

- 새로운 일에 대한 부담감과 하기 싫은 마음

- 불필요한 회의와 대화

- 자신이 해야 할 일과 다른 사람에게 위임해야 할 일을 제대로 판단하지 못한다.

- 지나친 호기심으로 주어진 일에 집중하지 못한다.

- 게으름

- 잘못된 사고방식으로 일을 대하므로 쉬는 것(TV, 게임, SNS 등)으로 자신의 욕구를 채우려 한다.

선택과 집중을 하고 나머지는 위임하거나 포기하라

내가 하지 않아도 될 일을 효율적으로 하는 것만큼 쓸데없는 일은 없을 것입니다. 매일 밤 다음날 계획을 세울 때 자신의 일을 파악하여 불필요한 일은 제거하고, 무엇을 선택하고 어디에 집중할지 정해야 합니다. 이미 언급했듯이 "지금 하는 일은 얼마나 가치 있는 일인가?", "이것을 하지 않으면 어떤 일이 벌어지는가?", "그 상황을 어떻게 처리하는 것이 좋은가?" 등의 질문을 통해서 판단해보십시오.

자신이 하지 않아도 될 일은 다른 사람에게 위임해야 합니다. 많은 리더들이 잘못 생각해서 모든 일을 자신이 떠맡아 하다가, 결과적으로 정작 중요한 일은 하지 못하고, 중요하지 않은 일에 대부분의 시간을 소비하고 맙니다. 다른 사람에게 위임하지 못하는 이유는 ① 구체적으로 설명하는 것이 귀찮아서, ② 그 일을 위임하면 내 힘의 일부분이 다른 사람에게 넘어가기 때문에, ③ 잘못할 것 같은 두려움 때문에, ④ 사람을 쓰면 비용이 들기 때문에 등입니다. 그러나 위임은 다른 사람에게 일을 시키는 것이 아니라 맡기는 사람에게 동일한 비전을 나누는 것이며, 공동의 선을 위해 함께 노력함으로써 기쁨을 나누는 것입니다.

위임할 때는 사전에 다음 사항을 숙지하고 위임하십시오.
① 왜 위임해야 하는가?
② 정확히 무엇을 위임해야 하는가?
③ 누구에게 이 일을 위임해야 하는가?
④ 나와 동일한 마음을 가지도록 어떻게 설명해야 하는가?
⑤ 내가 하는 방법을 어떻게 알려주어야 하는가?
⑥ 언제까지 완료해야 하는가?

힘들 때마다 주님이 가르쳐주신 기도를 하라

하나님의 자녀는 우리 안에 계신 하나님의 통치로 인하여 하나님의 뜻을 이루어가는 킹덤 빌더의 삶을 살아야 합니다. 따라서 하나님과 관계하지 않으며 하나님나라의 삶을 산다는 것은 불가능한 일이고 거짓말입니다. 경기하는 팀들은 어려울 때마다 작전타임을 요청합니다. 그 작전 타임을 통해서 지금의 상황을 정확하게 판단하고 새로운 방법을 계획하고 다시 실행합니다. 우리는 경기에서 작전타임을 통해서 전세를 역전시키는 것을 수없이 보아왔습니다. 이와 같이 우리도 매일 하나님의 하루를 보내면서도 힘들고 어려울 때는 주님과 작전타임을 가져야 합니다. 그것이 바로 기도입니다.

어려울 때마다 하나님과 어떻게 작전타임을 가져야 할까요? 바로 주님께서 우리에게 가르쳐주신 기도를 하는 것입니다. 주기도문은 교회의 모임에서 예전(例典)적으로 드리는 기도일뿐만 아니라 일터에서 주님의 뜻을 이루기 위해서 주님께서 가르쳐주신 최고의 기도입니다. 예수께서 "너희는 이렇게 기도하라"라고 말씀하신 것은 그냥 암송하라는 뜻이 아니라 '이런 방식으로 기도하라'(pray, then, in this way)는 뜻입니다.

주기도는 다음과 같은 상황에 대해서 할 수 있는 기도입니다.

지금 내가 하나님의 이름을 영화롭게 하고 있는가?
하나님께서 원하시는데 순종하지 않는 일이 있는가?
하나님께서 오늘 지금 나에게 주시는 말씀은 무엇인가?
회개하고 용서를 구해야 할 일이 있는가?
나는 지금 마음에 무엇을 그리고 있는가?
예수 그리스도의 이름으로 선포하지 않은 일이 있는가?

주기도문으로 기도하는 한 가지 예를 들자면 다음과 같습니다.

하늘에 계신 우리 아버지
저를 통하여 하나님께서 영광 받으시옵소서
주님께서 성령과 말씀을 통하여 저의 혼과 육을 통치하시고
저에게 위임된 통치권을 주셨으니
주의 약속의 말씀이 하늘에서 이루어진 것같이
오늘 저의 삶터와 일터에서도 이루어지게 하옵소서

오늘 주의 뜻을 이루기 위한 생명의 말씀을 제 마음에 부어주시고
(이렇게 기도만 할 것이 아니라 기도, QT, 읽은 책 등을 통해서 오늘 나에게 주신 말씀을 받으라)

다른 사람으로 인하여 제 마음에 품은 모든 악한 생각과 감정을 용서해주시고
(실제로 예수 그리스도의 이름으로 하나님께 용서를 구하라)

제 스스로 육신의 욕심을 좇아 행한 생각과 일들을 회개합니다.
(주님, 제 마음으로… 제 태도와 행동으로 …와 같은 잘못을 저질렀습니다. 예수 그리스도의 이름으로 제 잘못을 회개합니다. 용서하여주옵소서.)

세상의 유혹에 제 마음이 붙들리지 않게 하시고
성령의 보호하심으로 오늘 악의 공격으로부터 지켜주옵소서!
(주님, 제가 … 의 유혹에 약하고, … 일에 대한 두려움을 느끼고, … 거짓에 알면서도 속아 넘어가게 됩니다. 주의 말씀으로 제 마음을 새롭게 합니다. 성령님, 보호하여주옵소서.)

오늘 주의 말씀에 따라 … 일이 …게 되었음을 믿음으로 취하고, 선포합니다.

제가 이렇게 담대하게 기도할 수 있는 것은
하나님의 통치와 권세와 영광이 나의 아버지께 영원히 있기 때문입니다.
예수 그리스도의 이름으로 기도드립니다.

더 구체적인 내용을 배우기 원한다면 《너희는 이렇게 기도하라》(규장)를 참고하십시오.

늘 새로운 방식과 시스템화를 모색하라

항상 같은 방식으로 하지 말고, 지금까지 아무런 의심이나 별다른 생각 없이 일상으로 해왔던 일들을 점검해보는 데 시간을 투자하십시오. 시간 투자의 목적은 두 가지입니다.

① 목적, 현재 상태, 해야 할 과제, 대책, 스케줄을 확인하고, 그 대책과 스케줄에 따른 PDER을 함으로써 시스템화(자동화)하는 것입니다. 이 시간 투자야말로 일의 효율성, 효과성, 탁월성 그리고 시간 자산을 확보할 수 있는 최고의 방법입니다.

② 다른 하나는 지금까지 해왔던 방식대로 해야 하는가, 이 일을 좀더 빠른 시간에 할 수 있는 방법은 없는가, 새롭게 더 효율적으로 간단하게 할 수 있는 방법은 없는가 등 혁신적인 방식을 생각해보는 것입니다. 새로운 시스템은 언제나 필요하지만, 시스템의 노예가 되지 않기 위해서는 이 두 가지 방법이 항상 균형 잡혀야 합니다.

이러한 고정관념을 바꾸는 시도를 할 때는 밥 에벌(Bob Eberle)이 만든 스캠퍼(SCAMPER) 발상법이 도움이 됩니다. 이것은 브레인스토밍 기법을 창안한 오스본(Alex F. Osborne)의 체크리스트 기법을 보완하여 만든 것으로, 새로운 아이디어를 얻기 위해 의도적으로 해볼 수 있는 7가지 질문입니다. 이에 대한 해답을 찾다 보면 혁신적인 해결책이 나올 수 있습니다.

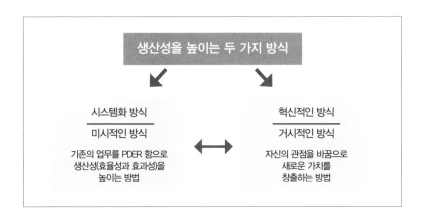

스캠퍼 발상법			
S	Substitute	기존의 것을 다른 것으로 대체해보라	재료, 과정/절차, 규칙, 결과물, 성분/구성요소 등
C	Combine	A와 B를 합쳐보라	아이디어, 재능, 자원, 목적 등
A	Adapt	다른 데 적용해보라	결과물, 맥락, 아이디어, 모방, 과정 등
M	Modify, Minify, Magnify	다르게 변경, 축소, 확대해보라	최대화, 추가, 최소화 등
P	Put to other uses	다른 용도로 써보라	재활용, 다른 용도, 다른 사업/기업 등
E	Eliminate	어떤 것을 제거해보라	단순화, 축소, 분리, 부분 등
R	Reverse, Rearrange	거꾸로 또는 재배치해보라	과정/절차, 반대, 교환/교체, 재조직 등

최적이라고 생각되는 것이 확정되었다면 반복수행하여 습관화시킴으로 그 과정을 시스템화(자동화)시켜야 합니다. 그러나 환경이 변화되고 상황이 동일하지 않은데도 그 시스템을 계속 고집하는 것은 혁신의 발목

을 잡는 주범이 됩니다. 시스템화 방식과 혁신 방식은 항상 함께 가야 합니다. 새롭게 혁신된 것은 다시 시스템화로 생산성을 높여야 하며, 그것이 한계에 달했을 때는 다시 새로운 혁신을 시도해야 합니다.

03

주간 월간 관리

~

일은 인생의 한 부분이지만 인생은 당신의 한 부분이 아니라 전부이다.
일에 당신의 인생 전부를 투자하지 말라.

목적이 수단이 되는 삶의 핵심은 목적에 따른 전체 계획 하에서 오늘 하루를 보는 것입니다. 그래야 년, 월, 주, 오늘 순으로 역산 스케줄링(backward scheduling)을 할 수 있게 됩니다.

월간 계획표의 작성
'하나하루 로그북'은 앞표지에 매월 스케치표를 끼워 넣을 수 있도록 만들어져 있습니다. 그리고 저의 경우는 스케치표가 있는 옆쪽 페이지에 반년 내지 일년계획표를 거꾸로 붙여서, 펼치면 일년 달력, 일년 계획, 이달 계

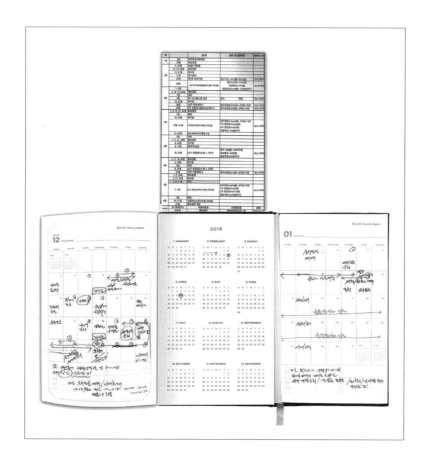

획, 로그북 뒤편에 있는 다음달 계획을 한꺼번에 다 볼 수 있도록 합니다.

　'라이프스타일북'에 기초하여 일년 목표와 계획을 세운 다음, 그것에 기초하여 월별, 주별, 하루 계획을 세워나가는 것이 바로 새로운 라이프스타일인 것입니다. 이렇게 할 때 오늘 하루가 목적지를 향하게 되고, 전체 경로에서 벗어나지 않으며, 정한 속도를 유지할 수 있게 됩니다. 또한 저에게는 월간 계획표는 없고 월간 스케치표만 있습니다. 그 말은 내 나름대로 일년 전체를 보면서 이달과 다음달의 계획을 세웠다가 지우고 또다시 새로 계획한다는 뜻입니다. 그러나 일단 결정이 되면 휴대폰의 플래너에 기록합니다.

주간 계획표의 작성

매주 토요일 저녁 또는 주일 새벽에 주간 계획표를 작성합니다. 툴바(자)를 가지고 한 주 계획표를 그립니다. 매주 계획표를 직접 그리는 것이 귀찮지 않을까 생각할 사람도 있을지 모르지만, 저에게는 일종의 기도와 의식입니다. 한 주 계획표의 줄과 칸을 그리면서 이번 주에는 하나님께서 어떤 일로 이 칸들을 채우실까 하는 마음을 가지고 그리기 때문입니다.

노트의 왼쪽 페이지에 주간 계획표를 작성하고, 오른쪽 페이지는 비워둡니다(다음 페이지 그림 참조). 그림에는 나와 있지 않지만 표지에 나와 있는 그 달의 스케치표를 보면서(왼쪽 그림 참조) 한 주 계획을 세웁니다.

툴바로 그리는 주간 계획표의 작성은 다음과 같습니다.

① 윗칸 : 매일 가장 중요하게 우선순위에 둔 것을 적습니다.

② 세로 칼럼 : 각 요일의 시간대별로 중요한 사항을 계획합니다.

③ 아래쪽 : 그 주에 해야 하지만 아직 날짜와 시간이 정해지지 않은 것을 기록합니다.

④ 오른쪽 페이지 : 이번 주를 보내면서 생각나는 일정이나 업무, 아이디어 등에 관련된 것들을 자유롭게 기록하여, 이번 주, 다음 주 또는 다

음 달에 반영하도록 합니다.

⑤ 오른쪽 페이지의 아래쪽 : 그 주에 마음에 기록해야 할 말씀과 묵상 내용을 적어둡니다.

이번 주 주간 계획표에 기록된 내용은 매주 혹은 모아서 매달 평가해야 하며, 다음 주 혹은 다음 달 계획에 반영되어야 합니다.

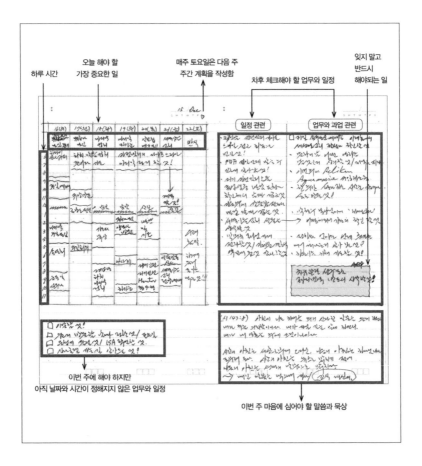

주간 월간의 삶을 정리하고 평가하기

삶의 수레바퀴를 확인해보십시오. 주말에 30분 정도만 할애하면 자신의 한 주간을 되돌아볼 수 있으며, 다음 주 계획을 짤 수 있습니다. 그리고 한 달에 한 번 정도는 주님 앞에서 로그북의 내용을 토대로 자신의 삶을 되돌아보며 자신의 좌표를 점검하고, 다음달을 어떻게 보내야 할지 계획해보아야 합니다.

① 삶의 요소는 서로 유기적인 관계를 맺고 있습니다. 삶은 알로스테틱 과부하가 걸리지 않는 선에서 목적성을 가지고 부조화와 불균형을 알로스테시스를 유지해나가는 것입니다. 따라서 지금은 어떤 상태인가를 주별 또는 월별로 확인하는 것은 매우 중요합니다.

② 이것을 위해서는 로그북에 원을 그리고 8개의 바퀴살을 그려보십시오. 원의 제일 바깥에 삶의 요소(일, 관계, 시간, 재정, 건강)와 삶터(가정, 직장, 교회)를 적고, 그 영역에 대해서 자신이 중요하게 생각하는 핵심 요인을 세 가지만 적어보십시오. 그림은 각 요소에 해당되는 요인의 예를 든 것입니다.

자신의 라이프스타일을 변화시키기 위해서는 삶의 요소와 삶터에서의 자신만의 체크리스트를 만드는 것이 매우 중요합니다. 체크리스트를 만들고 만들지 않고는 조그만 차이지만 삶을 변화시키는 데 결정적인 역할을 합니다. 업무용이나 개인용 체크리스트를 만들어놓고, 계속적으로 평가·개선해 나가면 라이프스타일을 쉽게 변화시킬 수 있습니다.

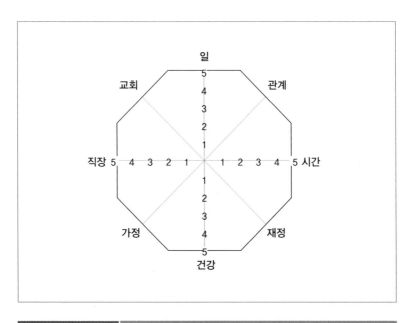

삶의 요소와 삶터	핵심 요인
일	계획성, 미루는 습관, 하나님의 지혜와 능력, 중요도와 우선순위, 집중과 몰입 정도 등
관계	상처와 쓴뿌리, 섬김, 화목, 배려, 대화, 다양한 모임활동 등
시간	하루 스케줄, 취침 및 기상 시간, 배움, 투자의 시간, 허비의 시간, 여가시간 활용 등
재정	수입 및 지출 균형, 소비성향, 십일조, 헌금, 취미, 투자, 생활비 등
건강	적절한 운동, 균형 잡힌 식사, 휴식, 수면의 질 등
가정	부부관계, 가족관계, 대화, 가족행사, 여행, 쇼핑, 식사 등
직장	업무 추진, 과제 수주, 리더십, 직장 내 관계 등
교회	예배, 섬김, 집회 및 세미나 참여, 기도, 말씀과 QT, 순모임, 신앙서적 읽기 등

③ 원의 중심부에서 가장자리까지 0-5점까지 균등 분배한 표시를 합니다. 그리고 매주 자기 삶의 영역 바퀴살에 해당되는 요소 중 가장 낮은 요인과 가장 높은 요인을 해당 점수에 표시합니다.

④ 각 영역별 가장 높은 점수들끼리, 그리고 가장 낮은 점수들끼리 선으로 연결해보십시오.

⑤ 자신의 수레바퀴가 정상적으로 돌아갈 수 있도록 둥근 상태인지 아니면 굴러갈 수 없을 정도로 찌그러져 있는지를 확인해보십시오.

⑥ 찌그러진 부분이 언제까지 지속되어야 할지 그리고 어떻게 회복해야 할지 기도하고 계획을 세우십시오.

어떤 일을 할 때 고려해야 할 세 가지

갑자기 어떤 일이 주어졌을 때 이 일을 해야 하는지 하지 말아야 하는지를 어떻게 결정해야 합니까? 항상 먼저 세 가지를 생각해보아야 합니다. 그것은 바로 목적 부합성(goal alignment), 실현 성숙성(realistic ripeness), 기회 가치성(opportunity value)입니다.

① 목적 부합성

지금 하고자 하는 일이 크게는 내 소명과 적게는 내 올해 목표와 일치

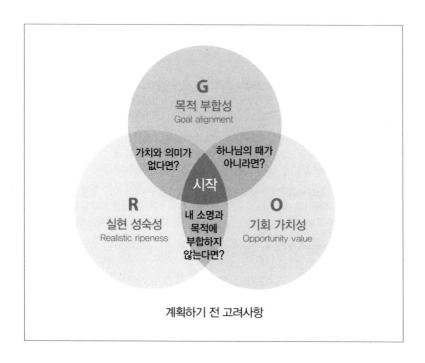

계획하기 전 고려사항

되는 것인가에 대한 판단입니다.

② 실현 성숙성

내가 할 수 있는 일인가 또는 모든 조건이 맞는가를 보는 것이 아니라 여건이 성숙되어 있는가, 내가 앞서가고 있지 않는가, 하나님이 주신 때인가에 대한 판단입니다. 한편으로는 알로스테틱 과부하가 걸리지 않는 상태에서 부조화와 불균형을 이겨낼 수 있는 일인가를 판단하는 것입니다.

③ 기회 가치성

이 일을 행했을 때 미래에, 그리고 실제로 삶에 어떤 의미와 가치가 주어지는지를 살펴보는 것입니다. 다른 말로 내 삶의 3I[혁신(innovation), 영향력(influence), 통합(integration)]에 어떤 결과를 주는지를 알아보는 것입니다. 이 세 가지 모두에 긍정적인 답을 얻을 수 있다면 기꺼이 추진하십시오. 만약 그렇지 않다면 하지 말거나, 그 일이나 상황을 어떻게 세 가지 요인에 부합되도록 할 수 있는지를 생각해보십시오.

선제적 믿음생활을 하라

시간을 소비하는 것이 아니라 투자함으로 시간 자산을 활용하는 삶을 배워나가야 합니다. 시간 자산의 핵심은 선제적 믿음생활로 미래 기억을 가지는 것입니다. 선제적 믿음생활을 하는 핵심 이유는 세 가지입니다. 첫째, 하나님이 주시는 영감을 얻기 위해서이고 둘째, 하나님의 때에 하나님이 시키는 일을 행하는 것인지 파악하기 위해서이고 셋째, 자신이 믿지 않는 일은 결코 일어나지 않기 때문에 자신이 의도한 바가 반드시 이루어질 것이라고 마음에 그려보는 것입니다.

아무리 우리가 계획을 세워도 그 일이 하나님께서 우리를 통해서 이루시고자 하는 일이 아니라면, 또한 그것에 대해 우리의 온전한 기쁨과 믿음이 없다면 그 일은 이루어지지 않을 것입니다. 더욱이 아무리 좋은 일이고 하고 싶은 일이라도 그때가 적정한가를 알아야 합니다. 그렇다면 어떻게 해야 할까요?

여호와께서 집을 세우지 아니하시면 세우는 자의 수고가 헛되며 여호와께서
성을 지키지 아니하시면 파수꾼의 깨어 있음이 헛되도다 시 127:1

내게 주신 은혜로 말미암아 너희 각 사람에게 말하노니 마땅히 생각할 그 이
상의 생각을 품지 말고 오직 하나님께서 각 사람에게 나누어주신 믿음의 분량
대로 지혜롭게 생각하라 롬 12:3

아직 이루어지지 않은 일들을 계획한 다음 그것을 가지고 기도를 통해
서 주님과 교제하며 나아가는 것입니다. 그것은 바로 계획대로 이루어진
것을 마음의 눈으로 상상해보는 것입니다. 기도하면서 하나님의 기쁨이
지속적으로 주어진다면 믿음으로 나아가야 합니다. 그럴 때 우리 안에
있는 자동항법장치가 작동되기 시작합니다. 그럴 때는 계획된 대로 이루
어질 것을 소망하는 것이 아니라 하나님에 의해서 그 일이 이미 이루어진
것을 믿고 감사하는 마음을 가져야 합니다.

☑ 선제적 믿음생활을 하게 되면,
① 소비 사분면의 일을 효율적으로 할 수 있고, 업무량이 줄어들게 됩니다.
② 행하는 모든 일에 잘 안 될 것 같은 두려움이나 불안이 사라지게 됩니다.
③ 해야 할 일을 미루는 것이 사라지게 됩니다.
④ 투자 사분면의 시간을 점점 더 가지게 됩니다.
⑤ 주님이 자신의 삶을 인도하고 계심을 체험하게 됩니다.
⑥ 하고 싶은 일만 하는 삶이 아니라 해야 할 일을 하고 싶다는 마음이 들도록
　하는 삶을 살 수 있게 됩니다.

자신의 삶을 나누라

자신의 영혼을 새롭게 해줄 멘토를 정하여 주기적으로 멘토링을 받는 것은 귀한 일입니다. 물론 책이나 강의나 인터넷을 통하여 많은 정보를 얻을 수 있지만, 그것은 지식일 뿐 자신의 생명이 될 수는 없습니다. 그리고 거의 모든 내용은 수여자의 입장에서 생각한 것이므로 자신의 상황과 처지에 맞지 않는 것이 대부분입니다. 아무리 좋은 정보를 가지고 있다 해도 스스로 판단하고 자신을 변화시키는 데는 한계가 있습니다. 더욱이 만나서 삶을 나누지 않으면 생명적 지식을 얻을 수 없습니다. 어떤 형식이든 멘토와 주기적으로 만나서 자신의 상황과 처지를 나누고 자신의 생각에 대해 조언을 받는 것이 좋습니다.

동시에 자신의 삶을 나누어줄 수 있는 멘토가 되어야 합니다. 우리는 멘토에게서만 배우는 것이 아니라 자신이 멘토가 되어서도 많은 것을 깨닫고 배울 수 있습니다. 사랑 가운데 자신의 것을 나누는 것은 하나님을 나타내는 아름다운 일이며, 삶을 풍성하게 하는 핵심입니다. 멘토링을 하는 것은 상대방에게 무엇인가를 가르치는 것이 아니라 그 사람과 함께함으로 이 세상에 주의 온전하심과 영광을 더 드러내는 것이기 때문입니다.

목표가 없는 것이 목표가 되는 시간과 장소를 가지라

가끔씩 자신과 일상의 삶 사이에 거리를 둘 때 비로소 자신을 더 정확히 볼 수 있고, 하나님의 개입하심을 볼 수 있게 됩니다. 한마디로 말하자면 한 달에 최소한 한 번 정도는 시간이나 돈에 상관없이 일상에서 벗어나 여행을 가는 것이 좋습니다. 이것은 선제적 믿음생활만큼이나 중요합니다. 가까이서 보면 맞닥뜨린 일이나 관계 등이 커 보이고 전부인 것처럼 보이지만 멀리서 보면 작게 보이고 더 많은 것을 볼 수 있고 보지 못한 것들도 쉽게 발견할 수 있습니다. 하나님 안에서 주신 모든 것을 마음껏 누리는 시간을 갖고, 또한 자신의 일상을 새롭게 하기 위해서는 일상에서 떠나는 것이 좋습니다. 그리고 모든 것에 감사하고, 기뻐하고, 즐기고, 찬양하는 시간을 가지는 것입니다. 다시 일상으로 돌아올 때 하나님이 주시는 새로운 지혜와 힘을 얻게 될 것입니다.

'월간 스케치'에서 다음 달 스케줄을 계획할 때 이 일정을 최우선으로 두고 나머지 일정과 업무를 계획해야 합니다. 월간 스케치에 수개월 앞서 혼자 또는 함께할 사람들과 할 수 있는 여러 가지 여행 계획을 세우고, 지우고 해보십시오. 책상에서 상상으로 누리는 또 하나의 즐거움입니다.

삶은 항상 개혁되어야 한다!

오래전부터 킹덤 빌더들과 나누고 싶었던 또 하나의 내용을《하나님의 하루》에 이어 책으로 출간할 수 있게 되어 정말 기쁘고, 주님께 감사드립니다. 이 책은 진정한 신앙이란 말씀묵상, 기도, 헌신 등과 같은 종교 활동이 아닌 평범한 일상의 삶에서도 나타나야 하는데, 그렇지 못한 나와 주변 사람들을 보며 괴로워했던 고민에 대한 또 하나의 답입니다.

많은 경우 왜곡된 '이신칭의'(본래의 뜻이 변질되어, 구원받은 자는 의롭게 살아야 한다는 것을 제외하고 오직 믿기만 하면 구원받는다는 식의 개념)에 초점을 둔 신앙생활을 하고 있기 때문에 마지막 때 마치 심판이 없는 것처럼 사는 사람들이 너무나 많은 것 같습니다. 그러나 성경을 다시 살펴보면, 마지막 때는 상급 이전에 심판이 있다는 언급이 매우 많은 것을 볼 수 있습니다. 특별히 예수님도 천국을 비유로 말씀하실 때 그 부분에 대해서 많이 언급하셨습니다(마 13:47-50, 22:1-14, 25:1-12 등).

이 말씀은 현재적 하나님나라에서 매일 그의 나라와 의를 구하지 않고, 신앙생활은 하지만 자기 뜻대로 사는 자는 마지막 심판 때에 내침을 받는다는 엄중한 경고이기도 합니다. 하나님 아버지께서는 우리에게 그의 나라를 주시기 원하시며(눅 12:32), 그 나라는 우리 안에 있으며(눅 17:20,21), 그의 나라를 이루어가는 것은 하나님의 영이 우리 안에 임하시고 말씀이 우리의 머리가 아닌 마음에 심겨져, 믿음의 법칙에 따라 우리의 현실의 삶 가운데 열매를 맺는 것이라고 말씀하셨습니다(막 4:26,27).

사도 바울도 우리에게 동일한 경고를 하며, 구원받은 우리에게 매일 두렵고 떨리는 마음으로 하나님나라를 이루어가라고(구원을 이루어가라고) 현재형으로 말할 뿐만 아니라, 그 자신도 그렇게 살기 위해서 자신을 쳐서 복종시킨다고 했습니다.

> 그러므로 나의 사랑하는 자들아 너희가 나 있을 때뿐 아니라 더욱 지금 나 없을 때에도 항상 복종하여 두렵고 떨림으로 너희 구원을 이루라 빌 2:12

> 그러므로 나는 달음질하기를 향방 없는 것같이 아니하고 싸우기를 허공을 치는 것같이 아니하며 내가 내 몸을 쳐 복종하게 함은 내가 남에게 전파한 후에 자신이 도리어 버림을 당할까 두려워함이로다 고전 9:26,27

어떻게 하면 매일 그런 삶을 살 수 있을까요? 그것은 단지 열심히 신앙생활을 하거나 말씀을 믿는 것이 아니라 내 일터에서 그 말씀의 실체가 나타나도록 하는 것입니다. 그것은 마치 소금과 같습니다. 소금이 결정체로 남아 있으면 소금인 줄은 알지만 아무 역할도 하지 못합니다. 그러나 그 소금이 물에 녹으면 소금 결정체는 없어지지만 물은 짜게 되는 것처럼, 말씀도 그렇게 되어야 합니다. 말씀이 머리에 기억으로 남아 있다면 단지 말씀일 뿐 아무 역할도 하지 못하지만, 생명의 씨인 말씀이 마음에 심겨졌을 때 그 씨는 사라져도 믿음의 법칙에 따라 세상에 열매를 맺게 됩니다. 그것은 성령님의 인도하심을 따라 말씀으로 자신의 잠재의식 내 운영체계(왜곡된 신념체계)와 프로그램(가치관)을 변화시킴으로 매일 새로운 라이프스타일을 습득해 나가는 것입니다.

이 삶을 살기 위해서 저는 책 내용에 나오는 것처럼, 오랫동안 매일의 삶을 기록함으로써 성경 말씀에 비추어 내 자신을 보고 하나님과 교제하는 삶을 살고 있습니다. 특별히 기록하는 라이프스타일을 위해서 이 책과 더불어 '하나하루 로그북(하나하루)'이라는 노트를 제작하였습니다. 필요하신 분들은 구입해서 사용해보기를 권합니다(www.hana-haru.com).

내 삶을 되돌아볼 때 이렇게 살아온 결과로 감히 고백할 수 있는 것은 두 가지입니다. 첫째, 나는 남보다 뛰어난 삶은 아닐지라도 내 능력 이상의 삶을 살고 있다는 것이고, 둘째, 마귀가 우는 사자처럼 돌아다니는 세상에서 하나님께서 원하시는 것을 할 수 있는 자유를 누리고 있다는 것입니다.

사랑하는 독자 여러분! 하나님의 하루로 하나님 아버지의 이름이 거룩히 여김을 받으시도록 합시다.

Vita semper reformanda est!
삶은 항상 개혁되어야 한다!

주요 참고문헌

《계속하게 만드는 하루관리 습관》, 케빈 크루즈, 프롬북스, 2017

《기적의 수면법》, 오타니 노리오, 가타히라 겐이치로, 덴스토리, 2015

《당신의 가치를 10배 올리는 시간투자법》, 카츠마 카즈요, 말글빛냄, 2008

《목적이 이끄는 삶이 전부가 아니다》, 마셜 데이비스, 부흥과 개혁사, 2009

《미라클 모닝》, 할 엘로드, 한빛비즈, 2016

《미래기억》, 이케다 타카마사, 국일미디어, 2013

《시간관리, 인생관리》, 마크 포스터, 중앙경제평론사, 2008

《시간을 2배로 늘려 사는 비결》, 로리 베이든, 문학사상, 2016

《시간을 잡아라》, 이성희, 대한기독교서회, 2014

《아웃워드 마인드셋》, 아빈저연구소, 트로이목마, 2018

《아침 5시의 기적》, 제프 샌더스, 비즈니스북스, 2017

《자이베르트 시간관리》, 로타르 J. 자이베르트, 한스미디어, 2005

《잘되는 나를 만드는 최고의 습관》, 고다마 미쓰오, 전나무숲, 2008

《지금, 인생을 라이팅하라》, 오쿠노 노부유키, 북스마니아, 2011

《최고의 휴식》, 구가야 아키라, 알에이치코리아, 2017

《크리스천은 일하는 방식이 다르다》, 외르크 크놉라우흐, 한스미디어, 2005

《파이브 초이스》, 코리 코건, 에덤 메릴, 리나 린, 세종서적, 2016

《프라임타임》, 베레나 슈타이너, 위즈덤하우스, 2009

《행복한 인생을 만드는 시간의 기술》, 외르크 W. 크노프라우흐 외, 들녘, 2006

《하루 세 줄, 마음정리법》, 고바야시 히로유키, 지식공간, 2015

*지면 관계상 참고문헌 일부만 싣습니다. 하나님나라의 새로운 라이프스타일을 경험하고 기술하는 데 많은 책들의 도움을 받았습니다. 저자들에게 감사드립니다.

HANAHARU LOGBOOK

하나하루 로그북 출시!

하나님의 자녀가 하나님의 하루를 살기 위해서
하나의 노트에 하루 전부를 기록하는 항해일지!

오랜 세월 동안 기록하는 삶을 살아온
손기철 장로의 기록 노하우가 담긴 신개념 다이어리

"영적 성숙의 핵심은 기록하는 삶입니다."

──────── 하나하루 로그북 구성 ────────

- 최고급 노트(만년필 사용 가능) 로그북
- 자신을 돌아보고 새해를 구상하는 라이프스타일북
- 노트 사용법을 알려주는 매뉴얼
- 다양한 디자인을 할 수 있는 툴바

라이프스타일북 별도 판매 (한정 수량)

보다 자세한 내용은 하나하루 로그북 홈페이지 **hana-haru.com**을 참조하세요.

구입처 온라인 | 갓피플몰(mall.godpeople.com), 하나하루닷컴(hana-haru.com),
오프라인 | HTM센터 헤브라리북카페, 두란노서점 (서빙고, 동서울, 양재, 동안)
문의 010 4649 1322 하나하루제작팀 hanaharu0691@gmail.com

킹덤 빌더 라이프스타일

초판 1쇄 발행	2019년 1월 18일
초판 10쇄 발행	2024년 6월 24일

지은이 　손기철

펴낸이	여진구		
책임편집	안수경 최현수		
편집	이영주 박소영 김도연 김아진 정아혜		
책임디자인	마영애 노지현 ǀ 조은혜 이하은		
홍보 · 외서	진효지		
마케팅	김상순 강성민	마케팅지원	최영배 정나영
제작	조영석 허병용	경영지원	김혜경 김경희

303비전성경암송학교 유니게 과정
이슬비전도학교 / 303비전성경암송학교 / 303비전꿈나무장학회

펴낸곳 　규장

주소 06770 서울시 서초구 매헌로 16길 20(양재2동) 규장선교센터
전화 02)578-0003　팩스 02)578-7332
이메일 kyujang0691@gmail.com　　　　　홈페이지 www.kyujang.com
페이스북 facebook.com/kyujangbook　　　인스타그램 instagram.com/kyujang_com
카카오스토리 story.kakao.com/kyujangbook
등록일 1978.8.14. 제1-22

책값 　뒤표지에 있습니다.
ISBN 978-89-6097-565-1 03230

규ǀ장ǀ수ǀ칙

1. 기도로 기획하고 기도로 제작한다.
2. 오직 그리스도의 성품을 사모하는 독자가 원하고 필요로 하는 책만을 출판한다.
3. 한 활자 한 문장에 온 정성을 쏟는다.
4. 성실과 정확을 생명으로 삼고 일한다.
5. 긍정적이며 적극적인 신앙과 신행일치에의 안내자의 사명을 다한다.
6. 충고와 조언을 항상 감사로 경청한다.
7. 지상목표는 문서선교에 있다.

하나님을 사랑하는 자 곧 그의 뜻대로 부르심을 입은 자들에게는 모든 것이 合力하여 善을 이루느니라(롬 8:28)

규장은 문서를 통해 복음전파와 신앙교육에 주력하는 국제적 출판사들의
협의체인 복음주의출판협회(E.C.P.A:Evangelical Christian Publishers
Association)의 출판정신에 동참하는 회원(Associate Member)입니다.